A Aliança
para o Progresso
e o governo João
Goulart (1961-1964)

FUNDAÇÃO EDITORA DA UNESP

Presidente do Conselho Curador
Mário Sérgio Vasconcelos

Diretor-Presidente
Jézio Hernani Bomfim Gutierre

Superintendente Administrativo e Financeiro
William de Souza Agostinho

Conselho Editorial Acadêmico
Danilo Rothberg
Luis Fernando Ayerbe
Marcelo Takeshi Yamashita
Maria Cristina Pereira Lima
Milton Terumitsu Sogabe
Newton La Scala Júnior
Pedro Angelo Pagni
Renata Junqueira de Souza
Sandra Aparecida Ferreira
Valéria dos Santos Guimarães

Editores-Adjuntos
Anderson Nobara
Leandro Rodrigues

PROGRAMA DE PÓS-GRADUAÇÃO EM RELAÇÕES
INTERNACIONAIS SAN TIAGO DANTAS

Universidade Estadual Paulista – UNESP
Universidade Estadual de Campinas – UNICAMP
Pontifícia Universidade Católica de São Paulo – PUC-SP

FELIPE PEREIRA LOUREIRO

A Aliança para o Progresso e o governo João Goulart (1961-1964)

Ajuda econômica norte-americana a estados brasileiros e a desestabilização da democracia no Brasil pós-guerra

© 2020 Editora Unesp

Direitos de publicação reservados à:
Fundação Editora da Unesp (FEU)
Praça da Sé, 108
01001-900 – São Paulo – SP
Tel.: (0xx11) 3242-7171
Fax: (0xx11) 3242-7172
www.editoraunesp.com.br
www.livrariaunesp.com.br
atendimento.editora@unesp.br

Dados Internacionais de Catalogação na Publicação (CIP) de acordo com ISBD
Elaborado por Vagner Rodolfo da Silva – CRB-8/9410

Loureiro, Felipe Pereira
    A Aliança para o Progresso e o governo João Goulart (1961-1964): ajuda econômica norte-americana a estados brasileiros e a desestabilização da democracia no Brasil pós-guerra / Felipe Pereira Loureiro. – São Paulo: Editora Unesp, 2020.

    Inclui bibliografia e apêndice.
    ISBN: 978-65-5711-003-4

    1. História do Brasil. 2. Governo João Goulart (1961-1964). 3. Brasil pós-guerra. I. Título.

2020-1280   CDD 981.063
                                                          CDU 94(81)"1961/1964"

Esta publicação contou com apoio da Fundação de Amparo à Pesquisa do Estado de São Paulo (Fapesp, processo n.2019/04472-0).

Editora afiliada:

*A todos que acreditam na democracia e lutam
pela construção democrática no Brasil.*

Sumário

Lista de abreviaturas   9
Lista de figuras e gráficos   11
Lista de tabelas   13
Apresentação   15
Introdução   19

1   Das raízes ao desenvolvimento da Aliança para o
     Progresso: precursores e resultados de programas de
     ajuda econômica dos Estados Unidos   35
     1.1. Política de ajuda econômica norte-americana no
           pós-guerra   35
     1.2. Demandas latino-americanas por ajuda econômica
           no pós-guerra   46
     1.3. A Aliança para o Progresso: concepções, promessas
           e resultados   51
     1.4. A Aliança para o Progresso no Brasil: traços
           gerais   67

2   Os estados brasileiros durante o governo Goulart
     (1961-1964)   75
     2.1. Traços gerais da federação brasileira   75
     2.2. Principais forças políticas estaduais   84

3   Mapeamento e determinantes da ajuda regional
     norte-americana no Brasil de João Goulart   95
     3.1. Ajuda regional do Banco Interamericano de
           Desenvolvimento ao Brasil   97
     3.2. Ajuda regional norte-americana ao Brasil   102

3.3. Determinantes da ajuda regional norte-americana
ao Brasil   117

3.4. Razões da política de ilhas de sanidade
administrativa   143

4   Ações e reações domésticas à ajuda econômica
regional norte-americana   149

4.1. Ações e reações de governadores   151

4.2. Reações de Goulart à política de ilhas de
sanidade   168

Conclusão   183

Referências   189

Arquivos e bibliotecas   189

Referências bibliográficas   189

Apêndice   199

Lista de abreviaturas

Amforp – American Foreign and Power
AHI – Arquivo Histórico do Itamaraty de Brasília
ANPEd – Associação Nacional de Pós-Graduação e Pesquisa em Educação
ARA – Office of American Republic Affairs
BID – Banco Interamericano de Desenvolvimento
BNDE – Banco Nacional de Desenvolvimento Econômico
Cemig – Centrais Elétricas de Minas Gerais
Cepal – Comissão Econômica para a América Latina e o Caribe
Chevap – Companhia Hidrelétrica do Vale do Paraíba
CIA – Central Intelligence Agency
Ciap – Comitê Interamericano da Aliança para o Progresso
Cies – Conselho Interamericano Econômico e Social
CIS – Center for International Studies
Cocap – Comissão de Coordenação da Aliança para o Progresso
Copeg – Companhia Progresso do Estado da Guanabara
Coperbo – Companhia Pernambucana de Borracha Sintética
CVRD – Companhia Vale do Rio Doce
CPDOC-FGV – Centro de Pesquisa e Documentação de História Contemporânea do Brasil da Fundação Getulio Vargas
DLF – Development Loan Fund
ECA – Economic Cooperation Administration
EuCA – European Cooperation Administration
ERP – European Recovery Program
Eximbank – Export-Import Bank
FHL – Felipe Herrera Library

FMI – Fundo Monetário Internacional
FOA – Foreign Operations Administration
FPN – Frente Parlamentar Nacionalista
Ibope – Instituto Brasileiro de Opinião Pública e Estatística
ICA – International Cooperation Administration
ICM – Imposto sobre Circulação de Mercadorias
Idab – International Development Advisory Board
ITT – International Telephone & Telegraph
LAPC – Latin American Policy Committee
MDAP – Mutual Defense Assistance Program
MSA – Mutual Security Act
Nara – National Archives and Records Administration
NED – National Endowment for Democracy
OCDE – Organização para Cooperação e Desenvolvimento Econômico
OEA – Organização dos Estados Americanos
Oeec – Organisation for European Economic Co-operation
OPA – Operação Pan-Americana
PL 480 – Public Law 480
PDC – Partido Democrata Cristão
PEI – Política Externa Independente
PSD – Partido Social Democrático
PSP – Partido Social Progressista
PST – Partido Social Trabalhista
PT – Partido dos Trabalhadores
PTB – Partido Trabalhista Brasileiro
SCFR – Senate Committee on Foreign Relations
Serpha – Serviço Especial de Recuperação de Favelas e Habitações Anti-
  -higiênicas
SPTF – Social Progress Trust Fund
Sudene – Superintendência do Desenvolvimento do Nordeste
TCA – Technical Cooperation Administration
TIAR – Tratado Interamericano de Assistência Recíproca
UDN – União Democrática Nacional
Usaid – United States Agency for International Development

LISTA DE FIGURAS E GRÁFICOS

Figura 2.1 – A Federação Brasileira em 1960   76

Figura 3.1 – Participação das administrações estaduais no recebimento de ajuda econômica norte-americana e do BID, em dólares, 1961-1964 (%)   116

Figura 3.2 – Índice ideológico elaborado pela Embaixada norte-americana no Brasil para categorização de políticos brasileiros, maio de 1962   120

Figura 4.1 – Carlos Lacerda é recebido pelo presidente John F. Kennedy na Casa Branca, 26 de março de 1962   162

Figura 4.2 – Brochura do governo do Paraná (Ney Braga) sobre a Aliança para o Progresso entregue a autoridades norte-americanas, maio de 1963   163

Gráfico 1.1 – Índice de ajuda externa norte-americana total, US$ constantes, 1946-1970 (1946=100)   38

Gráfico 1.2 – Participação relativa dos tipos de ajuda externa dos Estados Unidos: ajuda econômica e ajuda militar, 1946-1970, US$ constantes (%)   40

Gráfico 1.3 – Ajuda externa norte-americana total discriminada por continentes, 1946-1970, bilhões de US$ constantes   42

Gráfico 1.4 – Participação relativa de regiões do mundo no recebimento de ajuda econômica e militar norte-americana, 1946-1970, US$ constantes (%)   43

Gráfico 1.5 – Ajuda econômica norte-americana para o Brasil, médias anuais por período, 1948-1966 (milhões US$)   69

Lista de tabelas

Tabela 2.1 – Produto, densidade demográfica e PIB *per capita* dos estados brasileiros, 1960   78

Tabela 2.2 – Resultados eleitorais para governos estaduais discriminados pelos principais partidos, 1958 e 1962   85

Tabela 2.3 – Lista dos estados cujos governantes tiveram mandatos coincidentes com a administração Jânio Quadros-João Goulart, 1961-1964   87

Tabela 2.4 – Lista dos estados com dois governantes durante a administração Jânio Quadros-João Goulart, 1961-1964   89

Tabela 3.1 – Empréstimos do BID ao Brasil discriminados por recipiente, governo federal e estados, 1961-1969 (em US$)   99

Tabela 3.2 – Empréstimos da Usaid ao Brasil para projetos discriminados por estados, julho de 1962 a março de 1964 (em milhões US$)   104

Tabela 3.3 – Doações da Usaid ao Brasil discriminadas por estados, janeiro de 1962 a julho de 1963 (em milhões Cr$)   108

Tabela 3.4 – Empréstimos em cruzeiros e doações em dólares da Usaid para os estados do Nordeste do Brasil, janeiro de 1962 a março de 1964   114

Tabela 3.5 – Número e proporção de governadores estaduais brasileiros conforme índice ideológico da Embaixada dos Estados Unidos no Brasil, agosto 1962   122

Tabela 3.6 – Média de empréstimos em dólares (BID e Usaid) e de doações em cruzeiros recebidos por governadores estaduais discriminada por categoria ideológica, janeiro 1962 a março 1964   123

Tabela 3.7 – Média dos empréstimos em cruzeiros e doações em dólares aprovados pela Usaid para governadores do Nordeste discriminada por categoria ideológica, janeiro 1962 a março 1964   125

Tabela 3.8 – Teste de média com variáveis socioeconômicas e *proxy* para eficiência técnica para estados brasileiros receptores e não receptores de ajuda econômica norte-americana (Usaid) e do BID em dólares, 1961-1964   129

Tabela 3.9 – Teste de média com variáveis socioeconômicas e *proxy* para eficiência técnica para estados brasileiros receptores e não receptores de doação em cruzeiros da Usaid, janeiro de 1962 a junho de 1963   130

Tabela 3.10 – Teste de média com variáveis socioeconômicas e *proxy* de variável de eficiência técnica para estados brasileiros receptores e não receptores de ajuda norte-americana da Usaid (inclusive doações em cruzeiros convertidas) e do BID, dólares, 1961-1964   131

Tabela 4.1 – Lista dos governadores que fizeram contato direto com autoridades norte-americanas para pedido de recursos da Aliança para o Progresso (1961-1964)   152

Tabela A.1 – Lista de governadores brasileiros eleitos em 1958 e 1962, com a classificação ideológica atribuída pela Embaixada norte-americana no Brasil   199

Tabela A.2 – Empréstimos do BID a estados brasileiros, janeiro 1961 a dezembro 1969   201

Tabela A.3 – Ajuda econômica total norte-americana ao Brasil, recursos aprovados (1946-1966) (em milhões US$)   204

Tabela A.4 – Ajuda norte-americana para o mundo, ajuda econômica e militar, total e discriminada por regiões, milhões US$ constantes, 1946-1970   206

Apresentação

Em entrevista à Associação Nacional de Pós-Graduação e Pesquisa em Educação (ANPEd), em maio de 2019, o jurista português Boaventura de Sousa Santos afirmou que o *impeachment* de 2016 contra a presidenta brasileira Dilma Rousseff (Partido dos Trabalhadores, PT) teria sido resultado de "uma ação imperial dos Estados Unidos para tentar neutralizar uma potência de desenvolvimento intermédio". Para Santos, a Operação Lava Jato – a megainvestigação anticorrupção protagonizada pelo ex-juiz Sérgio Moro, que se tornaria ministro da Justiça e Segurança Pública do governo Jair Bolsonaro – constituiu, na realidade, uma "operação internacional cujos dados fundamentais [vieram] do Departamento de Justiça dos Estados Unidos", tendo como principais objetivos a desestabilização e a derrubada da administração petista.[1]

O estudioso português certamente não é o único que atribui a Washington parcela significativa de responsabilidade pela queda da presidenta Dilma Rousseff, apesar de essa abordagem estar restrita hoje quase que exclusivamente a setores à esquerda do espectro político. A filósofa Marilena Chaui, o jornalista Luis Nassif e o cientista político Luiz Alberto Moniz Bandeira – falecido em novembro de 2017 e um dos maiores especialistas na história das relações Brasil-Estados Unidos e do governo João Goulart (1961-1964) – são alguns dos nomes que também defendem que Washington teria tido papel determinante na ruptura institucional de 2016, para além,

---

1 Santos; Oliveira; Süssekind, Entrevista com Boaventura de Sousa Santos para ANPEd/Brasil, *Revista Brasileira de Educação*, v.24, p.5.

evidentemente, dos próprios membros do PT, em especial o ex-presidente Luiz Inácio Lula da Silva.[2]

De forma semelhante, a interpretação do vínculo dos Estados Unidos com o golpe civil-militar de março de 1964 no Brasil, que derrubou o presidente João Goulart (Jango) e instaurou uma ditadura de 21 anos no país, inicialmente ficou restrita a grupos de esquerda, tanto domésticos como estrangeiros, taxados de conspiratórios por apoiadores do regime e por representantes do governo norte-americano, inclusive pelo embaixador estadunidense no Brasil à época do golpe, Lincoln Gordon.[3] Seriam necessários dez anos para que uma historiadora norte-americana chamada Phyllis Parker tivesse acesso a fontes confidenciais que comprovavam a existência de uma operação militar clandestina do governo Lyndon B. Johnson em apoio aos golpistas brasileiros – a chamada Operação Brother Sam.[4] A partir desse momento, surgiu uma enxurrada de trabalhos sobre o tema, analisando, em detalhes, as formas pelas quais Washington interveio no Brasil em 1964 em apoio a setores civis e militares domésticos para a derrubada do governo Goulart.

Este livro é parte desse esforço coletivo, que vem sendo construído há décadas por acadêmicos brasileiros, latino-americanos e estadunidenses, para compreender melhor o papel dos Estados Unidos no processo de desestabilização e queda da administração Jango, que fechou um ciclo de quase vinte anos de frágil democracia no Brasil pós-guerra (1946-1964). Muito se escreveu sobre o modo pelo qual Washington atuou diante do governo

---

2 Para referências de Chaui, Nassif e Moniz Bandeira, ver, respectivamente, *Folha de São Paulo*, Marilena Chaui diz que Moro foi treinado pelo FBI para Lava Jato, 4 jul. 2016, disponível em https://www1.folha.uol.com.br/poder/2016/07/1788553-marilena-chaui-diz-que-moro-foi-treinado-por-fbi-para-lava-jato.shtml, acesso em 20 jan. 2020; *GGN*, Xadrez da influência dos EUA no golpe, por Luis Nassif, 20 ago. 2017, disponível em https://jornalggn.com.br/geopolitica/xadrez-da-influencia-dos-eua-no-golpe-por-luis-nassif/, acesso em 20 jan. 2020; *Nexo*, Quem foi Moniz Bandeira, ícone do pensamento nacionalista, 13 nov. 2017, disponível em https://www.nexojornal.com.br/expresso/2017/11/13/Quem-foi-Moniz-Bandeira-%C3%ADcone-do-pensamento-nacionalista, acesso em 22 jan. 2020. Para referências a membros do PT, ver *CartaCapital*, Está claro o papel dos EUA na Lava Jato, diz Lula, 5 set. 2019, disponível em https://www.cartacapital.com.br/politica/esta-claro-o-papel-dos-eua-na-lava-jato-diz-lula-a-cartacapital/, acesso em 23 jan. 2020.

3 A maior referência dessa interpretação nascida logo após o golpe de 1964 é Morel, *O golpe começou em Washington*. Para as várias versões de Gordon sobre as razões para o golpe de 1964, ver Green; Jones, Reinventando a história: Lincoln Gordon e as suas múltiplas versões de 1964, *Revista Brasileira de História*, v.29, n.57.

4 O trabalho de Parker, fruto de sua dissertação de mestrado pela Universidade de Austin, Texas, foi publicado pela Civilização Brasileira em 1977 sob o título *1964: o papel dos Estados Unidos no golpe de Estado de 31 de março*. A Operação Brother Sam tinha como objetivo apoiar militarmente os golpistas em caso de resistência armada dos apoiadores do presidente Goulart, o que acabou não ocorrendo. Ver Fico, *O grande irmão: da operação Brother Sam aos anos de chumbo – o governo dos Estados Unidos e a ditadura militar brasileira*, cap.1.

federal janguista, mas pouco se sabia ainda, pelo menos sistematicamente, sobre como os Estados Unidos se utilizaram de governos estaduais para enfraquecer a democracia brasileira. Nesta obra, apresentamos um mapeamento inédito da ajuda econômica distribuída aos estados da federação brasileira pela Aliança para o Progresso – o programa de assistência econômica do governo John F. Kennedy para a América Latina lançado em 1961 com o intuito de evitar o surgimento de novas Cubas no continente.

Mostramos como esse auxílio favoreceu governantes anticomunistas e anti-Goulart, notadamente o governador do antigo estado da Guanabara, Carlos Lacerda, visando constranger, controlar e, no limite, desestabilizar a administração Jango em um dos mais tensos contextos da história da Guerra Fria latino-americana. Como se verá, a racionalização do processo de tomada de decisão foi tamanha que a Embaixada norte-americana no Rio de Janeiro chegou a construir um "índice ideológico" – desconhecido por estudiosos até então – para categorizar políticos brasileiros, notadamente governadores, em diferentes graus de posicionamento político, indo dos mais indesejáveis a Washington ("comunistas") aos mais desejáveis ("reformistas não comunistas" e "centristas").

É possível que, no futuro, a liberação de documentos norte-americanos demonstre que Washington não teve nenhuma participação no *impeachment* de Dilma Rousseff, diferentemente do que houve em 1964. Apesar disso, trabalhos recentes já vêm apontando que grupos da sociedade civil brasileira que apresentaram papel de relevo na crise de 2015-2016 – como o Movimento Brasil Livre (MBL) – receberam apoio de setores libertários norte-americanos, entre os quais o Atlas Network, financiado com recursos da Fundação Nacional para a Democracia (NED – National Endowment for Democracy).[5] Muito provavelmente a realidade histórica situou-se entre os dois extremos: os atores governamentais e não governamentais norte-americanos nem exerceram um papel absoluto na construção do processo que culminou no golpe parlamentar de 2016, e nem se constituíram também apenas como passivos espectadores de um movimento de caráter eminentemente doméstico. No contexto do golpe de 1964, Washington construiu sua política de desestabilização do governo Jango contando com apoio decisivo de atores locais. Como esta obra mostrará, governadores pró-EUA tiveram um papel importante para estimular a política discriminatória de ajuda

---

5 Ver, por exemplo, Davis e Straubhaar, Producing *Antipetismo*: Media Activism and the Rise of the Radical Nationalist Right in Contemporary Brazil, *International Communication Gazette*, v.82, n.1. O *Intercept Brasil* fez uma reportagem sobre o tema, em que também é possível entender as bases do libertarianismo econômico: Fang, Esfera de influência: como os libertários americanos estão reinventando a política latino-americana, 11 ago. 2017, disponível em https://theintercept.com/2017/08/11/esfera-de-influencia-como-os-libertarios-americanos--estao-reinventando-a-politica-latino-americana/, acesso em 22 jan. 2020.

econômica regional da Aliança para o Progresso e, sobretudo, para bloquear tentativas da administração Goulart de minar a estratégia norte-americana.

Antes de terminar, gostaria de agradecer às várias instituições e pessoas que ajudaram no processo de escrita e publicação deste livro. O texto que se segue foi apresentado originalmente como tese de livre-docência no Instituto de Relações Internacionais da Universidade de São Paulo (IRI-USP) em agosto de 2017, tendo passado por várias mudanças desde então. Agradeço aos membros da banca examinadora – Elizabeth Cancelli, Marcos Napolitano, Mary Anne Junqueira, Michael Hall e Pedro Dallari – pelas sugestões e críticas, que foram fundamentais para o aprimoramento do trabalho. Agradeço também aos colegas do IRI-USP que me apoiaram durante a redação da livre-docência, entre os quais Adriana Schor, Maria Antonieta Lins e, especialmente, Marislei Nishijima, que contribuiu com a parte quantitativa do trabalho. Vale ressaltar, sobretudo diante do atual desmonte do sistema nacional de financiamento à pesquisa e da desvalorização do saber acadêmico e das universidades promovida pela administração Bolsonaro, que a pesquisa original que deu origem a este livro foi feita graças a um auxílio à pesquisa oferecido pela Fapesp (auxílio 2013/06288-6), a quem sou muito grato. A Fapesp também concedeu financiamento para a publicação desta obra (auxílio 2019/04472-0). Sem esses financiamentos, que viabilizaram diversas (e longas) viagens a arquivos nacionais e estrangeiros, participação em congressos e aquisição de livros e materiais permanentes (computador, softwares, máquina fotográfica, tripé) e de consumo (de cartuchos de impressora a cópias de textos e documentos), as páginas a seguir simplesmente não teriam sido possíveis. Além disso, a fase de redação do texto foi facilitada por uma breve e muito proveitosa estada de pós-doutoramento na Brown University em 2017. Agradeço a James Green pela oportunidade e à Agência USP de Cooperação Nacional e Internacional, pelo financiamento. Vários colegas leram versões prévias deste trabalho e ofereceram sugestões fundamentais. Agradeço especialmente a Gustavo Barros, Jorge Artur Santos e Renato Colistete. Evidentemente, erros e omissões do texto são de minha responsabilidade. Por fim, sou infinitamente grato a Dilce Loureiro e a Marcela Kotait pelo amor, pelo apoio e pela compreensão, sempre irrestritos e incondicionais.

São Paulo, 23 de janeiro de 2020

INTRODUÇÃO

Em março de 1961, o recém-iniciado governo John F. Kennedy anunciou a execução de um programa histórico de ajuda econômica dos Estados Unidos para a América Latina. A chamada Aliança para o Progresso visava disponibilizar em dez anos pelo menos US$ 20 bilhões em fontes públicas e privadas, em sua maioria fundos governamentais norte-americanos, para impulsionar o desenvolvimento socioeconômico do continente. Dado o volume de recursos anunciado, a Aliança seria logo apelidada de "o Plano Marshall da América Latina".[1] Mais do que o oferecimento de ajuda em quantidade inédita, os Estados Unidos anunciaram que a alocação de recursos seria feita com base em determinados critérios, sobretudo a formulação por parte dos países beneficiários de planos nacionais abrangentes, que privilegiassem o crescimento econômico com justiça social; a participação de sociedades e governos latino-americanos no esforço do desenvolvimento, por meio de financiamento, formulação e execução de tarefas conjuntas; e o respeito a instituições democráticas e a direitos civis. O objetivo seria transformar os anos 1960 na América Latina em uma década "revolucionária", completando as tarefas de desenvolvimento socioeconômico que as independências políticas no século XIX teriam deixado por fazer.[2]

---

1 Para a comparação entre a Aliança para o Progresso e o Plano Marshall, ver Schlesinger, *A Thousand Days: John F. Kennedy in the White House*, p.191. O Plano Marshall disponibilizou aproximadamente US$ 13 bilhões em ajuda econômica para a Europa Ocidental entre 1948 e 1952. Ver Packenham, *Liberal America and the Third World: Political Development Ideas in Foreign Aid and Social Science*, p.34-5).

2 A literatura sobre a Aliança para o Progresso é extensa, como será discutido no Capítulo 1 desta obra. Para uma excelente introdução historiográfica sobre o tema, ver Dunne,

A despeito das altas expectativas, os resultados do programa do governo Kennedy seriam decepcionantes. Mesmo que o desempenho econômico médio dos países latino-americanos na década de 1960 não tenha sido ruim e que a quantidade de recursos disponibilizada para o continente não possa ser caracterizada como pequena, os anos 1960 ficariam marcados pela derrubada de dezenas de regimes democráticos no hemisfério; pelo aguçamento de desigualdades sociais; e por uma performance bem abaixo da esperada em termos de índices socioeconômicos, tais como mortalidade infantil, analfabetismo, condições habitacionais, e acesso a rede de esgotos e água tratada. Como bem assinalariam Levinson e Onis, em trabalho antigo mas ainda clássico sobre o tema, os limitados resultados da Aliança explicam o porquê de o programa-símbolo do governo Kennedy ter ficado conhecido em várias regiões da América Latina como "a Aliança que (teria parado) o progresso", ao invés de o ter estimulado.[3]

Há décadas estudiosos debatem as razões por detrás das origens e da falência da Aliança para o Progresso. Existe relativo consenso na literatura de que a origem do programa estaria relacionada, principalmente, à percepção de risco de segurança no hemisfério decorrente da Revolução Cubana de janeiro de 1959 e, sobretudo, do ingresso de Cuba na órbita soviética a partir de 1960.[4] Nesse sentido, a Aliança teria constituído uma espécie de prolongamento da política de "contenção" (*containment*) da América Latina, tendo como foco o desenvolvimento socioeconômico da região como forma de combater as raízes estruturais do comunismo e ideologias radicais, evitando a proliferação de novas Cubas.[5]

Quanto ao fracasso do programa, porém, a posição da literatura é mais multifacetada: grande parte dos autores aponta a administração Kennedy

---

Kennedy's Alliance for Progress: Countering Revolution in Latin America. Part II: The Historiographical Record, *International Affairs*, v.92, n.2.

3 Levinson; Onis, *The Alliance that Lost its Way: a Critical Report on the Alliance for Progress*, p.101. Alguns autores têm relativizado os insucessos da Aliança, sob o argumento de que estes não teriam sido tão amplos e generalizados como estudiosos normalmente supunham. Ver, por exemplo, Taffet, Latin America, in: Selverstone (Org.), *A Companion to John F. Kennedy*. Apesar disso, mesmo essa perspectiva mais otimista sobre os efeitos do programa tende a reconhecer que, em termos gerais, os resultados da Aliança foram decepcionantes.

4 Ver Dunne, Kennedy's Alliance for Progress: Countering Revolution in Latin America. Part II: The Historiographical Record, *International Affairs*, v.92, n.2. Inicialmente, Fidel Castro não apresentou a Revolução Cubana como uma revolução comunista. Na realidade, Castro visitou os Estados Unidos em abril de 1959 em viagem não oficial, tendo se encontrado com o vice-presidente norte-americano Richard Nixon. Seria apenas a partir de fevereiro de 1960 que Cuba se aproximaria claramente da União Soviética. Em dezembro de 1961, Castro se declararia marxista-leninista. Para maiores informações, ver Schoultz, *That Infernal Little Cuban Republic: the United States and the Cuban Revolution*, p.110-175; LeoGrande; Kornbluh, *Back Channel to Cuba: the Hidden History of Negotiations between Washington and Havana*, p.13-38.

5 Sobre esse tema, ver, especialmente, Harmer, "The Cuban Question" and the Cold War in Latin America, 1959-1964, *Journal of Cold War Studies*, v.21, n.3.

como a principal responsável, apesar de alguns estudiosos entenderem que a resistência das elites latino-americanas a reformas distributivas, assim como a própria inadequação e o despreparo técnico por parte dos governos da região, também tenham sido importantes.[6] Quando o foco são os Estados Unidos, no entanto, tende-se a ver os elementos cruciais para o fim da Aliança como sendo ou a pressão do empresariado norte-americano ou, mais frequentemente, a obsessão anticomunista da administração Kennedy, que teria interpretado sinais de neutralismo em política externa ou ações de cunho esquerdista no plano doméstico por parte de governos latino-americanos como sinônimos de alinhamento a Moscou.[7] Essas percepções, por sua vez, teriam levado Washington a priorizar segurança em curto prazo, desestabilizando governos locais em troca da ascensão de regimes militares fiéis aos Estados Unidos, em vez de tentar "conter" as sociedades latino-americanas por meio de uma abordagem desenvolvimentista e democrática de longo prazo, como teria sido a proposta original da Aliança para o Progresso. Em termos mais gerais, porém, se a origem da Aliança teria se relacionado à percepção de risco gerada por Cuba no hemisfério, as raízes de sua falência precisariam ser buscadas, da mesma forma, no declínio relativo dessa percepção, para o qual episódios como o desfecho da crise dos mísseis de Cuba desempenham papel crucial.[8]

Recentemente, a literatura sobre a Aliança para o Progresso tem focado menos nas razões do fracasso do programa e mais na forma pela qual ela foi implementada em diferentes países da América Latina, buscando compreender quais teriam sido suas implicações para a evolução política e socioeconômica das nações do continente.[9] Apesar da indiscutível importância que membros da administração Kennedy atribuíam ao Brasil para o

---

6 Brands, *Latin America's Cold War*, p.60-5.

7 Contribuições representativas dessas posições são, respectivamente, Leacock, *Requiem for Revolution: the United States and Brazil, 1961-1969*, p.82-101; Rabe, *The Most Dangerous Area in the World: John F. Kennedy Confronts Communist Revolution in Latin America*.

8 O governo Kennedy alcançou importante vitória estratégica sobre a União Soviética no desfecho da crise, obrigando Moscou a retirar mísseis nucleares de Cuba. Ver Hershberg, The Cuban Missile Crisis, in: Leffler; Westad (Org.), *The Cambridge History of the Cold War*, v.II; Taffet, *Foreign Aid as Foreign Policy: the Alliance for Progress in Latin America*, p.27.

9 Para exemplos de trabalhos que focam nos efeitos da Aliança em países latino-americanos, ver os casos de Peru, Bolívia, Chile, Paraguai e Argentina, analisados, respectivamente, por Contreras, *Struggles for Modernization: Peru and the United States, 1961-1968*; Field Jr., *From Development to Dictatorship: Bolivia and the Alliance for Progress in the Kennedy Era*; Taffet, op. cit.; Tyvela, "A Slight but Salutary Case of the Jitters": the Kennedy Administration and the Alliance for Progress in Paraguay, *Diplomacy & Statecraft*, v.22, ed.2; Walcher, *Missionaries of Modernization: the United States, Argentina, and the Liberal International Order, 1958-1963*. Apesar de não ter como objeto principal a Aliança, o trabalho de Miller, *Precarious Paths to Freedom: the United States, Venezuela, and the Latin American Cold War*, traz uma ótima contribuição para pensar o caso da Venezuela no período.

desempenho do programa, ainda há, relativamente falando, poucos estudos sobre a execução e os impactos da Aliança para o Progresso no Brasil.[10] Estudiosos são unânimes, porém, ao apontar os Estados Unidos como um ator crucial para a desestabilização da democracia brasileira do pós-guerra e para o golpe civil-militar de 1964.[11] Admite-se, inclusive, que a Aliança para o Progresso teria tido um papel fundamental nesse processo de desestabilização, sobretudo por meio da ajuda econômica a governadores de oposição ao presidente João Goulart, entre os quais Ademar de Barros, de São Paulo, Carlos Lacerda, da Guanabara, Cid Sampaio, de Pernambuco, Juraci Magalhães, da Bahia, e José de Magalhães Pinto, de Minas Gerais.[12]

O reconhecimento por parte de estudiosos da importância da Aliança para o Progresso para o enfraquecimento do governo Goulart, particularmente pela ajuda econômica a governadores anti-Jango, ainda não resultou em uma análise sistemática daquilo que o próprio embaixador dos Estados Unidos no Brasil à época, Lincoln Gordon, denominou de "política de ilhas de sanidade administrativa". De fato, autoridades norte-americanas, inclusive o próprio Gordon, reconheceriam publicamente *a posteriori* que Washington teria dado preferência a determinados estados para a alocação

---

10 Entre trabalhos que discutem a Aliança para o Progresso no Brasil, apesar de não terem tido esse tema como foco principal, incluem-se Kirkendall, *Paulo Freire & the Cold War Politics of Literacy*, cap.1; Taffet, *Foreign Aid as Foreign Policy: the Alliance for Progress in Latin America*, cap.5; Weis, *Cold Warriors & Coups d'État: Brazilian-American Relations, 1945-1964*, cap.6; Id., The Twilight of Pan-Americanism: the Alliance for Progress, Neo-Colonialism, and Non-Alignment in Brazil, 1961-1964, *The International History Review*, v.23, n.2. Recentemente, apresentamos duas contribuições específicas sobre o tema, ver Loureiro, The Alliance for or against Progress? US-Brazilian Financial Relations in the Early 1960s, *Journal of Latin American Studies*, v.46, ed.2; The Alliance for Progress and President João Goulart's Three-Year Plan: the Deterioration of U.S.-Brazilian Relations in Cold War Brazil (1962), *Cold War History*, v.17, n.1.

11 A bibliografia sobre o papel dos Estados Unidos na desestabilização do governo Goulart e no golpe de 1964 é muito extensa. Para algumas das contribuições mais relevantes, ver Bandeira, *O governo João Goulart: as lutas sociais no Brasil (1961-1964)*; Black, *United States Penetration of Brazil*; Dreifuss, *1964: a conquista do Estado – ação política, poder e golpe de classe*; Fico, *O grande irmão: da operação Brother Sam aos anos de chumbo – o governo dos Estados Unidos e a ditadura militar brasileira*, cap.1-2; Green, *We Cannot Remain Silent: Opposition to the Brazilian Military Dictatorship in the United States*, cap.1; Leacock, *Requiem for Revolution: the United States and Brazil, 1961-1969*; Morel, *O golpe começou em Washington*; Parker, *Brazil and the Quiet Intervention, 1964*; Rabe, *The Most Dangerous Area in the World: John F. Kennedy Confronts Communist Revolution in Latin America*, cap.3; Taffet, op. cit., cap.5; Smith, *Brazil and the United States: Convergence and Divergence*, cap.6; Weis, *Cold Warriors & Coups d'État: Brazilian-American Relations, 1945-1964*, cap.6; Id., *The Twilight of Pan-Americanism*, op. cit. Para recentes revisões historiográficas sobre o tema, ver Pereira, The US Role in the 1964 Coup in Brazil: a Reassessment, *Bulletin of Latin American Research*; Spektor, The United States and the 1964 Brazilian Military Coup, in: Oxford Research Encyclopedias, *Latin American History*.

12 Ver, por exemplo, Bandeira, op. cit., cap.5; Black, *United States Penetration of Brazil*, p.65; Dreifuss, op. cit., p.326; Fico, op. cit., p.79; Leacock, op. cit., p.135-6; Parker, op. cit., p.47; Weis, *Cold Warriors & Coups d'État*, op. cit., p.162; Id., *The Twilight of Pan-Americanism*, op. cit., p.340.

de ajuda econômica no Brasil. Essa preferência, no entanto, conforme o embaixador, não teria sido determinada por fatores políticos, mas sim pela maior capacidade técnica dos estados privilegiados para aplicar os recursos, a fim de maximizar o impacto da ajuda no país. Gordon argumentou ainda que todo auxílio regional norte-americano ao Brasil tinha de ser aprovado pelo governo federal brasileiro. Logo, na medida em que Brasília chancelou e ratificou todos os projetos financiados pela Aliança nos estados, não faria sentido argumentar, como a maioria dos historiadores o faz, segundo Gordon, que a alocação de recursos do programa do governo Kennedy teria sido determinada por critérios políticos, sobretudo pelo grau de oposição de governadores estaduais ao presidente Goulart.[13]

Não é tarefa simples verificar a acurácia das colocações do ex-embaixador norte-americano sobre esse importante aspecto do programa de ajuda econômica do governo Kennedy no Brasil. Mesmo reconhecendo que Lincoln Gordon, como bem observam James Green e Abigail Jones, já demonstrara uma enorme habilidade para "reinventar histórias"[14] – estando longe, portanto, de ser um ator desinteressado e capaz de apresentar uma versão minimamente equilibrada da política norte-americana do período –, o fato é que, quarenta anos depois do famoso livro de Jan Knippers Black sobre a "penetração norte-americana no Brasil" durante o governo Goulart, permanece válido o comentário da autora sobre a nossa ignorância acerca da "completa extensão" da política de ilhas de sanidade administrativa. Conforme Black, essa política norte-americana de ajuda a estados brasileiros ainda seria "um tema para especulação".[15] Afora alguns poucos estudos de caso, focados na aplicação da Aliança em estados e/ou políticas públicas específicas, ainda não há um mapeamento sistemático sobre o que teriam sido as "ilhas de sanidade administrativa", o que as teria determinado e quais teriam sido os impactos dessa abordagem para a democracia brasileira no início da década de 1960.[16] Além disso, para tornar o debate ainda mais complexo, uma biografia recente do ex-embaixador norte-americano no Brasil, escrita por Bruce Smith, corroborou as conclusões de Gordon acerca das "ilhas de sanidade administrativa".

---

13 Gordon, US-Brazilian Reprise, *Journal of Interamerican Studies and World Affairs*, v.32, n.2, p.171; *Brazil's Second Chance: en Route Towards the First World*.

14 Green; Jones, Reinventando a história: Lincoln Gordon e as suas múltiplas versões de 1964, *Revista Brasileira de História*, v.29, n.57.

15 Black, *United States Penetration of Brazil*, p.66-7.

16 Para estudos sobre a aplicação da Aliança em estados brasileiros, ver Pereira, Modernizar para não mudar: a Aliança para o Progresso no Rio Grande do Norte, in: Bueno, *Revisitando a história do Rio Grande do Norte*; Benmergui, *Housing Development: Housing Policy, Slums, and Squatter Settlements in Rio de Janeiro, Brazil and Buenos Aires, Argentina, 1948-1973*; Betfuer, *Pernambuco e a Aliança para o Progresso: ajuda econômica regional no Brasil de João Goulart*. Esses trabalhos tratam, respectivamente, dos casos da administração Aluísio Alves no Rio Grande do Norte, da política habitacional do governo Carlos Lacerda na Guanabara, e das administrações Cid Sampaio e Miguel Arraes em Pernambuco.

Conforme Smith, baseando-se somente nos diários do próprio Gordon, "a assistência (econômica) norte-americana não foi limitada aos governos estaduais que eram hostis ao regime Goulart"; na realidade, segundo o autor, governadores "neutros" e mesmo "pró-Goulart" cujos estados demonstraram "capacidade administrativa e controle fiscal para identificar projetos sensatos e financiá-los" também teriam recebido ajuda norte-americana.[17]

Visando contribuir para o preenchimento dessa lacuna, este livro tem como principal objetivo analisar a ajuda econômica regional norte-americana no âmbito do programa Aliança para o Progresso durante a administração de João Goulart (1961-1964). Busca-se não somente mapear a maior quantidade possível de recursos oferecidos a estados brasileiros no período mas, sobretudo, compreender os determinantes do padrão de alocação de ajuda entre as unidades federativas. Com isso, imagina-se ser possível oferecer pelo menos três contribuições à literatura, até então relacionadas a debates acadêmicos diferentes: primeiro, compreender melhor o papel desempenhado pelo governo norte-americano para a desestabilização da democracia brasileira do pós-guerra; segundo, analisar a forma pela qual a Aliança para o Progresso foi implementada no Brasil; e, por fim, colaborar para a ampla bibliografia em Relações Internacionais que trata de determinantes de ajuda econômica externa no mundo contemporâneo.

Abordemos cada uma dessas potenciais contribuições de modo específico, começando pela literatura sobre o papel dos Estados Unidos na desestabilização do governo Goulart. Se a questão do peso preponderante da atuação norte-americana para o fim da democracia brasileira do pós-guerra é consensual entre estudiosos, o momento a partir do qual essa abordagem começou não é. Carlos Fico, por exemplo, faz uma importante distinção entre "campanha de desestabilização" e "conspiração" de Washington contra Jango, apesar de não deixar claro quando exatamente tal "campanha de desestabilização" foi deslanchada (a "conspiração", segundo Fico, data do final de 1963).[18] Michael Weis, por sua vez, argumenta que o final de 1962 foi o momento-chave na mudança de perspectiva do governo Kennedy diante de Brasília, enquanto Leacock e Taffet entendem que meados de 1963 representaram o verdadeiro divisor de águas.[19] Em estudos recentes, argumentamos que o período de formulação do Plano Trienal de Celso

---

17 Vale destacar, no entanto, que Smith considera como exemplos de políticos pró-Goulart os governadores de Minas Gerais e da Bahia, o que não é correto, conforme exploraremos no Capítulo 2. Ver Smith, *Lincoln Gordon: Architect of Cold War Foreign Policy*, p.259-62.

18 Fico, *Além do golpe: versões e controvérsias sobre 1964 e a ditadura militar*, p.75-76.

19 Weis, The Twilight of Pan-Americanism: the Alliance for Progress, Neo-Colonialism, and Non-Alignment in Brazil, 1961-1964, *The International History Review*, v.23, n.2, p.340; Leacock, *Requiem for Revolution: the United States and Brazil, 1961-1969*, cap.8; Taffet, *Foreign Aid as Foreign Policy: the Alliance for Progress in Latin America*, p.109.

A Aliança para o Progresso e o governo João Goulart (1961-1964)

Furtado, entre setembro e dezembro de 1962, foi, na verdade, o momento decisivo para a deterioração das relações Brasília-Washington, mas restringimos nossa análise às relações de cúpula entre os dois países.[20] Logo, uma análise sistemática sobre a política de ilhas de sanidade administrativa trará mais elementos para esse debate e tenderá a esclarecer mudanças na natureza do relacionamento Brasília-Washington – algo que análises focadas nos governos centrais têm maior dificuldade em contemplar.

No que tange à segunda literatura, relativa à Aliança para o Progresso em si, considera-se que este trabalho também poderá oferecer contribuições relevantes. Incluem-se aqui não somente os debates acerca das razões do fracasso da Aliança, em particular o peso de fatores de ordem político-estratégica para o desvirtuamento do programa, mas também as discussões sobre o modo pelo qual a Aliança foi implementada e sobre até que ponto sua execução representou uma tentativa de guiar processos de modernização na América Latina, moldando-os à imagem e semelhança de ideais defendidos por formuladores políticos e intelectuais de Washington.[21]

Por fim, apesar de ser um estudo de História das Relações Internacionais, este trabalho também pode contribuir para a vasta bibliografia focada na análise dos determinantes de ajuda econômica externa no período contemporâneo. Se, por um lado, estudiosos vêm produzindo trabalhos cada vez mais sofisticados em termos de modelagem econométrica dentro do tema; por outro, esses estudos frequentemente pecam quanto à especificação das variáveis políticas e estratégicas selecionadas para explicar o comportamento de doadores no sistema internacional. É comum, por exemplo, que países receptores sejam classificados como "estrategicamente importantes" apenas com base no montante de recursos militares recebido em um determinado intervalo temporal; ou que a finalidade de auxílios seja estabelecida a partir dos chamados "códigos de atividade" (*activity codes*) da Organização para Cooperação e Desenvolvimento Econômico (OCDE), os quais, apesar

---

20 Loureiro, The Alliance for or against Progress? US-Brazilian Financial Relations in the Early 1960s, *Journal of Latin American Studies*, v.46, ed.2; The Alliance for Progress and President João Goulart's Three-Year Plan: the Deterioration of U.S.-Brazilian Relations in Cold War Brazil (1962), *Cold War History*, v.17, n.1. Essa perspectiva é ratificada por Spektor, The United States and the 1964 Brazilian Military Coup, in: Oxford Research Encyclopedias, *Latin American History*.

21 As principais referências sobre a relação entre intelectuais norte-americanos, teoria de modernização e a Aliança para o Progresso encontram-se em Gilman, *Mandarins of the Future: Modernization Theory in Cold War America*; Latham, Ideology, Social Science, and Destiny: Modernization and the Kennedy-Era Alliance for Progress, *Diplomatic History*, v.22, ed.2; Id., *Modernization as Ideology: American Social Science and "Nation Building" in the Kennedy Era*; Id., *The Right Kind of Revolution: Modernization, Development, and U.S. Foreign Policy from the Cold War to the Present*, cap.1.

Felipe Pereira Loureiro

de úteis para identificar padrões gerais, são bastante limitados para aferir determinantes de ajuda, como a própria literatura que os utiliza reconhece.[22]

Estudos de caso como o nosso, exatamente por serem capazes de aprofundar a análise sobre um determinado recorte temporal e geográfico de ajuda econômica externa, podem especificar variáveis causais de maneira muito mais cuidadosa do que trabalhos quantitativos que analisam inúmeros casos ao mesmo tempo.[23] Pode-se argumentar, porém, que os padrões de ajuda econômica externa teriam se transformado radicalmente entre o período da Guerra Fria e o contexto atual, dada a crise do sistema bipolar estadunidense-soviético a partir do final dos anos 1980. Trabalhos mais recentes que enfocam exatamente esse ponto, todavia, vêm relativizando tal conclusão em pelo menos dois sentidos: primeiro, se, de fato, ocorreram mudanças nos padrões de ajuda externa durante e após a Guerra Fria, essas mudanças teriam se expressado mais em termos da queda do montante global de recursos para fins de assistência internacional do que em padrões de alocação – ou seja, países beneficiados por ajuda econômica pré-1989, em linhas gerais, teriam sido os mesmos do contexto pós-1989. E, segundo, e talvez o elemento mais importante para nós: o padrão de assistência externa pós-11 de setembro de 2001 apresentaria semelhanças cada vez maiores com aquele do período da Guerra Fria, no sentido de considerações político-estratégicas determinarem o montante e a alocação de ajuda para países doadores.[24] Nesse sentido, um estudo de caso sobre os determinantes da ajuda econômica externa para estados brasileiros durante o governo Goulart pode trazer conclusões significativas para a literatura recente que vem apontando relações entre padrões de ajuda dominantes na Guerra Fria com aqueles que predominam no mundo contemporâneo.

Do ponto de vista teórico-metodológico, este livro congrega duas perspectivas teóricas distintas, porém complementares, que vêm sendo utilizadas de modo profícuo na área de História das Relações Internacionais: primeiro, a determinação de agência de atores governamentais mediante uma perspectiva interpretativista, em detrimento de um paradigma objetivizante.[25]

---

22 Para exemplo de trabalhos que dão ênfase ao montante de ajuda militar e para aqueles que avaliam a finalidade da ajuda a partir dos "códigos de atividade" da OCDE, ver, respectivamente: Boschini; Olofsgård, Foreign Aid: an Instrument for Fighting Communism?, *The Journal of Development Studies*, v.43, n.4; Scott; Carter, Promoting Democracy in Latin America: Foreign Policy Change and US Democracy Assistance, 1975-2010, *Third World Quarterly*, v.37, ed.2.

23 Ver apontamentos de George e Bennett, *Case Studies and Theory Development in the Social Sciences*, sobre estudos históricos e especificação de variáveis causais.

24 Fleck; Kilby, Changing Aid Regimes? U.S. Foreign Aid from the Cold War to the War on Terror, *Journal of Development Economics*, v.91, ed.2.

25 Vale destacar que paradigmas interpretativistas e/ou pós-modernos não nasceram, evidentemente, no âmbito da História das Relações Internacionais. Muito pelo contrário, será a partir de trabalhos nos campos da História Cultural e História Social que os principais avanços

A Aliança para o Progresso e o governo João Goulart (1961-1964)

Em termos concretos, isso significa que o modo pelo qual interpretaremos determinantes da ajuda econômica externa para estados brasileiros durante o governo Goulart se dará, fundamentalmente, com base na percepção que indivíduos-chave no interior do processo de *policymaking* norte-americano tiveram à época, e não por meio de fatores objetivos que, supostamente, se teriam feito sentir sobre agentes. O fato de priorizarmos a maneira pela qual indivíduos perceberam o processo histórico e nele atuaram não significa, de modo algum, negligenciar a importância de fatores estruturais para decisões de ajuda econômica externa norte-americana. Ao contrário, fatores estruturais estarão constantemente presentes em nossa análise, limitando, constrangendo ou potencializando o poder de agência de indivíduos, mas essa presença se fará valer sempre por meio da forma como foram percebidos e interpretados pelos agentes, e não de acordo com estruturas objetivadas.[26]

A segunda perspectiva teórica que este livro adota bebe das contribuições dos chamados estudos pós-coloniais, subalternos e/ou diaspóricos, que abriram novas perspectivas quanto à importância do olhar não ocidental para a História das Relações Internacionais, além de reconhecer a centralidade da agência de atores subalternos em relações de assimetria de poder.[27] No campo específico da história das relações Estados Unidos-América Latina, por exemplo, as últimas décadas assistiram a uma profusão de trabalhos que passaram a levar em conta a agência de latino-americanos (atores estatais e membros da sociedade civil) para a compreensão das dinâmicas bilaterais, deixando de creditar a Washington poder quase absoluto para os resultados dessa relação.[28] Isso não significa, porém, desconsiderar a enorme

---

teóricos na área se darão. Para uma introdução sobre o tema, ver Munslow, *Deconstructing History*; Tosh, *The Pursuit of History: Aims, Methods, and New Directions in the Study of Modern History*, cap.9. Para um debate sobre a possibilidade de incorporação de paradigmas interpretativistas em História das Relações Internacionais, ver Steiner, On Writing International History: Chaps, Maps and Much More, *International Affairs*, v.73, n.3; Trachtenberg, *The Craft of International History: a Guide to Method*, cap.1.

26 Para uma interessante análise sobre o papel das perspectivas construídas pelos indivíduos sobre limitações estruturais, ver Elster, *Nuts and Bolts for the Social Sciences*, cap.4. Para um trabalho de referência sobre a importância de percepções em Relações Internacionais, ver Jervis, *Perception and Misperception in International Politics*.

27 Para uma contribuição importante na área, ver Chakrabarty, *Provincializing Europe: Postcolonial Thought and Historical Difference*.

28 Entre os inúmeros exemplos nesse sentido, ver Harmer, Fractious Allies: Chile, the United States, and the Cold War, 1973-76, *Diplomatic History*, v.37, n.1; Id., "The Cuban Question" and the Cold War in Latin America, 1959-1964, *Journal of Cold War Studies*, v.21, n.3; Long, *Latin America Confronts the United States: Asymmetry and Influence*; Loureiro; Gomes Jr.; Braga, Pericentric Punta del Este: Cuba's Failed Attempt to Join the Latin American Free Trade Area (Lafta) and the Limits of Brazil's Independent Foreign Policy, *Revista Brasileira de Política Internacional*, v.61, n.2; Field Jr., *From Development to Dictatorship: Bolivia and the Alliance for Progress in the Kennedy Era*; Keller, *Capitalizing on Castro: Mexico's Foreign Relations with Cuba and the United States, 1959-1969*; Id., The Latin American Missile Crisis, *Diplomatic History*, v.39, n.2. Para uma obra de referência que advoga a necessidade de descentralizar estudos

assimetria de poder que existe entre esses polos, ainda mais quando se trata do tema de ajuda econômica na década de 1960, que constituía um evidente instrumento da política externa norte-americana e, logo, uma ferramenta sobre a qual Washington apresentava um poder claramente maior para a determinação de resultados. No entanto, como será explorado neste trabalho, a percepção e a atuação de atores brasileiros são importantes para que possamos compreender de forma mais ampla a evolução dos padrões de assistência externa regional dos Estados Unidos para o Brasil de João Goulart. Vale destacar ainda que a perspectiva de levar em conta a capacidade de barganha de agentes receptores de ajuda econômica no sistema internacional contemporâneo também vem sendo explorada por vários estudiosos, tendo-se concluído pela centralidade dessa participação em resultados sobre montante e até sobre formas de distribuição de auxílio externo no período contemporâneo.[29]

Dos agentes políticos que foram privilegiados para análise, destacam-se, em primeiro lugar, os atores com poder decisório sobre alocação de ajuda externa norte-americana para a América Latina no contexto da Aliança para o Progresso, entre os quais podem ser citados o secretário de Estado norte-americano, o diretor da Agência para o Desenvolvimento Internacional dos Estados Unidos (Usaid – United States Agency for International Development), a Subsecretaria para Assuntos Interamericanos, a Coordenadoria da Aliança para o Progresso (ambas inseridas na estrutura do Departamento de Estado) e, principalmente, membros dessas agências e/ou órgãos que possuíam representação no Brasil, tais como o próprio embaixador norte-americano (além da equipe da Embaixada e de outras representações consulares) e funcionários da Usaid em escritórios regionais no país. Levamos em conta ainda outros atores políticos norte-americanos, inclusive, evidentemente, o próprio presidente da República e seus assessores diretos, assim como representantes de outros órgãos políticos, entre os quais membros dos departamentos do Tesouro, do Comércio e da Agricultura. Tendo em vista, no entanto, que a formulação política da alocação e administração da ajuda externa estava concentrada no Departamento de Estado (a assistência econômica internacional havia se consolidado no pós-guerra como instrumento de política externa), nosso foco recairá sobre os agentes dessa instituição, tanto os que atuavam de Washington quanto aqueles locados no Brasil.

No lado brasileiro, por sua vez, a ênfase incidirá principalmente sobre os governadores estaduais (e seus respectivos secretários e assessores diretos),

---

sobre Guerra Fria, olhando processos históricos também a partir de regiões periféricas, ver Smith, New Bottles for New Wine: a Pericentric Framework for the Study of the Cold War, *Diplomatic History*, v.24, ed.4.

29 Wang, The Effect of Bargaining on U.S. Economic Aid, *International Interactions*, v.42.

assim como sobre o governo federal – presidente da República, ministros de Estado e órgãos federais com competências relacionadas a planejamento e recebimento de ajuda externa. Entre estes, destacam-se a Superintendência do Desenvolvimento do Nordeste (Sudene) e a Comissão de Coordenação da Aliança para o Progresso (Cocap), criadas em 1959 e 1962, respectivamente, e que tinham como uma das suas atribuições formais aprovar projetos de financiamento externo em nome das unidades da federação. O foco em atores brasileiros permitirá entender o papel desempenhado por governadores e União no que se refere tanto ao montante quanto à alocação de recursos regionais norte-americanos para o Brasil.

Por fim, sobre as fontes que embasaram este livro, os principais acervos utilizados referem-se a documentos oficiais dos governos norte-americano e brasileiro, sobretudo aqueles de natureza diplomática (isto é, produzidos por órgãos do Departamento de Estado e do Itamaraty, respectivamente) – disponíveis, no lado brasileiro, no Centro de Pesquisa e Documentação de História Contemporânea do Brasil da Fundação Getulio Vargas (CPDOC-FGV) e no Arquivo Histórico do Itamaraty de Brasília (AHI); e, no lado norte-americano, no Arquivo Nacional dos Estados Unidos (Nara – National Archives and Records Administration) e nas bibliotecas presidenciais de John F. Kennedy e Lyndon B. Johnson.

Limitações inerentes à documentação diplomática para reconstruir a percepção de formuladores de política e outros agentes governamentais já foram objeto de inúmeras análises de historiadores, não cabendo aqui explorá-las extensivamente.[30] Parece-nos importante, porém, salientar um aspecto em particular da documentação que consultamos para refletir sobre alcances e limites do trabalho no que tange à realização de seu objetivo central. O elemento-chave aqui reside no desequilíbrio das fontes primárias em tamanho e disponibilidade: o governo norte-americano e seus diferentes órgãos e agências produziram uma quantidade significativamente maior de documentação sobre questões relacionadas à ajuda externa ao Brasil no início dos anos 1960 do que o governo Goulart. Na realidade, muitas das informações obtidas sobre as ações e reações de agentes brasileiros sobre o tema contidas neste trabalho vieram de documentos norte-americanos.

Esse desequilíbrio na dimensão dos corpos documentais traz implicações de naturezas distintas. Se, por um lado, ter acesso a um grande número de fontes do governo dos Estados Unidos permite-nos contrapor várias visões e perspectivas de agentes da administração Kennedy sobre ajuda externa, observando-se potenciais (e diferentes) fatores que determinaram a distribuição de recursos do lado de Washington; por outro, o fato de não termos tido condições, na maioria dos casos, de contrastar versões de formuladores de política norte-americanos com aquelas de agentes governamentais

---

30 Para uma introdução no tema, ver Tosh, *The Pursuit of History: Aims, Methods, and New Directions in the Study of Modern History*, cap.1 e 4.

brasileiros tende a produzir uma certa inclinação em nossa narrativa, sobretudo no tocante à identificação da agência decisória. Em outras palavras: é plausível supor que agentes norte-americanos, tendo voz por meio de documentos estadunidenses, tendam a obscurecer, mesmo que inconscientemente, o papel de atores brasileiros no processo decisório de ajuda externa dos Estados Unidos.

Para contrabalançar esse desequilíbrio, sempre que viável lançamos mão de duas estratégias: a primeira, contrapor documentos diplomáticos com diferentes graus de confidencialidade entre si (aberto, *limited official*, *eyes only*, confidencial, secreto e ultrassecreto), a fim de identificar possíveis contradições e tendências nas narrativas dos agentes norte-americanos, especialmente quando estes faziam referência a atores brasileiros; e, a segunda, contrastar fontes confidenciais norte-americanas com documentos públicos brasileiros, especialmente jornais comerciais do Brasil. Apesar de ambas as estratégias *per se* não serem suficientes para garantir a construção de uma narrativa mais equilibrada das relações bilaterais de alta cúpula, acreditamos que as parcialidades mais discrepantes tenham sido eliminadas com o uso dessas abordagens.

Uma terceira estratégia capaz de limitar consideravelmente o problema anterior seria a de trabalhar com fontes primárias produzidas pelos governos estaduais brasileiros. É evidente que, se tivéssemos tido condições de pesquisar nos arquivos de cada um dos estados, não apenas reduziríamos consideravelmente as tendências intrínsecas na desigualdade antes apontada nos documentos diplomáticos brasileiros e norte-americanos, como também teríamos sido capazes de distinguir de modo bem mais preciso o peso da agência de atores políticos estaduais nos resultados de alocação de ajuda externa regional norte-americana. Uma tarefa dessa magnitude, porém, envolveria necessariamente um trabalho coletivo de grandes dimensões, que se situa fora das possibilidades desta obra.

Ainda com relação às fontes, é fundamental apresentar as características (e limitações) do banco de dados que construímos sobre ajuda econômica norte-americana para estados brasileiros no início dos anos 1960. Os relatórios consolidados da Usaid apresentam informações sobre o total da ajuda destinada ao Brasil nos anos fiscais norte-americanos de 1961 a 1964, mas não é possível saber, somente com base nesses relatórios, qual fração de recursos foi destinada ao governo federal brasileiro e qual foi ofertada aos estados da federação (ver Tabela A.3).[31] Esse talvez seja o principal motivo pelo qual até hoje estudiosos não apresentaram um banco de dados sobre a quantidade e

---

31 No início dos anos 1960, o ano fiscal norte-americano começava em 1º de julho e terminava em 30 de junho do ano seguinte. A partir de 1976, porém, o período do ano fiscal nos Estados Unidos mudou para 1º de outubro a 30 de setembro do ano seguinte. Ver Ockert (Org.), *Business Statistics of the United States: Patterns of Economic Change*, p.220.

a finalidade do total de ajuda econômica regional norte-americana durante a administração Goulart. Encontramos, porém, relatórios da Usaid e do Departamento de Estado que apresentam informações sistemáticas sobre duas das quatro possíveis modalidades de ajuda oferecidas a estados brasileiros no período, a saber: empréstimos em dólares e doações em cruzeiros – com o adendo de que, com relação às doações em moeda local, só obtivemos dados completos para o período de janeiro de 1962 a junho de 1963.[32] As informações sobre destinatários, objetivos e características de implementação desses dois tipos de ajuda foram objeto de checagem adicional, especificamente por meio da consulta de outros relatórios e telegramas do Departamento de Estado. Nesse sentido, este livro é o primeiro trabalho acadêmico que apresenta um banco de dados contendo todas as operações de ajuda econômica oferecidas por Washington a estados brasileiros durante o governo Goulart nas modalidades empréstimos em dólares e doações em cruzeiros.[33]

No que se refere aos outros dois tipos possíveis de ajuda – doações em dólares e empréstimos em cruzeiros –, não foi possível reunir dados sistemáticos que dessem conta de seu universo. No primeiro caso, encontramos informações sobre doações em dólares apenas para os estados nordestinos, mas não para os outros estados da federação. Mesmo com essa lacuna parcial, é de se notar que doações da Usaid em dólares representaram, em média, apenas 15% dos recursos de auxílio externo destinados ao Brasil no período dos anos fiscais 1962-1964. No caso dos empréstimos em cruzeiros, porém, a situação é distinta. Grande parte da ajuda oferecida ao Brasil em moeda local deu-se no formato de empréstimos (74,6%), e não de doações (25,3%).[34] Logo, o fato de não ter sido possível construir um banco de dados sistemático sobre empréstimos em cruzeiros – já que os relatórios com

---

32 Como será explicado no Capítulo 1, desde 1954, com a aprovação da Lei Pública 480 (*Public Law* 480), mais conhecida como PL 480, depois rebatizada de programa Alimentos para a Paz, o governo dos Estados Unidos passou a vender excedentes agrícolas a países de Terceiro Mundo aceitando em troca pagamento em moeda local, em vez de em divisas fortes. Esses recursos, por sua vez, eram utilizados em parte para cobrir despesas do serviço diplomático norte-americano no próprio país e, em outra parte, para fins de ajuda econômica, seja via empréstimos, seja via doações – ambas em moeda local.

33 Para as fontes que apresentam informações sistemáticas sobre esses dois tipos de auxílio, ver, respectivamente: Report, Agency for International Development and Alliance for Progress, Program and Project Data Related to Proposed Programs, FY 1965, Region Latin America, undated, folder AID and Alliance for Progress: Program and Project Data Related to Proposed Programs (1 of 2), box 3, Agency File, National Security Files (a seguir, NSF), Lyndon B. Johnson Library (a seguir, LBJL); Telegram 1707, Rio de Janeiro to Agency for International Development (AID), 28 jun. 1963, folder PRM 1 – Country Activities FY 63-65, box 19, Central Subject Files, compiled 08/1962-1985 (a seguir, CSF), Record Group 286 (a seguir, RG), National Archives and Records Administration (a seguir, Nara), p.2-4.

34 Report, AID and Alliance for Progress, undated, LBJL, p.113. Após a primeira citação, fontes primárias serão citadas no formato (a) tipo de documento, (b) título, (c) data, (d) arquivo e (e) página pertinente, se houver.

informações sobre esses recursos, mais uma vez com exceção dos estados do Nordeste, estão dispersos em vários conjuntos documentais e apresentam inúmeras lacunas – representa uma perda importante para a nossa análise.

Apesar disso, duas razões nos levam a crer que nosso banco de dados é suficientemente robusto para averiguar quais estados brasileiros foram mais favorecidos em termos de alocação de ajuda regional norte-americana no âmbito da Aliança para o Progresso. Primeiro, governadores brasileiros consideravam empréstimos em dólares mais importantes do que empréstimos em cruzeiros, tendo em vista a crítica situação da balança de pagamentos brasileira no período. Recursos em dólares eram essenciais para importar bens e contratar serviços do exterior, sem os quais muitos dos projetos tornavam-se inexequíveis. Logo, é pertinente supor que a lista dos estados privilegiados com empréstimos em dólares, somada às doações em cruzeiros, dará uma sólida perspectiva sobre quais unidades federativas foram mais beneficiadas por Washington em termos de assistência regional. Um segundo motivo relaciona-se, como apontado antes, a informações que conseguimos reunir especificamente sobre o Nordeste brasileiro, do qual obtivemos dados completos sobre doações em dólares e empréstimos em cruzeiros, em contraste com os demais estados da federação. Isso é relevante porque, como discutiremos mais a fundo no Capítulo 2, tendo em vista o potencial revolucionário que o governo Kennedy atribuía ao Nordeste – devido aos alarmantes índices socioeconômicos regionais e ao crescimento da mobilização social, notadamente em Pernambuco –, a região recebeu atenção especial de Washington. Nesse sentido, como informações sistemáticas sobre os estados nordestinos estão disponíveis, incluindo-se os quatro tipos possíveis de ajuda, e diante da centralidade que o governo Kennedy conferia ao Nordeste, é possível afirmar com um bom grau de segurança que o banco de dados aqui apresentado permitirá concluir com solidez quais unidades da federação foram mais privilegiadas por Washington em termos de ajuda econômica no governo Goulart.

Para além de dados referentes à ajuda norte-americana a estados brasileiros, obtivemos informações sobre todos os empréstimos em dólares oferecidos pelo Banco Interamericano de Desenvolvimento (BID) ao Brasil. Utilizando os relatórios anuais do BID para o período 1960-1969, disponíveis na Biblioteca Felipe Herrera em Washington, foi possível construir um banco de dados inédito de todos os empréstimos em dólares fornecidos por essa instituição ao país durante a década de 1960, discriminando-os entre empréstimos para o governo federal, para entidades regionais (como a Sudene) e para unidades da federação (ver Tabela A.2). Evidentemente, sendo uma instituição multilateral, o BID não pode ser entendido como sinônimo de uma agência estadunidense. Apesar disso, é inegável que, à época, os Estados Unidos exerciam um papel hegemônico sobre o Banco – o qual, aliás, havia acabado de ser instituído, em 1959. Considera-se a ajuda fornecida pelo BID como uma *proxy* do auxílio externo norte-americano ao Brasil, pois os Estados

Unidos possuíam o maior poder de voto dentro do conselho deliberativo do Banco (41,2% do estoque de capital subscrito). Apesar de isso não representar maioria absoluta, estudiosos salientam que o poder de voto de Washington criava, ainda mais no início da história do BID, um enorme poder de influência sobre as decisões da instituição.[35] Além disso, documentos diplomáticos confidenciais norte-americanos mostram, claramente, que a influência dos Estados Unidos sobre as decisões do BID no início dos anos 1960 era altíssima, sendo não somente discutida por autoridades de Washington, mas também reconhecida por autoridades brasileiras.[36] Por essas razões, consideramos que os empréstimos do BID podem complementar as informações extraídas da base de dados sobre ajuda regional da Usaid ao Brasil.

A análise da alocação da ajuda econômica regional norte-americana durante o governo Goulart apresentada neste livro corrobora o que grande parte da literatura – sem suficiente embasamento empírico, porém – já havia concluído: que o padrão de distribuição de auxílio econômico da Aliança para o Progresso a estados brasileiros claramente foi determinado por fatores políticos, tendo contribuído de maneira importante para a desestabilização da administração Goulart e, consequentemente, para o colapso da democracia brasileira do pós-Segunda Guerra. Isso significa que governadores anticomunistas e anti-Goulart, com destaque para o governador da Guanabara, Carlos Lacerda (União Democrática Nacional, UDN), foram indubitavelmente privilegiados na alocação de auxílio econômico norte-americano, enquanto governadores de esquerda e pró-Goulart, tal como o governador de Pernambuco, Miguel Arraes (Partido Social Progressista, PSP), foram claramente discriminados. Um aspecto que estudiosos pouco analisaram até então, mas sobre o qual este livro se debruçará de modo detido, são as razões políticas que motivaram Washington a implementar esse padrão de distribuição de recursos. O favorecimento da administração Kennedy a governadores anticomunistas possuía três objetivos principais: limitar o poder do presidente Goulart, fortalecendo seus principais adversários políticos nos estados; impulsionar candidatos para as eleições presidenciais de 1965 (que não ocorreriam devido ao golpe de 1964); e, por fim, em caso de necessidade, ter às mãos uma coalizão de governadores pró-Estados Unidos capazes de derrubar o presidente Goulart.

O livro traz ainda duas contribuições importantes pouco exploradas pela literatura. Apesar de a motivação política de Washington ao distribuir recursos a estados brasileiros ter sido evidente, governadores estiveram longe de

---

35 Tussie, *The Inter-American Development Bank*, p.17-57.
36 Telegram 172, Rio de Janeiro to Recife, 15 junho 1961, folder 500 – Northeast, box 136, Classified General Records, compiled 1943-1973 (a seguir, CGR), RG 84, Nara; Airgram A-36, Porto Alegre to Department of State, 31 dez. 1963, folder file POL 2 Brazil – 2/1/63, box 3832, Subject Numerical Files 1963 (a seguir, SNF), RG 59, Nara.

ser agentes passivos nessa história. Ao contrário: muitos governadores tiveram papel-chave para viabilizar – e até para bloquear – ajuda econômica regional da Aliança para o Progresso, inclusive fazendo pressão sobre Brasília para que recursos norte-americanos concedidos diretamente aos estados não fossem interrompidos. Uma segunda conclusão relevante tem a ver com a natureza dos interesses políticos norte-americanos quanto à distribuição de recursos. Mesmo que fatores políticos de curto prazo tenham predominado na determinação sobre quem receberia ajuda e de quanto esta seria, especialmente a filiação ideológica dos governadores – se eram pró-Estados Unidos e anticomunistas ou não, por exemplo –, fatores políticos de longo prazo também desempenharam papel relevante na decisão sobre alocação de recursos. Refiro-me aqui, sobretudo, à verificação por parte de Washington sobre a existência de padrões técnicos mínimos nos estados para a aplicação bem-sucedida do dinheiro e à preocupação em apoiar projetos capazes de atacar aquilo que para formuladores políticos norte-americanos consistia em causas estruturais do subdesenvolvimento brasileiro – e, por consequência, fomentadores potenciais de subversão na sociedade –, como a falta de condições para o fortalecimento da iniciativa privada no país. Essas duas conclusões demonstram que qualificações importantes devem ser feitas quando se analisa a natureza da ajuda regional da Aliança para o Progresso no Brasil de João Goulart.

Por fim, cabem algumas breves palavras sobre a organização da obra. Para além desta introdução, o livro possui quatro capítulos. O primeiro traça um breve panorama dos programas de ajuda econômica dos Estados Unidos pós-Segunda Guerra Mundial, analisando, especificamente, a Aliança para o Progresso do governo John F. Kennedy, assim como seus resultados na América Latina e, em particular, no Brasil. O segundo capítulo apresenta um mapeamento socioeconômico e político da federação brasileira em 1961, enfatizando as características mais significativas dos estados e, principalmente, de lideranças políticas estaduais. Analisam-se também alguns traços gerais do contexto político e econômico brasileiro do período, fundamentais para situar o leitor em questões que terão impacto no desempenho da Aliança para o Progresso no Brasil. O terceiro capítulo, por sua vez, apresenta os dados sobre ajuda econômica regional norte-americana e do BID para os estados brasileiros, refletindo sobre montantes e finalidades dos recursos distribuídos às unidades federativas. Faz-se ainda uma análise sobre os determinantes e as razões dessa ajuda, a partir do viés de agentes políticos norte-americanos. Finalmente, o quarto capítulo discute o papel exercido por agentes políticos brasileiros (presidente, ministros, governadores e secretários estaduais) no processo de recebimento de ajuda regional norte-americana, problematizando, sobretudo, as razões pelas quais o presidente Goulart não teria sido capaz de coibir a prática das chamadas ilhas de sanidade administrativa, algo que contribuiria de modo importante para a sua própria queda do poder, em março de 1964.

1
Das raízes ao desenvolvimento da Aliança para o Progresso: precursores e resultados de programas de ajuda econômica dos Estados Unidos

Este capítulo apresenta um breve histórico das iniciativas de ajuda econômica desenvolvidas pelos Estados Unidos no pós-Segunda Guerra Mundial, analisando, especialmente, as razões e concepções por detrás da Aliança para o Progresso, o programa de auxílio econômico lançado pelo governo John F. Kennedy para a América Latina em março de 1961. Discute-se a maneira pela qual a Aliança foi implementada no continente, dando-se ênfase em sua execução no Brasil de João Goulart (1961-1964), assim como nas consequências comumente apontadas pela literatura sobre seu desempenho. O objetivo central do capítulo é oferecer um panorama da Aliança para o Progresso, a fim de contextualizar a política de ajuda econômica regional norte-americana durante a administração Jango, que será explorada de modo aprofundado nos capítulos subsequentes.

1.1. Política de ajuda econômica norte-americana no pós-guerra

Programas de ajuda econômica internacional do governo norte-americano começaram de modo sistemático e institucionalizado somente após o término da Segunda Guerra Mundial. Antes disso, houve poucas situações nas quais o governo dos Estados Unidos atuou diretamente em atividades de ajuda externa. Uma exceção foi a autorização do Congresso norte-americano em fevereiro de 1919 para que se criasse uma agência de ajuda internacional (ARA – American Relief Administration), visando prestar assistência humanitária às áreas mais necessitadas após a Primeira Guerra

Mundial. Apesar das justificativas humanitárias, recursos seriam alocados seguindo critérios políticos. A ARA teve um papel importante, por exemplo, no apoio às regiões controladas por grupos contrarrevolucionários na Guerra Civil Russa (1918-1921). De qualquer modo, em 1923 a agência foi fechada pelo Congresso dos Estados Unidos, limitando-se novamente as atividades de ajuda externa de Washington ao apoio a entidades e organismos privados envolvidos com ajuda internacional, algo que se manteria em linhas gerais até 1945.[1]

O período pós-Segunda Guerra assistiria ao primeiro grande esforço por parte de Washington para o provimento de ajuda externa internacional. Esse esforço relacionou-se tanto ao contexto de tensões crescentes entre Estados Unidos e União Soviética, que desembocaria na Guerra Fria, quanto às preocupações por parte de autoridades públicas e lideranças empresariais norte-americanas sobre a necessidade de impedir que modelos econômicos estatistas e protecionistas ganhassem força em regiões devastadas pelo conflito, a fim de garantir mercados, áreas de investimentos e fontes de matérias-primas para empresas estadunidenses. Independentemente do fator que tenha sido preponderante (algo que ainda provoca debates acalorados entre especialistas sobre as origens da Guerra Fria), o fato é que, em março de 1947, o presidente Harry Truman faria um importante discurso ao Legislativo do país pedindo a aprovação de recursos para ajudar os "povos livres" e as "democracias" do mundo que lutavam contra forças "totalitárias" – referência indireta à Grécia e à Turquia, pressionadas por guerrilheiros comunistas e pela própria União Soviética, respectivamente. Os US$ 400 milhões que o Congresso aprovaria em auxílio a esses dois países seriam o primeiro de muitos montantes a serem aprovados para financiar programas internacionais de ajuda econômica e militar dos Estados Unidos.[2]

Ainda em 1947, diante das graves dificuldades socioeconômicas apresentadas pela Europa, Washington anunciaria um audacioso programa de ajuda econômica para a região, visando não somente criar condições para

---

1 Rosenberg, *Spreading the American Dream: American Economic and Cultural Expansion, 1890-1945*, p.27-35, 73-80.

2 Salvo indicações ao contrário, as referências desta seção sobre a história dos programas de ajuda econômica estadunidenses pós-Segunda Guerra foram extraídas de Kaufman, *Trade and Aid: Eisenhower's Foreign Economic Policy, 1953-1961*; Packenham, *Liberal America and the Third World: Political Development Ideas in Foreign Aid and Social Science*, cap.1-2; Silva, *A política externa de JK: Operação Pan-Americana*; Staples, *The Birth of Development: How the World Bank, Food and Agriculture Organization, and World Health Organization Changed the World, 1945-1965*; Wall, *The Charity of Nations: the Political Economy of Foreign Aid*, cap.2; Wood, *From Marshall Plan to Debt Crisis: Foreign Aid and Development Choices in the World Economy*, p.1-93). Para os debates historiográficos em torno das origens da Guerra Fria, ver Leffler; Westad (Org.), *The Cambridge History of the Cold War*, v.1: *Origins*.

a reconstrução do continente mas também lançar bases para a retomada de um processo de desenvolvimento autossustentável, de longo prazo e conectado ao capitalismo norte-americano. O chamado Plano Marshall, oficialmente conhecido como Programa de Recuperação Europeia (ERP – European Recovery Program), investiria aproximadamente US$ 13 bilhões na Europa Ocidental – 90% dos quais formados por doações (*grants*). Esses recursos seriam distribuídos entre os dezesseis membros aderentes ao programa por meio de uma organização supranacional – a Organização para Cooperação Econômica Europeia (Oeec – Organisation for European Economic Co-operation) –, incumbida de analisar projetos dos Estados nacionais, garantir a coordenação entre eles e supervisionar sua implementação. A administração do plano dentro do governo norte-americano, por sua vez, seria feita por uma agência relativamente autônoma, a Administração para Cooperação Europeia (EuCA – European Cooperation Administration). Esse órgão, que depois teria seu nome alterado para Administração para Cooperação Econômica (ECA – Economic Cooperation Administration), tornou-se a primeira agência da administração pública em Washington responsável por dirigir a ajuda externa dos Estados Unidos.

O sucesso do Plano Marshall em alavancar a reconstrução europeia e, sobretudo, garantir o restabelecimento de condições para um desenvolvimento capitalista liberal autossustentável e de longo prazo no continente, geraria pressões por parte de líderes de países subdesenvolvidos para que programas semelhantes fossem criados com foco no Terceiro Mundo.[3] Essas pressões apresentaram alguns resultados positivos em curto prazo, mas, no geral, em amplitude e natureza muito inferiores àquelas esperadas, em especial quando comparadas ao esforço de ajuda norte-americano à Europa. Como se pode perceber no Gráfico 1.1, o tamanho do auxílio econômico e militar dos Estados Unidos ao mundo caiu em termos absolutos desde o final da Segunda Guerra Mundial até 1970. Apesar disso, o número de países beneficiários cresceu significativamente nesse mesmo período, passando de um pouco mais de uma dezena para quase cem Estados nacionais – incluindo-se aqui ajuda técnica. Em outras palavras: o bolo da ajuda não somente diminuiu significativamente entre 1946 e 1970 como passou a ser

---

3 Nesta obra, utilizaremos as expressões países "subdesenvolvidos", países "periféricos" e países de "Terceiro Mundo" como sinônimos. Vale lembrar, no entanto, que o conceito de "Terceiro Mundo", que ganhou força exatamente nas décadas iniciais da Guerra Fria e que hoje caiu em desuso, dado o próprio desaparecimento do "Segundo Mundo" comunista, foi objeto de profundas contestações nas décadas de 1950 e 1960 entre países subdesenvolvidos e comunistas (União Soviética, China e Cuba, por exemplo). Para uma excelente discussão sobre o tema, ver Escobar, *Encountering Development: the Making and Unmaking of the Third World*; Gettig, "Trouble Ahead in Afro-Asia": the United States, the Second Bandung Conference, and the Struggle for the Third World, 1964-1965, *Diplomatic History*, v.39, ed.1; Tomlinson, What Was the Third World?, *Journal of Contemporary History*, v.38, n.2.

distribuído para um número muito maior de Estados. Não é à toa, portanto, que as reclamações de líderes de países subdesenvolvidos sobre o tema tornaram-se enfáticas ao longo desse período, especialmente nos anos 1950.[4]

Gráfico 1.1 – Índice de ajuda externa norte-americana total, US$ constantes, 1946-1970 (1946=100)

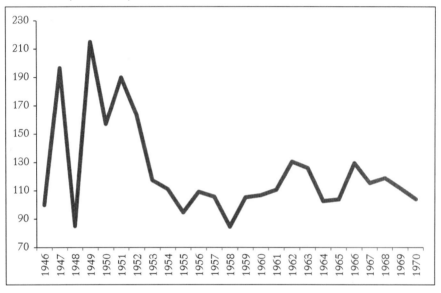

Fonte: Usaid Greenbook, disponível em https://explorer.usaid.gov/reports-greenbook.html, acesso em 16 jan. 2020.

A primeira iniciativa de política de ajuda econômica externa de Washington direcionada especificamente para o Terceiro Mundo foi o chamado Programa Ponto IV, apresentado oficialmente pelo presidente Harry Truman em 1949, quando do início de seu novo mandato como presidente.[5] Esse programa visava, por meio de auxílio técnico, oferecer ajuda a países subdesenvolvidos em seus esforços em prol de políticas de desenvolvimento. Apesar de a lei que concretizaria o Ponto IV ter representado, nas palavras de Packenham, "o compromisso mais explícito e absoluto por parte dos

---

[4] Sobre essa questão, em particular durante a administração Eisenhower, ver Statler; Johns, *The Eisenhower Administration, the Third World, and the Globalization of the Cold War*.

[5] O nome do programa explica-se por ele ter sido anunciado como o quarto ponto da fala inaugural do presidente Truman sobre os princípios da política externa dos Estados Unidos. Para maiores informações, ver Shenin, *The United States and the Third World: the Origins of the Postwar Relations and the Point Four Program*; Sayward, Harry S. Truman and the Birth of Development, in: Geselbracht (Org.), *Foreign Aid and the Legacy of Harry S. Truman*.

Estados Unidos [...] com uma política de desenvolvimento para os países subdesenvolvidos", exatamente por ter criado mecanismos institucionais para um programa de ajuda de longo prazo para as regiões periféricas do globo, o Ponto IV receberia poucos recursos oficiais. A apropriação anual autorizada pelo Congresso norte-americano para o programa começou com apenas US\$ 35 milhões, e não ultrapassaria US\$ 150 milhões ao longo da década de 1950.[6] Mesmo assim, o Ponto IV geraria alguns resultados concretos importantes, como a criação de dezenas de comissões mistas para assessoramento técnico a países subdesenvolvidos. A Comissão Mista Brasil-Estados Unidos, por exemplo, formada em 1950, no final do governo de Eurico Gaspar Dutra (1946-1951), e que seria responsável, entre outras coisas, pela proposta de criação do Banco Nacional de Desenvolvimento Econômico (BNDE, atual Banco Nacional de Desenvolvimento Econômico e Social – BNDES), foi uma dessas várias comissões técnicas criadas como decorrência do Ponto IV.[7]

Em comparação à grandiosidade do Plano Marshall, porém, o Ponto IV e a agência dentro do governo norte-americano por ele responsável, a Administração para Cooperação Técnica (TCA – Technical Cooperation Administration), desempenhariam um papel bem menos relevante em termos de oferta e da natureza da ajuda oferecida a países do Terceiro Mundo. Na realidade, a primeira metade dos anos 1950 assistiria a uma crescente participação do componente militar nos programas de ajuda externa dos Estados Unidos, tanto é que a principal legislação que enquadraria e unificaria programas e agências dentro do governo voltadas para ajuda externa, aprovada em outubro de 1951, foi denominada Ato de Segurança Mútua (MSA – Mutual Security Act). Essa lei reuniu sob um mesmo guarda-chuva órgãos como o ECA, o recém-estabelecido TCA e o Programa de Assistência para Defesa Mútua (MDAP – Mutual Defense Assistance Program), colocando todas essas agências e programas sob a perspectiva de fortalecimento militar de países aliados no combate ao comunismo internacional. Consolidava-se, assim, no âmbito da ajuda externa dos Estados Unidos, a abordagem da contenção (*containment*) do comunismo internacional como objetivo prioritário.[8]

---

6 Packenham, *Liberal America and the Third World: Political Development Ideas in Foreign Aid and Social Science*, p.46.

7 Weis, A comissão mista Brasil-Estados Unidos e o mito da "relação especial", *Revista Brasileira de Política Internacional*, v.29. Para uma contribuição recente sobre a Comissão Mista Brasil-EUA e seu papel no debate sobre desenvolvimento brasileiro, ver Gomes, *Mapping United States-Brazil Technical Cooperation in the Early Cold War Years: the Case of the Joint Brazil-United States Economic Development Commission (1951-1953)*.

8 Para a política de *containment* norte-americana na primeira década da Guerra Fria (1945-1955), ver Gaddis, *Strategies of Containment: a Critical Appraisal of American National Security Policy during the Cold War*.

O resultado do fortalecimento do componente militar nos programas de ajuda externa de Washington foi bastante visível, sobretudo quando se analisa a participação da ajuda militar no total da assistência externa dos Estados Unidos no período. Entre 1951 e 1954, o componente militar foi igual ou superior a 50% do total ofertado – tendo atingido nada menos do que 65% em 1952 (Gráfico 1.2). Isso significa não somente que o bolo da ajuda internacional estadunidense diminuiu e foi distribuído para um número maior de estados na década de 1950, mas que a própria natureza desse bolo estava sendo alterada, passando de um programa antes focado em auxílio econômico para outro no qual ajuda militar vinha ganhando preponderância.

Gráfico 1.2 – Participação relativa dos tipos de ajuda externa dos Estados Unidos: ajuda econômica e ajuda militar, 1946-1970, US$ constantes (%)

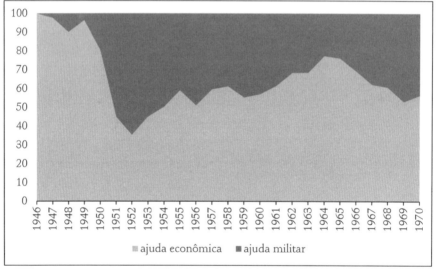

Fonte: Usaid Greenbook, disponível em https://explorer.usaid.gov/reports-greenbook.html, acesso em 16 jan. 2020.

A partir de 1954, porém, apesar de a quantidade de auxílio ofertado em termos reais não ter atingido os níveis do período do Plano Marshall, começaram a aparecer mudanças importantes na política de ajuda externa norte-americana. O período 1955-1965 foi marcado por um contínuo crescimento da participação da ajuda econômica no total do auxílio oferecido pelos Estados Unidos (Gráfico 1.2). Em 1965, três quartos dessa ajuda já eram compostos por auxílio econômico. Marcos institucionais importantes nessa direção, criados ainda durante o governo Dwight Eisenhower (1953-1961), foram a Lei Pública 480 (PL 480 – Public Law 480) e o Ato para o Desenvolvimento do Comércio Agrícola (Agriculture Trade Development Act), que depois viraria o programa Alimentos para a Paz (Food for Peace) dos governos Kennedy e Johnson, assim como o Fundo de Empréstimos para o Desenvolvimento (DLF – Development Loan Fund) de agosto de 1957.

A PL 480 permitiu a países subdesenvolvidos pagar em moeda local a compra de excedentes agrícolas norte-americanos, sendo que os recursos provenientes dessa venda seriam, em sua maioria, reinvestidos nos países envolvidos como ajuda. Já o DLF constituiu o primeiro programa de auxílio estadunidense que oferecia empréstimos em dólares subsidiados e de longo prazo para projetos de desenvolvimento econômico no Terceiro Mundo.[9] A ampliação geográfica da ajuda norte-americana também impactou na evolução institucional das agências responsáveis pela administração de programas de auxílio: a antiga ECA, nascida do Programa de Recuperação Europeia, foi substituída em 1953 pela Administração para Operações Externas (FOA – Foreign Operations Administration); e esta, por sua vez, deu lugar em 1955 à Administração para a Cooperação Internacional (ICA – International Cooperation Administration), que contava com oferta mais ampla de técnicos e possuía maior complexidade institucional, tais como divisões por áreas de projeto – indústria, agricultura, transportes e desenvolvimento comunitário.[10]

Outra mudança importante verificada a partir de meados da década de 1950 foi a crescente participação de países subdesenvolvidos como receptores da ajuda dos Estados Unidos, apesar de o montante de recursos recebido por esses países enquanto bloco não ter chegado nem perto da ajuda destinada à Europa durante o Plano Marshall (Gráfico 1.3). De qualquer modo, relativamente falando, desde 1955 a porção do bolo do auxílio econômico e militar norte-americano que ia para a Europa passou a ser, pela primeira vez desde 1946, menor do que 50% (Gráfico 1.4). A Ásia tornou-se a principal beneficiária desses programas, sobretudo países como Coreia do Sul, Taiwan e República do Vietnã. Em 1960, último ano completo do governo Eisenhower, a Ásia receberia mais da metade de todo o auxílio econômico e militar dos Estados Unidos para o mundo. No final daquela década, contexto do ápice da Guerra do Vietnã, esse percentual atingiria quase 63% do total da ajuda norte-americana.

---

9 As melhores referências para a PL 480 e para o DLF são, respectivamente, Ahlberg, *Transplanting the Great Society: Lyndon Johnson and Food for Peace*, cap.1; Kaufman, *Trade and Aid: Eisenhower's Foreign Economic Policy, 1953-1961*, cap.6.

10 Packenham, *Liberal America and the Third World: Political Development Ideas in Foreign Aid and Social Science*, p.60-1. Por uma questão de foco, não temos condições de aprofundar aqui as diferenças apresentadas por esses órgãos. Para maiores informações sobre a evolução institucional das agências responsáveis pela administração de ajuda econômica no governo dos Estados Unidos nos anos 1950 e 1960, ver Wood, *From Marshall Plan to Debt Crisis: Foreign Aid and Development Choices in the World Economy*, cap.1.

Gráfico 1.3 – Ajuda externa norte-americana total discriminada por continentes, 1946-1970, bilhões de US$ constantes

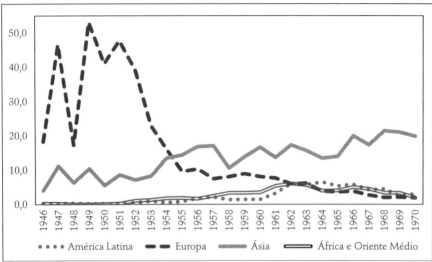

Fonte: Usaid Greenbook, disponível em https://explorer.usaid.gov/reports-greenbook.html, acesso em 16 jan. 2020.

Vê-se, portanto, que duas das principais características que o governo Kennedy imprimiria aos programas de ajuda externa dos Estados Unidos – preponderância de auxílio econômico em detrimento de militar e foco em países subdesenvolvidos – já tinham sido iniciadas pela administração Eisenhower, mesmo que em menor intensidade. Nesse último sentido, por exemplo, nota-se que a Europa só se tornaria uma área de pequena significância para as políticas de ajuda de Washington a partir do governo Kennedy, exatamente em razão do lançamento da Aliança para o Progresso, que fez com que, pela primeira vez, a América Latina aparecesse como a segunda principal beneficiária de auxílio norte-americano para o mundo (Gráfico 1.4). De qualquer modo, o início da mudança de rumo em termos de política de ajuda externa começou com a administração Eisenhower. Vale explorar aqui, mesmo que brevemente, as razões por detrás dessa importante transformação.

Estudiosos são unânimes em reconhecer que a mudança de abordagem da União Soviética com relação ao chamado Terceiro Mundo teria sido determinante para explicar as alterações de rumo na política de ajuda externa norte-americana. Após a morte de Josef Stálin em 1953, o novo secretário-geral do Partido Comunista Soviético, Nikita Khrushchev, imprimiu uma postura mais aberta e favorável a países subdesenvolvidos. Inicialmente, a aproximação da União Soviética se deu com os estados participantes do Movimento dos Países Não Alinhados, como Egito e Índia, mas logo depois

A Aliança para o Progresso e o governo João Goulart (1961-1964)

Gráfico 1.4 – Participação relativa de regiões do mundo no recebimento de ajuda econômica e militar norte-americana, 1946-1970, US$ constantes (%)

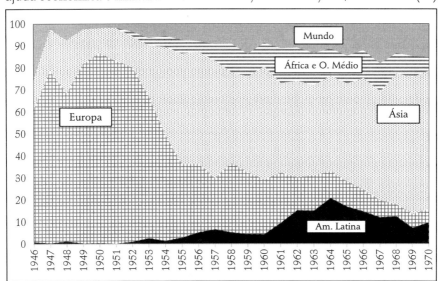

* "Mundo" refere-se a entidades e/ou organismos internacionais.
Fonte: Usaid Greenbook, disponível em https://explorer.usaid.gov/reports-greenbook.html, acesso em 16 jan. 2020.

também passou a englobar outros países, inclusive os da América Latina. Essa transformação prontamente chegaria ao âmbito das políticas de ajuda externa. Em janeiro de 1954, Moscou aprovou pela primeira vez um pacote econômico para um país de fora do bloco comunista (Afeganistão). A partir de então, o programa de ajuda soviético para estados do Terceiro Mundo cresceria significativamente, apesar de nunca ter se aproximado em tamanho de seu congênere ocidental. Apenas a título de ilustração: entre 1954 e 1960, os desembolsos totais de ajuda externa realizados por países do bloco comunista (União Soviética, Europa Oriental e China reunidas) representaram apenas 4% do total do dispêndio dos países capitalistas (incluindo organismos multilaterais como Banco Mundial e Fundo Monetário Internacional – FMI), nos quais os Estados Unidos exerciam peso predominante.[11]

---

11 O montante de ajuda externa norte-americana representava, aproximadamente, 67,6% do total da ajuda dos países capitalistas ocidentais em 1956; cifra que diminuiria para 60,5% em 1960. Ver Wood, *From Marshall Plan to Debt Crisis: Foreign Aid and Development Choices in the World Economy*, p.70. Para os programas de ajuda soviéticos para o Terceiro Mundo, ver Horvath, Economic Aid Flow from the USSR: a Recount of the First Fifteen Years, *Slavic Review*, v.29, n.4; Sinha, Soviet Aid and Trade with the Developing World, *Soviet Studies*, v.26, n.2. Para as relações entre Brasil e União Soviética durante a Guerra Fria, ver Caterina, *Um grande oceano: Brasil e União Soviética atravessando a Guerra Fria (1947-1985)*.

Ainda assim, apesar de a ofensiva soviética no plano de ajuda externa não ter sido comparável em peso e amplitude aos esforços ocidentais, a nova abordagem de Moscou provocou preocupação em Washington. O fato de os anos 1950 terem sido caracterizados pelo fortalecimento de movimentos de independência em colônias africanas e asiáticas também teve um papel crucial nesse sentido. Mesmo levando em conta um clima menos tenso entre as superpotências na metade da década de 1950 – naquilo que vários autores caracterizam como uma fase de "coexistência pacífica" na Guerra Fria –, as disputas entre Washington e Moscou no Terceiro Mundo tornaram-se cada vez mais acirradas, especialmente em torno da questão da ascendência das superpotências sobre Estados nacionais recém-independentes.[12] Na medida em que muitos desses novos países tinham como agenda a aceleração do seu processo de desenvolvimento, e tendo em vista a atração que o modelo econômico planificado e centralizado de Moscou exercia sobre várias de suas lideranças políticas, é compreensível a preocupação demonstrada por autoridades norte-americanas com programas de ajuda econômica soviéticos voltados para nações subdesenvolvidas.[13]

É nesse contexto, portanto, que diferentes núcleos do Estado norte-americano dariam início a estudos independentes para avaliar os programas de ajuda econômica do governo: para além de um estudo encomendado pela Casa Branca em agosto de 1956, um grupo executivo do Legislativo (Idab – International Development Advisory Board) e as comissões de relações exteriores do Senado e da Casa dos Representantes montaram comitês autônomos com o mesmo intuito. Os resultados dos trabalhos das quatro comissões foram publicados em 1957. Todos os estudos apontaram para a necessidade de algum grau de modificação na política de ajuda externa dos Estados Unidos, apesar de o sentido das mudanças não ter sido o mesmo.[14] O mais extenso e impactante desses trabalhos foi produzido pela Comissão de Relações Exteriores do Senado (SCFR – Senate Committee on Foreign Relations). O comitê de estudos do Senado não foi composto somente por representantes políticos: contrataram-se também especialistas em ajuda externa que atuavam tanto no setor privado quanto na área acadêmica. Seria a partir disso que dois professores do Centro de Estudos Internacionais do Instituto de Tecnologia de Massachusetts (CIS-MIT – Center for International Studies, Massachusetts Institute of Technology), Max F. Millikan e Walt W. Rostow, seriam contratados para produzir uma avaliação dos programas

---

12 Westad, *The Global Cold War: Third World Interventions and the Making of Our Times*, cap.3-4.

13 Latham, *The Right Kind of Revolution: Modernization, Development, and U.S. Foreign Policy from the Cold War to the Present*, p.41-4; Statler; Johns, *The Eisenhower Administration, the Third World, and the Globalization of the Cold War*.

14 Para as diferentes conclusões desses estudos, ver Kaufman, *Trade and Aid: Eisenhower's Foreign Economic Policy, 1953-1961*, p.96-99.

de ajuda externa norte-americanos. As conclusões do trabalho de Millikan e Rostow, que depois, em 1957, seriam publicadas em formato de livro (*A Proposal: Key to An Effective Foreign Policy*), contêm algumas das principais ideias que constituiriam a base da chamada "teoria da modernização", e que estariam por detrás das concepções da Aliança para o Progresso.[15]

Em termos gerais, Millikan e Rostow argumentaram em seu relatório que Washington deveria mudar a ênfase dos programas de ajuda externa, diminuindo o peso de auxílios militares em favor de ajuda econômica de longo prazo, com o intuito de fomentar o desenvolvimento de países de Terceiro Mundo. Na realidade, defendeu-se que programas econômicos deveriam ser administrados separadamente de programas militares (naquele período, apesar de existirem diferentes agências responsáveis por administrar ajuda externa, todas respondiam ao enquadramento legal do MSA de 1951). Para Millikan e Rostow, Washington não deveria prover ajuda econômica com base em objetivos de curto prazo; ao contrário, assistência econômica deveria ser concedida a partir de critérios técnicos – contanto, obviamente, que potenciais beneficiários estivessem dentro do grupo de países "amigáveis" do ponto de vista geopolítico. Isso queria dizer que receberia recursos quem tivesse melhores condições para empregá-los, e/ou quem estivesse em uma etapa de desenvolvimento mais propícia para receber ajuda econômica. Essa fase propícia é o que depois Rostow chamaria de "pré-condições para decolagem (*take-off*)" em sua obra clássica, *The Stages of Economic Growth: A Non-Communist Manifesto* [*Etapas do desenvolvimento econômico: um manifesto não comunista*] (1960). A metáfora da decolagem, que já tinha sido concebida por Rostow no início da década de 1950, encaixava-se perfeitamente à ideia de que a ajuda econômica norte-americana, se bem empregada, podia produzir um "empurrão" fundamental (*big push*) a países que precisavam de capital para ingressar em uma fase autossustentável de crescimento e desenvolvimento econômico. Aqui, no entanto, Rostow e outros teóricos da modernização ainda davam pouca ênfase à centralidade de reformas socioeconômicas para garantir o sucesso do processo de "decolagem".[16]

Essas reavaliações trouxeram modificações importantes nos programas de ajuda externa dos Estados Unidos, tais como a criação do já mencionado Fundo de Empréstimos para o Desenvolvimento (DLF) em 1957 e o contínuo crescimento da participação de auxílio econômico para países de Terceiro

---

15 Davis, *A Brotherhood of Arms: Brazil-United States Military Relations, 1945-1977*, cap.8; Gilman, *Mandarins of the Future: Modernization Theory in Cold War America*, p.177; Kaufman, *Trade and Aid: Eisenhower's Foreign Economic Policy, 1953-1961*, p.71-2, 96-101; Latham, *Modernization as Ideology: American Social Science and "Nation Building" in the Kennedy Era*; Id., *The Right Kind of Revolution: Modernization, Development, and U.S. Foreign Policy from the Cold War to the Present*, cap.1-2.

16 Gilman, op. cit., p.190-202; Kaufman, op. cit., p.97-8.

Mundo no total da ajuda norte-americana. Apesar disso, inúmeros intelectuais e lideranças políticas em Washington ainda não consideravam essas transformações suficientes. Em agosto de 1958, um grupo de oito senadores democratas do Comitê de Relações Exteriores do Senado, entre eles o jovem senador por Massachusetts John F. Kennedy, enviou uma carta aberta ao presidente Eisenhower apresentando queixas quanto à proporção de recursos destinados a fins militares em programas de ajuda externa dos Estados Unidos. Como resposta, Eisenhower nomeou uma nova comissão para avaliar as críticas levantadas pelo grupo de senadores. As conclusões dessa comissão foram de encontro à posição dos representantes democratas. Recomendou-se, por exemplo, que programas de ajuda militar para países subdesenvolvidos deveriam crescer, e não diminuir.[17] Mudanças expressivas na abordagem da política de ajuda externa norte-americana teriam de esperar choques ainda mais traumáticos em termos de ameaça aos objetivos estratégicos dos Estados Unidos. Como será abordado na próxima seção, esses choques viriam do lugar que Washington menos esperava: da América Latina.

1.2. Demandas latino-americanas por ajuda econômica no pós-guerra

Ao término da Segunda Guerra Mundial, em setembro de 1945, eram grandes as expectativas de líderes políticos latino-americanos para o lançamento de um programa de ajuda econômica dos Estados Unidos para o continente. Uma das administrações mais esperançosas nesse sentido era a de Eurico Gaspar Dutra (1946-1951), tendo em vista que o Brasil havia sido um aliado fiel de Washington durante o conflito. O Estado Novo de Getulio Vargas permitira não somente a construção de bases aéreas norte-americanas no Nordeste brasileiro, como também colaborara com o esforço de guerra norte-americano mediante patrulhamento aéreo e naval do Atlântico Sul com a venda de matérias-primas estratégicas a preços administrados e com o envio de uma Força Expedicionária para lutar no palco de guerra europeu.[18]

As expectativas brasileiras e latino-americanas logo seriam frustradas, porém, diante da negligência dos Estados Unidos frente a essas demandas.

---

17 Packenham, *Liberal America and the Third World: Political Development Ideas in Foreign Aid and Social Science*, p.57-8.

18 Hilton, The United States, Brazil, and the Cold War, 1945-1960: End of the Special Relationship, *The Journal of American History*, v.68, n.3, p.600. Para maiores informações sobre a atuação brasileira durante a Segunda Guerra Mundial, ver Davis, op. cit., cap.2; Moura, *Brazilian Foreign Relations, 1939-1950: the Changing Nature of Brazil-United States Relations During and After the Second World War*, cap.4.

A Aliança para o Progresso e o governo João Goulart (1961-1964)

Apesar de Washington ter conseguido seu principal objetivo estratégico no continente com a assinatura do Tratado Interamericano de Assistência Recíproca (Tiar), em 1947, e a criação da Organização dos Estados Americanos (OEA), em 1948 – garantindo, assim, o surgimento de uma comunidade de segurança coletiva em contexto de bipolarização com a União Soviética –, a retribuição dos Estados Unidos em termos de ajuda econômica para a região foi irrisória.[19] Entre 1946 e 1955, a América Latina recebeu, em média, apenas 1,16% de todo auxílio externo norte-americano para o mundo (sessenta vezes menos do que a Europa) (Gráfico 1.4).

As reclamações de líderes latino-americanos sobre a necessidade de lançamento de um grande programa de auxílio econômico para o hemisfério, semelhante ao Plano Marshall, foram recebidas com frieza por autoridades em Washington: tanto a administração Truman quanto o governo Eisenhower enfatizariam a diferença dos contextos europeu e latino-americano, assim como a necessidade de a América Latina empregar energias em prol da aceleração do desenvolvimento por meio da atração de capitais privados externos. Essa atração seria possível, conforme Washington, por meio da construção de um "clima favorável" a investimentos estrangeiros, sobretudo mediante políticas de abertura comercial e financeira, respeito à propriedade privada, e estabilização monetária e cambial.

Apesar de a América Latina ter atraído a maior parcela dos investimentos privados dos Estados Unidos entre 1946 e 1951 (44,2% em média, ou US$ 1,6 bilhão dos US$ 3,6 bilhões investidos), e de a grande maioria dos projetos de assistência técnica do Ponto IV ter tido a região como beneficiária, isso ainda era visto como claramente insuficiente por lideranças políticas do hemisfério para impulsionar o desenvolvimento regional no ritmo e na intensidade desejados. Por esse motivo, demandas por um "Plano Marshall regional" se intensificariam ao longo da década de 1950, recebendo constantes negativas por parte de Washington.

Autoridades políticas latino-americanas utilizavam-se de janelas de oportunidades, em particular quando a região se tornava momentaneamente um foco para a segurança nacional dos Estados Unidos, para tentar colocar

---

19 As informações sobre as demandas latino-americanas por ajuda externa desta seção, quando não informado o contrário, foram extraídas de Hilton, The United States, Brazil, and the Cold War, 1945-1960: End of the Special Relationship, *The Journal of American History*, v.68, n.3; Lanoue, *An Alliance Shaken: Brazil and the United States, 1945-1950*, cap.4; Loureiro, A política externa brasileira do pós-guerra ao golpe de 1964: construindo as bases da diplomacia brasileira contemporânea, in: Ferreira; Delgado, *O Brasil republicano*, v.3: *O tempo da experiência democrática*; Moura, *Brazilian Foreign Relations, 1939-1950: the Changing Nature of Brazil-United States Relations During and After the Second World War*, p.325-30; Rabe, *Eisenhower and Latin America: the Foreign Policy of Anticommunism*, cap.1-2; Weis, *Cold Warriors & Coups d'État: Brazilian-American Relations, 1945-1964*, cap.3-5; Wood, *From Marshall Plan to Debt Crisis: Foreign Aid and Development Choices in the World Economy*, cap.1-2.

o tema da ajuda econômica novamente na agenda hemisférica. Isso ocorreu, por exemplo, no caso da 10ª Conferência Interamericana, realizada em Caracas, Venezuela, em março de 1954, para discutir o perigo de infiltração comunista no continente, tomando como exemplo o caso do governo de Jacobo Árbenz na Guatemala, que seria derrubado em julho de 1954 por um golpe militar articulado pela Agência Central de Inteligência norte-americana (CIA – Central Intelligence Agency).[20] Em troca da votação de uma resolução anticomunista proposta pela delegação de El Salvador (sob patrocínio sub-reptício de Washington), os delegados latino-americanos conseguiram extrair o compromisso dos representantes dos Estados Unidos de convocar uma conferência para discutir o tema do desenvolvimento econômico no continente. Essa conferência seria realizada em Petrópolis, Rio de Janeiro, em novembro de 1954, e aprovaria conclusões que, sob vários aspectos, antecipariam iniciativas da Aliança para o Progresso. O relatório final do encontro de Petrópolis demandou, explicitamente, a concessão de empréstimos de longo prazo e com custos subsidiados no valor anual de US$ 1 bilhão ao longo de vários anos, a fim de permitir que a América Latina pudesse enfrentar o problema da deterioração dos termos de troca e financiar um amplo projeto de desenvolvimento. Naquele momento, porém, o secretário do Tesouro norte-americano rechaçaria em nome de Washington qualquer possibilidade de concretização de um projeto dessa magnitude.[21]

Três anos depois, em agosto de 1957, na 11ª Conferência Interamericana, ocorrida em Buenos Aires, os representantes da América Latina voltaram a pressionar Washington sobre a necessidade de se criar um amplo programa de ajuda econômica continental, dada a crescente deterioração dos termos de troca que muitos países experimentavam, com graves efeitos sobre a atividade econômica regional. Argumentou-se especificamente sobre a importância de se estabelecer um banco de desenvolvimento para a América Latina – outra reivindicação antiga dos países latino-americanos, que vinha sendo levantada reiteradamente desde a Conferência de Chapultepec, no México, em 1945.[22] Apesar de o governo Eisenhower ter cedido na aprovação de uma resolução reconhecendo a centralidade da negociação de um acordo econômico para o continente (sem se comprometer com uma data específica, porém), Washington vetou qualquer medida concreta de ajuda econômica, inclusive a proposta de um banco de desenvolvimento regional.[23]

---

20 Para maiores informações sobre o golpe de 1954 na Guatemala e o papel da CIA, ver Gleijeses, *Shattered Hope: the Guatemalan Revolution and the United States, 1944-1954*.

21 Levinson; Onis, *The Alliance that Lost its Way: a Critical Report on the Alliance for Progress*, p.40-1.

22 Silva, *A política externa de JK: Operação Pan-Americana*, p.7.

23 Para um resumo das decisões da Conferência de Buenos Aires e o posicionamento da delegação estadunidense, ver Report CA-3710, Secretary of State to All Diplomatic Missions in the

A Aliança para o Progresso e o governo João Goulart (1961-1964)

A partir de 1958, no entanto, as mudanças na abordagem de Washington sobre o tema da ajuda econômica para a América Latina começariam a se intensificar. Crucial nesse sentido foi a trágica viagem do vice-presidente dos Estados Unidos, Richard Nixon, à região entre fins de abril e meados de maio de 1958. Nixon foi fortemente hostilizado por estudantes peruanos e teve seu carro atacado por uma multidão enfurecida com pedras e paus no caminho do aeroporto de Caracas até o centro da capital venezuelana, tendo escapado do pior apenas por causa da chegada de reforços do Exército local. Mesmo protegido na Embaixada dos Estados Unidos, temia-se que o governo da Venezuela fosse incapaz de controlar as manifestações sociais que estavam ocorrendo na cidade. A tensão chegou a tal ponto que o presidente Eisenhower ordenou que militares norte-americanos estacionados em Cuba, Porto Rico e Panamá se preparassem para executar uma operação de salvamento do vice-presidente caso o governo venezuelano não garantisse a segurança de Nixon. No final das contas, isso não foi necessário, mas o recado da população latino-americana a Washington havia sido claríssimo, escancarando o grau de deterioração das relações interamericanas.

É evidente que sentimentos antinorte-americanos na América Latina não se relacionavam apenas, ou mesmo principalmente, à negligência de Washington para com a concessão de ajuda econômica ao continente. Outra questão crucial, talvez até mais importante em determinados contextos nacionais, residia no apoio que os Estados Unidos haviam prestado (ou ainda prestavam) a regimes ditatoriais da região, como o de Marcos Pérez Jiménez (1952-1958) na Venezuela, derrubado meses antes de Nixon visitar Caracas. De qualquer modo, autoridades latino-americanas se aproveitariam desse que foi chamado por Zahniser e Weis de um verdadeiro "Pearl Harbor diplomático" para demandar transformações na abordagem de Washington.[24] A liderança exercida pelo Brasil de Juscelino Kubitschek seria crucial nesse sentido. No próprio mês de maio de 1958, o presidente brasileiro enviou uma carta ao seu congênere norte-americano sugerindo o lançamento de uma Operação Pan-Americana (OPA), ou seja, a criação de um amplo programa multilateral visando superar a condição de subdesenvolvimento da América Latina, entendida como um grave problema de segurança para o hemisfério. Esse programa envolveria, entre outras coisas, a disponibilização de amplos recursos econômicos em condições subsidiadas e de longo prazo ao continente a partir de metas quantitativas audaciosas

---

American Republics, 21 out. 1957, Foreign Relations of the United States (a seguir, FRUS), 1955-1957, American Republics, v.VI, Doc. 170.

24 Zahniser; Weis, Diplomatic Pearl Harbor? Richard Nixon's Goodwill Mission to Latin America in 1958, *Diplomatic History*, v.13, ed.2. Esse é, aliás, o relato mais detalhado da viagem de Nixon e de suas consequências para a política externa estadunidense na região.

de crescimento econômico *per capita*.[25] Como o próprio Kubitschek diria em discurso aos embaixadores das repúblicas americanas no Rio de Janeiro em junho de 1958, apesar de os países latino-americanos estarem fazendo "tudo a seu alcance para cooperar na tarefa de defesa do Ocidente" contra o comunismo, eles estariam sem condições "de atuar com a necessária eficácia enquanto frações consideráveis de suas populações não fossem libertadas do espectro da fome e da miséria".[26] Nesse sentido, a superação da condição de subdesenvolvimento estava sendo colocada pelo governo Kubitschek como um elemento fundamental para a vitória do Ocidente contra a ameaça do comunismo internacional.

Mesmo tendo recebido apoio das demais repúblicas americanas, e apesar dos debates em curso na administração Eisenhower sobre a necessidade de mudanças na política de ajuda externa estadunidense, a proposta brasileira para um programa de desenvolvimento continental foi inicialmente acolhida de forma fria por Washington. Com o tempo, porém, algumas transformações importantes fizeram-se sentir, entre as quais o reconhecimento pelas autoridades norte-americanas de que os Estados Unidos estariam dispostos a apoiar um banco de desenvolvimento regional (agosto de 1958); a criação de um comitê de representantes das 21 repúblicas americanas (o chamado Comitê dos 21) para propor recomendações de cooperação econômica para o Conselho da OEA (setembro de 1958); e a fundação do BID (abril de 1959). Apesar disso, tais mudanças ainda eram modestas perto das arrojadas propostas brasileiras a favor de um amplo programa multilateral de apoio ao desenvolvimento do continente.

A transformação das condições políticas no sistema interamericano ao longo de 1959 produziria o empurrão necessário para alterar radicalmente a postura dos Estados Unidos. A crescente deterioração das relações entre Washington e o recém-instalado regime revolucionário cubano, que se abalariam de modo irrecuperável a partir do momento em que Fidel Castro decidiu aproximar-se da União Soviética no início de 1960, levaria a administração Eisenhower a apoiar medidas cada vez mais alinhadas às perspectivas brasileiras. Em julho de 1960, o governo Eisenhower enviou ao

---

25 Em reunião em Washington em setembro de 1958 com representantes de todas as repúblicas americanas, a delegação brasileira defendeu o objetivo de aumentar em 77% a renda *per capita* média da América Latina, passando de US$ 270 para US$ 480 em um pouco mais de vinte anos (1980). Ver Silva, *A política externa de JK: Operação Pan-Americana*, p.24. Darnton (Asymmetry and Agenda-Setting in U.S.-Latin American Relations: Rethinking the Origins of the Alliance for Progress, *Journal of Cold War Studies*, v.14, n.4) e Long (*Latin America Confronts the United States: Asymmetry and Influence*, cap.2) enxergam na iniciativa do presidente Kubitschek de lançar a OPA um fator importante na moldagem da política econômica externa norte-americana, que desembocaria na Aliança para o Progresso posteriormente.

26 Operação Pan-Americana, v.1, p.35, apud Silva, op. cit., p.19.

Congresso uma proposta de criação de um Fundo de Desenvolvimento Social (SPTF – Social Progress Trust Fund) no valor de US$ 500 milhões para a América Latina. Apesar de o valor não ser tão expressivo quando comparado àquele que seria anunciado por Kennedy e sua Aliança para o Progresso em 1961, o Fundo de Eisenhower representava uma alteração significativa na abordagem norte-americana diante do continente, antes marcada pela negativa de qualquer política que envolvesse fundos públicos subsidiados e de longo prazo dos Estados Unidos para fins de desenvolvimento econômico e social.

Transformações ainda mais expressivas ocorreriam no 3º Encontro do Comitê dos 21, realizado na capital da Colômbia, Bogotá, em setembro de 1960. Ali, pela primeira vez, os Estados Unidos aceitaram ratificar um texto que comprometia Washington a apoiar um programa de desenvolvimento regional de longo prazo a ser sustentado por ajuda econômica. Apesar de a quantidade de recursos a serem disponibilizados para a América Latina e os mecanismos pelos quais essa ajuda se concretizaria não terem constado na Ata de Bogotá, esse comprometimento representava um afastamento radical de concepções pretéritas de Washington sobre o papel do capital privado para o desenvolvimento continental.[27] Em certos aspectos, defendem alguns estudiosos, a Ata de Bogotá teria ido além até da própria Operação Pan-Americana.[28] Isso porque se acordou em Bogotá que, além do foco no crescimento, as repúblicas americanas também deveriam reunir esforços para alcançar metas objetivas em termos de índices de desenvolvimento social (melhorias nos campos da educação, habitação, saúde), além de viabilizar reformas socioeconômicas capazes de tornar o processo de desenvolvimento latino-americano mais equitativo e justo, sobretudo no que se referia à propriedade da terra e ao sistema tributário. O tom reformista (quase revolucionário em certos aspectos) da Ata de Bogotá antecipava muitas das ideias que estariam presentes no programa econômico do governo Kennedy para a América Latina – a Aliança para o Progresso –, sobre o qual nos debruçaremos na seção seguinte.

1.3. A Aliança para o Progresso: concepções, promessas e resultados

O final da administração Eisenhower trouxe mudanças importantes em termos da concepção norte-americana sobre o papel de programas de ajuda econômica para o Terceiro Mundo, sobretudo no que dizia respeito

---

27 Taffet, *Foreign Aid as Foreign Policy: the Alliance for Progress in Latin America*, p.18.
28 Silva, *A política externa de JK: Operação Pan-Americana*, p.39.

à América Latina. Apesar disso, essas transformações ainda foram modestas se comparadas à abordagem que John F. Kennedy imprimiria à temática da ajuda externa a partir de janeiro de 1961. Kennedy trouxe consigo para a Casa Branca um núcleo de acadêmicos de Harvard e do MIT que vinha desenvolvendo teorias acerca do papel da ajuda econômica para países subdesenvolvidos, as quais seriam de importância crucial para o desenho da Aliança para o Progresso. Nossa análise sobre a Aliança, portanto, deve começar refletindo sobre em que consistiam exatamente tais concepções teóricas que integraram aquelas que ficariam conhecidas como "teorias da modernização".[29]

Em linhas gerais, os teóricos da modernização, tais como Max Millikan, Walt W. Rostow, John K. Galbraith, David Bell e Edward S. Mason, argumentavam que seria possível fomentar um processo de desenvolvimento de longo prazo em países de Terceiro Mundo por meio da provisão de ajuda econômica, desde que esta fosse "apropriadamente administrada".[30] Por "apropriadamente administrada" entendia-se, sobretudo, a alocação de ajuda a partir de critérios técnicos, isto é, levando-se em conta estados e sociedades que estivessem em "fases transicionais" de modernização e que apresentassem as melhores condições para utilizar os fundos oferecidos a fim de viabilizar um processo de "decolagem" (*take off*). Entre essas condições, destacavam-se três aspectos: a existência de uma estrutura de planificação que permitisse integrar projetos, antecipar (e conter) desajustes intra e intersetoriais, além de maximizar externalidades dos programas financiados; capacidade para mobilizar recursos domésticos para complementar e potencializar a ajuda externa; e, por fim, a implementação de reformas em diversos âmbitos da sociedade para colaborar com o esforço modernizante, impulsionando a "decolagem" e garantindo autossustentação do processo de desenvolvimento, tais como reformas nos âmbitos tributário, agrário, educacional, administrativo e político.

---

29 Acompanhamos Nils Gilman quando argumenta que teriam existido "teorias da modernização", e não somente uma "teoria da modernização"; ver Gilman, *Mandarins of the Future: Modernization Theory in Cold War America*, p.9. A literatura sobre teorias da modernização é vastíssima, não sendo possível aqui explorá-la exaustivamente. Nossos comentários sobre o tema se resumirão a aspectos atinentes à Aliança para o Progresso. Entre os autores que balizaram nossa análise nos parágrafos a seguir, destacam-se Dunne, Kennedy's Alliance for Progress: Countering Revolution in Latin America. Part I: From the White House to the Charter of Punta del Este, *International Affairs*, v.89, n.6; Gilman, op. cit.; Latham, Ideology, Social Science, and Destiny: Modernization and the Kennedy-Era Alliance for Progress, *Diplomatic History*, v.22, ed.2; Id., *Modernization as Ideology: American Social Science and "Nation Building" in the Kennedy Era*; Id., *The Right Kind of Revolution: Modernization, Development, and U.S. Foreign Policy from the Cold War to the Present*, cap.2; Taffet, *Foreign Aid as Foreign Policy: the Alliance for Progress in Latin America*, cap.1; Westad, *The Global Cold War: Third World Interventions and the Making of Our Times*, cap.1.

30 Taffet, op. cit., p.11.

O "caminho para desenvolvimento", que, supostamente, os teóricos da modernização encontraram para os países de Terceiro Mundo, representava, na verdade, não somente uma análise que se pretendia científica sobre as condições socioeconômicas e políticas do mundo pós-colonial, mas também um esforço para garantir que a transição dessas sociedades rumo à modernização – ou a um "processo de racionalização", tal como entendido por Max Weber – estivesse espelhada no modelo norte-americano, e não em outras alternativas modernizantes, sobretudo naquela defendida e exemplificada pela União Soviética e pelos países comunistas. Nesse sentido, há três aspectos cruciais sobre as "teorias da modernização" que precisam ser destacados: em primeiro lugar, o reconhecimento de que todas as sociedades experimentavam estágios relativamente parecidos em direção à modernização; em segundo, a ideia de que "fases transicionais" – ou seja, etapas de transição entre sociedades "tradicionais" e "modernas" – envolviam transformações profundas em diversos aspectos da sociedade, causando instabilidades e condições para que ideologias radicais ganhassem apoio e capilaridade junto a atores e grupos sociais; e, por fim, em terceiro, a perspectiva de que intervenções decididas e de grande vulto por parte de Washington em nações pós-coloniais em fase de transição, por meio de ajuda externa "apropriadamente administrada", seriam capazes de garantir a "decolagem" (*take off*) dessas sociedades rumo à modernização, livrando-as da perigosa etapa transacional, e ao mesmo tempo guiá-las para aquilo que Michael Latham engenhosamente denominou de "a forma correta de revolução" – ou seja, um processo modernizante baseado no modelo norte-americano, sobretudo no que se referia aos seus pilares fundamentais: iniciativa econômica privada (ou "livre-iniciativa"), integração à economia ocidental e instituições representativas liberais.[31]

A Revolução Cubana de janeiro de 1959 e a rapidez com que Havana aproximou-se da União Soviética, passando a guiar o seu processo de modernização espelhando-se em Moscou, colocaram a América Latina no mapa da Guerra Fria para Washington em intensidade, até aquele momento, inédita. Entre os adeptos de teorias de modernização, poucos verbalizaram tão bem as angústias e desafios trazidos pela Revolução Cubana para os Estados Unidos quanto o assessor presidencial Arthur Schlesinger Jr., um dos vários

---

31 Para os conceitos e as características de sociedades "tradicional" e "moderna", ver Gilman, *Mandarins of the Future: Modernization Theory in Cold War America*, p.5. Para um bom resumo dos pressupostos das teorias de modernização e sobre as formas recomendadas de atuação dos Estados Unidos no Terceiro Mundo, ver Latham, *The Right Kind of Revolution: Modernization, Development, and U.S. Foreign Policy from the Cold War to the Present*, cap.2. Packenham, *Liberal America and the Third World: Political Development Ideas in Foreign Aid and Social Science*, p.52-3 também apresenta uma boa discussão sobre a relação entre "fases transicionais" e instabilidade em sociedades pós-modernas.

intelectuais de Harvard que Kennedy trouxe para a Casa Branca em janeiro de 1961. Logo no início da nova administração, em fevereiro, Schlesinger foi enviado por Kennedy a cinco países da América Latina para fazer uma "viagem de prospecção" (*fact-finding mission*). No Brasil, Schlesinger visitou a região Nordeste, tendo ficado impressionado com a pobreza e as condições sociais alarmantes que encontrou. Em suas memórias, ao descrever essa viagem, Schlesinger deixa claro que não havia condições de Washington lutar para manter as coisas como estavam; isto é, ou o governo norte-americano guiava o processo de modernização latino-americano a seu favor, ou necessariamente assistiria a novos países do continente ingressarem em processos de modernização guiados pela União Soviética e/ou por Cuba:

> A antiga ordem [social] na América Latina estava obviamente desintegrando--se. Não havia nenhuma possibilidade de se preservar o *status quo*. A única questão [naquele momento] era a forma do futuro [...]. Se os Estados Unidos não estivessem prontos para oferecer um programa de modernização democrática, novos Castros iriam indubitavelmente surgir em todo o continente. Essa era a natureza da crise.[32]

De fato, nenhum governo norte-americano do pós-guerra encamparia de modo tão claro a linguagem e as sugestões dos teóricos da modernização como a administração Kennedy, sobretudo no que se referiu a políticas de ajuda econômica para a América Latina. Como o comentário de Schlesinger deixa claro, o grande temor de Washington no início dos anos 1960 era não somente o fato de Cuba (uma região de localização estratégica e extremamente próxima dos Estados Unidos) ter migrado para a órbita soviética, mas também a questão de que as condições estruturais que estiveram por detrás da Revolução Cubana, e que podiam ser identificadas em vários países latino-americanos (pobreza, desigualdade social, governo autoritário), pudessem se repetir em outros países do continente.[33] Como bem afirma Jeffrey Taffet, a Aliança para o Progresso esteve umbilicalmente ligada a Cuba: a evolução do processo histórico na pequena ilha caribenha na primeira metade dos anos 1960 foi determinante "para compreender por que o programa [Aliança] tornou-se prioridade [para Washington] e [até que ponto] ele continuaria a sê-lo".[34]

---

32 Schlesinger, *A Thousand Days: John F. Kennedy in the White House*, p.177-8. Todas as traduções de citações de livros e documentos em inglês foram feitas livremente por mim. Para não tornar o texto excessivamente pesado, decidi inserir apenas a tradução em português, sem colocar o texto original em nota de rodapé. Apenas as expressões que considerei de difícil tradução, ou que pudessem gerar interpretações diferentes pelos leitores, serão colocadas entre parêntesis nos trechos citados. Expressões e/ou frases de minha autoria inseridas em citações serão colocadas entre colchetes.

33 Taffet, *Foreign Aid as Foreign Policy: the Alliance for Progress in Latin America*, p.6.

34 Ibid., p.27.

A ideia de um amplo programa de ajuda econômica para a América Latina já havia sido mencionada por Kennedy antes mesmo das eleições de 6 de novembro de 1960, das quais ele sairia vencedor por pequena margem diante do candidato republicano, o então vice-presidente Richard Nixon. A primeira vez que Kennedy mencionou o termo "Aliança para o Progresso" foi em outubro de 1960 em um comício em Tampa, Flórida (não à toa, uma cidade de maioria latina).[35] Logo após ser eleito, Kennedy nomeou uma "força-tarefa" para estudar os problemas da América Latina. Coordenada por Adolf Berle, um veterano do New Deal do presidente Franklin D. Roosevelt e ex-embaixador dos Estados Unidos no Brasil (1945-1946), essa força-tarefa também contou com a presença de Lincoln Gordon (que seria nomeado embaixador norte-americano no Brasil a partir de setembro de 1961, após a saída de John M. Cabot), Teodoro Moscoso (futuro coordenador da Aliança para o Progresso) e o professor Robert J. Alexander (docente da Rutgers University e um importante estudioso dos movimentos de trabalhadores na América Latina).[36]

As conclusões da força-tarefa liderada por Adolf Berle foram entregues a Kennedy em janeiro de 1961, enfatizando a necessidade de se conciliar um programa de ajuda econômica de longo prazo para a América Latina com medidas de "autoajuda" a serem implementadas pelos próprios países da região, sobretudo no que se referia à mobilização de recursos financeiros domésticos para a tarefa do desenvolvimento, ao fortalecimento de instrumentos de planificação econômica, e à implementação de reformas sociais de caráter distributivo.[37] Berle já havia enfatizado em uma das reuniões do grupo no início de 1961 que a Aliança para o Progresso deveria ser uma espécie de "equivalente moral" do Plano Marshall para a América Latina, com a diferença de que, enquanto o Plano Marshall tivera que reconstruir um continente em ruínas, porém rico em capital humano, a Aliança enfrentaria uma situação ainda mais complicada: desenvolver uma região que, apesar de não ter sido destruída por uma guerra, possuía problemas de subdesenvolvimento estruturais.[38]

Com as conclusões da força-tarefa em mãos, Kennedy solicitou ao embaixador da Venezuela nos Estados Unidos, José Antonio Mayobre, que reunisse um grupo de especialistas latino-americanos para opinar sobre as propostas.

---

35 Na realidade, Kennedy não chegou a fazer esse discurso em Tampa, mas a íntegra do que seria dito por ele foi publicada por jornais norte-americanos. Ver Rabe, *The Most Dangerous Area in the World: John F. Kennedy Confronts Communist Revolution in Latin America*, p.14.

36 Levinson; Onis, *The Alliance that Lost its Way: a Critical Report on the Alliance for Progress*, p.52-4; Schlesinger, *A Thousand Days: John F. Kennedy in the White House*, p.153, 184-6; Taffet, *Foreign Aid as Foreign Policy: the Alliance for Progress in Latin America*, p.22-3; Weis, *Cold Warriors & Coups d'État: Brazilian-American Relations, 1945-1964*, p.144.

37 Taffet, *Foreign Aid as Foreign Policy: the Alliance for Progress in Latin America*, p.22-23.

38 Schlesinger, op. cit., p.191.

Claramente, a ideia era dotar o programa de um espírito multilateral e colaborativo, e não transparecer que ele pudesse ter sido produto de uma agenda determinada de cima para baixo – no caso, de Washington para as demais repúblicas do continente. Mayobre reuniu um grupo de nove economistas latino-americanos, entre os quais o secretário-executivo da Comissão Econômica para a América Latina e o Caribe (Cepal), Raúl Prebisch, e o presidente do BID, Felipe Herrera. O grupo produziria um documento que seria entregue a Kennedy no início de março de 1961, dias antes de o presidente norte-americano fazer seu famoso discurso anunciando formalmente a Aliança para o Progresso. No documento, escrito por Prebisch, o secretário-executivo da Cepal salientou a importância de os Estados Unidos proverem recursos de longo prazo e com custo subsidiado para o desenvolvimento do continente, além de apoiar medidas de estabilização de preços de *commodities*. Prebisch destacou ainda a necessidade de Washington complementar sua política de ajuda com uma agenda reformista, como também havia sido levantada pela força-tarefa, atacando o problema de desigualdade social crônica do continente. Sobre esse ponto, porém, o documento alertou Washington de que não seria "fácil superar a resistência de grupos privilegiados sem agitações e distúrbios" sociais, uma vez que as elites latino-americanas certamente resistiriam a reformas distributivas. Conforme Prebisch, caso os Estados Unidos estivessem mesmo dispostos a apoiar um programa de mudança social na América Latina, "então, deve[riam] estar preparados para entender isso".[39]

Ao menos do ponto de vista retórico, a impressão foi a de que Washington havia compreendido a mensagem. Em 13 de março de 1961, Kennedy lançou formalmente a Aliança para o Progresso em discurso a membros do corpo diplomático latino-americano no Salão Oval da Casa Branca. Em sua fala, o presidente defendeu a necessidade de um "vasto esforço cooperativo, sem paralelo em magnitude e nobreza de propósito, para satisfazer as necessidades da população americana por casa, trabalho e terra, saúde e escola" (Kennedy também pronunciou essas cinco últimas palavras em espanhol: *techo, trabajo y tierra, salud y escuela*). Esse esforço cooperativo, denominado Aliança para o Progresso, que foi comparado por Kennedy à Operação Pan-Americana de Kubitschek, seria necessário porque "a missão do nosso hemisfério não esta[ria] completa". Os países que formam a América lutaram por sua liberdade e conquistaram-na de suas antigas metrópoles europeias, mas essa liberdade, afirmou, nada significaria se a maioria dos povos da região continuasse "sofrendo degradações diárias" por causa de "pobreza e fome". Seria fundamental, portanto, "demonstrar para o mundo inteiro" que a luta por "progresso econômico e justiça social pode[ria] ser melhor

---

39 O documento em questão é citado em Levinson; Onis, *The Alliance that Lost its Way: a Critical Report on the Alliance for Progress*, p.57-8.

A Aliança para o Progresso e o governo João Goulart (1961-1964)

alcançada por homens livres trabalhando no interior de estruturas institucionais democráticas". Isso demandaria, por sua vez, uma "verdadeira revolução", seja por parte dos Estados Unidos, que negligenciaram essa missão no passado e que, a partir daquele momento, se comprometiam a prestar assistência econômica à altura às repúblicas americanas irmãs (como fizeram para a reconstrução da Europa Ocidental), seja por parte dos governos e povos da América Latina, que teriam que se engajar de corpo e alma no processo de desenvolvimento, garantindo que "os frutos do crescimento" fossem compartilhados "por todos, e não apenas por alguns poucos privilegiados". Se os latino-americanos fizessem tal esforço, disse Kennedy, "então a ajuda externa fornecer[ia] o ímpeto vital para o progresso"; sem que tal esforço ocorresse, porém, "nenhuma ajuda", independentemente de quão grande, seria suficiente para "promover o bem-estar dos povos".[40]

O presidente John F. Kennedy foi direto também ao apontar aquilo que Washington esperava dos países latino-americanos como colaboração para participar da Aliança para o Progresso. Para que a década de 1960 fosse transformada em uma "década histórica de progresso democrático", seria preciso, disse Kennedy, que cada país do hemisfério formulasse "planos de longo prazo para o seu próprio desenvolvimento, [garantisse] estabilidade monetária", fomentasse "mudanças sociais essenciais" domésticas, e estimulasse "as atividades e a iniciativa privadas". No que se referia particularmente às "mudanças sociais essenciais", Kennedy mencionou em específico a necessidade de implementar reformas agrária e tributária no continente, a fim de diminuir a desigualdade social. De acordo com suas próprias palavras, já ao final do discurso, se não "[ampliarmos] oportunidades para todos os nossos povos", se não garantirmos que "a grande massa de americanos compartilhe de uma prosperidade crescente, então nossa Aliança, nossa revolução, nosso sonho e nossa liberdade irão fracassar".[41]

Como era de se esperar, o discurso gerou forte entusiasmo em várias das delegações latino-americanas presentes no Salão Oval.[42] A questão que todos queriam saber, evidentemente, mas que Kennedy não mencionou, referia-se ao valor específico que Washington dispunha-se a oferecer a título de ajuda econômica. Outra dúvida que pairou entre as delegações diplomáticas relacionou-se aos mecanismos que seriam utilizados para decidir sobre a alocação de recursos. Seria criado um organismo multilateral semelhante à Oeec, como no caso da Europa do Plano Marshall, por exemplo, dando

---

40 Address by President John F. Kennedy at the White House Reception for Members of the Diplomatic Corps of the Latin American Republics, 13 mar. 1961. O discurso de Kennedy está reproduzido na íntegra em apêndice da obra de Taffet, *Foreign Aid as Foreign Policy: the Alliance for Progress in Latin America*, p.199-204.

41 Ibid., p.204.

42 Schlesinger, *A Thousand Days: John F. Kennedy in the White House*, p.194.

relativa autonomia aos governos latino-americanos para decidir sobre onde e como investir a ajuda econômica recebida? Ou seria tudo concentrado em Washington?

Ambas as dúvidas foram dissipadas com a realização de uma reunião extraordinária do Conselho Interamericano Econômico e Social da Organização dos Estados Americanos (Cies-OEA), ocorrida em Punta del Este, Uruguai, em agosto de 1961, onde os representantes dos países latino-americanos, junto com os Estados Unidos, aprovaram a chamada Carta de Punta del Este. Esse documento explicitou os princípios da Aliança para o Progresso, os recursos a serem investidos no programa e o *modus operandi* para a alocação de fundos.[43]

No que tange aos objetivos, o documento listou doze metas para serem alcançadas pelo continente nos dez anos seguintes, ou seja, até 1970. Em ordem de apresentação, as metas eram: (1) garantir "substancial e sustentável" crescimento econômico para os países da região, assumindo como piso a taxa anual de 2,5% de crescimento *per capita*; (2) promover uma distribuição mais igualitária da renda; (3) diversificar estruturas econômicas nacionais, tornando-as menos dependentes da exportação de poucos bens primários; (4) acelerar o processo de industrialização, especialmente do setor de bens de capital; (5) aumentar o nível de produtividade na agricultura; (6) "estimular, conforme as características de cada país, programas abrangentes de reforma agrária, levando à transformação efetiva [...] de estruturas e sistemas injustos de uso e propriedade da terra"; (7) acabar com o analfabetismo, garantindo o mínimo de seis anos de educação primária para todas as crianças com idade escolar; (8) aumentar a expectativa de vida em pelo menos cinco anos, o que envolvia, entre outras coisas, prover adequado abastecimento de água e esgoto em áreas urbanas e rurais e reduzir pela metade a taxa de mortalidade infantil de crianças com idade inferior a cinco anos; (9) ampliar a construção de casas de baixo custo para famílias de baixa renda; (10) garantir estabilidade de preços; (11) fortalecer acordos de integração econômica regional entre países latino-americanos; e, por fim, (12) desenvolver políticas colaborativas para estabilizar preços de *commodities* no mercado internacional.

Para atingir esses fins, a Carta de Punta del Este estipulou como meios a elaboração de planos de longo prazo "abrangentes" e "de acordo com princípios democráticos"; a canalização de recursos domésticos para o esforço do desenvolvimento; a implementação de "reformas sociais", entre as quais

---

43 A íntegra da Carta de Punta del Este pode ser encontrada em: Official Documents Emanating from the Special Meeting of the Inter-American Economic and Social Council at the Ministerial Level Held in Punta del Este, Uruguay, from August 5 to 17 (Washington DC, 1961) apud Taffet, *Foreign Aid as Foreign Policy: the Alliance for Progress in Latin America*, p.205-23. Salvo referências em contrário, os parágrafos seguintes basearam-se nesse documento.

A Aliança para o Progresso e o governo João Goulart (1961-1964)

reformas agrária e tributária, visando "uma distribuição mais justa dos frutos do progresso econômico e social"; políticas de igualdade de gênero; e, por fim, e talvez mais importante do ponto de vista das lideranças latino--americanas presentes em Punta del Este, a provisão de ajuda externa, grande parte da qual a ser constituída por recursos ofertados "em condições flexíveis com respeito a períodos e termos de amortização".

Quanto a valores especificamente, o secretário do Tesouro norte-americano, Douglas Dillon, informou às delegações diplomáticas no terceiro dia da Conferência que a América Latina receberia, no mínimo, US$ 20 bilhões durante o decênio da Aliança para o Progresso (1961-1970), ou seja, em média US$ 2 bilhões por ano. Dillon deixou claro que esse valor incluía recursos públicos e privados de todas as fontes de financiamento, e não apenas recursos públicos norte-americanos. Apesar disso, dada a magnitude da promessa, o anúncio entusiasmou muitos dos líderes presentes.[44] O problema é que esse valor não havia sido negociado com o Departamento de Estado e nem, muito menos, com o Congresso dos Estados Unidos – legalmente responsável por aprovar apropriações de ajuda externa. Na realidade, segundo Levinson e Onis, a delegação norte-americana em Punta del Este chegou a uma conclusão sobre o montante global de recursos a ser disponibilizado apenas durante a Conferência, tendo o valor de US$ 20 bilhões sido inserido na fala de Dillon um dia antes do discurso.[45] De qualquer modo, o texto final da Carta de Punta del Este incluiu, explicitamente, esse mesmo valor como piso ("pelo menos US$ 20 bilhões") e também estabeleceu que "a maior parte dos fundos deveria ser [constituída] por recursos públicos". A Carta determinou ainda, implicitamente, que os Estados Unidos não seriam os únicos responsáveis pela provisão de ajuda externa durante o decênio da Aliança.

Por fim, no que se refere à forma pela qual os recursos seriam distribuídos, a Carta de Punta del Este criou um Comitê composto por nove especialistas, conhecido como Comitê dos Nove Experts (Nine Wise Men), que seria indicado pelo Cies, pelo BID e pela Cepal com mandato de um a três anos (com possibilidade de recondução). A Carta estabeleceu ainda que cada um dos governos latino-americanos poderia apresentar seus planos e projetos a ele vinculados a um comitê *ad hoc* "composto por não mais que três membros extraídos do painel de experts [Comitê dos Nove] [...] junto com um número igual de *experts* que não estão no painel". Em outras palavras: os planos de longo prazo formulados pelos países da América Latina

---

44 Taffet, *Foreign Aid as Foreign Policy: the Alliance for Progress in Latin America*, p.33. Vale lembrar que o Plano Marshall investiu US$ 13 bilhões (média de US$ 2,6 bilhões/ano) na Europa Ocidental entre 1948 e 1952. Em valores atualizados, tomando-se o Índice de Preços ao Consumidor do Bureau of Labor Statistics dos Estados Unidos (*Consume Price Index,* CPI), isso equivalia a aproximadamente US$ 16,1 bilhões em 1961 (média de US$ 3,2 bilhões/ano).

45 Levinson; Onis, *The Alliance that Lost its Way: a Critical Report on the Alliance for Progress*, p.65-6.

não seriam analisados pelo Comitê dos Nove, mas sim por um comitê *ad hoc* que seria formado por parte de seus membros.

Na realidade, nem a análise dos planos e projetos de países latino-americanos pelo comitê *ad hoc* seria compulsória. A Carta de Punta del Este não apenas determinou que "cada governo, se assim deseja[sse], pode[ria] apresentar seu programa de desenvolvimento econômico e social para consideração" dos comitês *ad hoc*, como também estabeleceu que governos teriam "liberdade total para recorrer por meio de outros canais a [outras] fontes de financiamento, com o propósito de obter, no todo ou em parte, os recursos necessários" para seus projetos de desenvolvimento. Entende-se, assim, o porquê de o ex-presidente colombiano Alberto Lleras Camargo, incumbido em 1962 de escrever um relatório de avaliação sobre os dois anos iniciais da Aliança para o Progresso, que ele entregaria ao Cies no final de 1963, ter afirmado que o Comitê dos Nove teria se constituído em nada mais do que uma "lista de nomes".[46]

Na prática, portanto, a decisão sobre onde, como e quantos recursos da Aliança para o Progresso seriam alocados ficaria sob encargo do governo norte-americano, em particular dos órgãos de estado e agências responsáveis por ajuda externa, como os departamentos de Estado, do Tesouro, do Comércio e da Agricultura (este último, fundamental por causa do programa Alimentos para a Paz, antiga PL 480), além, obviamente, da Usaid e do Export-Import Bank (Eximbank).[47] Nesse sentido, vê-se que, apesar de a Aliança ter sido apresentada como um programa colaborativo, na prática, naquilo que constituía um de seus elementos cruciais (isto é, a forma pela qual se daria a decisão sobre alocação de recursos), não houve abertura para colaboração. Não foi coincidência, portanto, o fato de que pouquíssimos países tenham submetido planos de desenvolvimento para análise dos comitês *ad hoc* que seriam formados com base (em parte) no Comitê dos Nove; evidentemente, até para ganhar tempo e agilizar o processo, se a decisão final seria tomada pelo governo dos Estados Unidos, é compreensível que países como o Brasil, por exemplo, não tenham submetido nenhum projeto para a apreciação de comitês *ad hoc* estabelecidos pela Carta de Punta del Este.[48]

Nem mesmo dentro do governo norte-americano a Aliança para o Progresso ganharia um *status* institucional à altura das promessas feitas por

---

46 Para o comentário do presidente Lleras Camargo, ver Raúl, The Nine Wise Men and the Alliance for Progress, *International Organization*, v.22, ed.1, p.258. Vale destacar que a Carta também estabeleceu que "as recomendações do comitê *ad hoc* [seriam] de grande importância para determinar a distribuição de recursos sob a Aliança para o Progresso". Essa provisão, porém, não foi suficiente para garantir que países latino-americanos prestigiassem o Comitê dos Nove.

47 Taffet, *Foreign Aid as Foreign Policy: the Alliance for Progress in Latin America*, p.112-3.

48 Ibid., p.38-9.

A Aliança para o Progresso e o governo João Goulart (1961-1964)

Kennedy em seu discurso de março de 1961. Nunca houve, por exemplo, uma agência oficial em Washington encarregada de administrar especificamente a Aliança. Teodoro Moscoso, visto como o responsável formal pelo programa dentro do governo Kennedy, era apenas secretário-assistente da Usaid – ou seja, estava submetido tanto ao diretor da Usaid quanto ao Departamento de Estado, especificamente ao secretário-adjunto para Assuntos Interamericanos.[49] Moscoso não tinha poder para obrigar governos da América Latina a submeter planos e projetos para os comitês *ad hoc* instituídos pela Carta de Punta del Este nem, muito menos, para garantir que possíveis decisões tomadas por esses comitês fossem respeitadas pela administração norte-americana.[50]

Na reunião do Cies-OEA de 1962 (Cidade do México, outubro), realizada para avaliar a implementação da Aliança para o Progresso após um ano de assinatura da Carta de Punta del Este, Washington reconheceu que o programa apresentava deficiências, tendo concordado com a designação de duas personalidades públicas latino-americanas (os ex-presidentes da Colômbia e do Brasil, Lleras Camargo e Juscelino Kubitschek, respectivamente) para propor modificações no *modus operandi* do programa. Ambos os relatórios, que seriam apresentados na reunião do Cies-OEA em São Paulo em novembro de 1963, salientaram a importância de se criar um comitê multilateral capaz de administrar pedidos de financiamento e, sobretudo, de decidir sobre a alocação de recursos. O próprio Comitê dos Nove submeteu recomendações parecidas nesse sentido.[51] De fato, no encontro do Cies em São Paulo criou-se um novo comitê, denominado Comitê Interamericano da Aliança para o Progresso (Ciap). Apesar disso, esse novo organismo, tal como o antigo Comitê dos Nove, não teria prerrogativa para decidir sobre a alocação de recursos, frustrando a principal reivindicação das lideranças latino-americanas. A Aliança mantinha-se, assim, como um programa eminentemente unilateral do ponto de vista do processo decisório sobre oferta e distribuição de ajuda.[52]

Se a maneira pela qual decisões seriam tomadas no âmbito da Aliança para o Progresso frustrou expectativas de governos da América Latina, o

---

49 O primeiro diretor da Usaid foi Fowler Hamilton (setembro de 1961), que seria sucedido em dezembro de 1962 por David Bell. A Secretaria Adjunta para Assuntos Interamericanos no governo Kennedy seria ocupada, inicialmente, por Robert Woodward (1961) e, depois, por Edwin Martin (1962-1964). Ver Butterfield, *U.S. Development Aid – an Historic First: Achievements and Failures in the Twentieth Century*, p.60; Tyvela, "A Slight but Salutary Case of the Jitters": the Kennedy Administration and the Alliance for Progress in Paraguay, *Diplomacy & Statecraft*, v.22, ed.2, p.308.

50 Taffet, *Foreign Aid as Foreign Policy: the Alliance for Progress in Latin America*, p.38-9.

51 Raúl, The Nine Wise Men and the Alliance for Progress, *International Organization*, v.22, ed.1, p.263-4.

52 Taffet, op. cit., p.57-8.

que dizer sobre a quantidade de recursos disponibilizada para a região ao longo dos anos 1960? Em outras palavras: o piso de US$ 20 bilhões prometido por Douglas Dillon em Punta del Este em agosto de 1961 foi cumprido? Se considerarmos recursos líquidos, a meta ficou bem abaixo da esperada. No decênio, a região recebeu aproximadamente US$ 18 bilhões provenientes de todas as fontes de financiamento, tanto públicas quanto privadas. No entanto, mais da metade desse valor destinou-se a pagamento de juros e amortizações de dívida externa. Logo, em termos efetivos, a América Latina teve menos recursos livres para investir em projetos de desenvolvimento do que se poderia imaginar à primeira vista. De fontes públicas norte-americanas, a região foi contemplada no total com US$ 4,8 bilhões em ajuda econômica, grande parte dela (70%) formada por empréstimos, incluindo recursos provenientes da Usaid, do Eximbank e da PL 480.[53] A partir da metade da década de 1960, porém, com a intensificação da participação norte-americana na Guerra do Vietnã, a proporção do montante de ajuda externa destinada à América Latina perderia espaço em termos do valor total da ajuda disponibilizada pelos Estados Unidos ao mundo. Assim, da metade da administração Lyndon Johnson (1963-1969) em diante, a Aliança para o Progresso já havia deixado de ser prioridade na política externa de Washington, tendo sido completamente descartada com o início do governo Richard Nixon (janeiro de 1969).[54]

No que se refere a resultados, estudiosos são unânimes ao apontar que, apesar de a América Latina ter apresentado melhoras em termos de performance econômica e de indicadores sociais nos anos 1960, esses avanços não só teriam sido menores do que aqueles estipulados pela Carta de Punta del Este como não teriam sido causados primordialmente pela Aliança.[55] Isso porque ao longo de sua implementação o programa ganhou um caráter muito diferente daquele apresentado em agosto de 1961: o objetivo de alocar recursos com base em planejamento de longo prazo priorizando crescimento econômico, reformas de caráter distributivo e melhorias sociais, dentro de um quadro institucional democrático, deu lugar a uma crescente priorização de metas de estabilidade monetária e fiscal (ao encontro das recomendações do FMI) e de incentivo à entrada de investimentos privados estrangeiros, por meio de legislação tributária favorável e acordos de garantia de investimentos – tudo isso cada vez mais independente da existência

---

53 Levinson; Onis, *The Alliance that Lost its Way: a Critical Report on the Alliance for Progress*, p.12, 138-40; Rabe, *The Most Dangerous Area in the World: John F. Kennedy Confronts Communist Revolution in Latin America*, p.154.
54 Taffet, *Foreign Aid as Foreign Policy: the Alliance for Progress in Latin America*, p.63-5.
55 Levinson; Onis, op. cit., p.14; Taffet, op. cit., p.10; Id., Latin America, in: Selverstone (Org.), *A Companion to John F. Kennedy*.

de regimes políticos democráticos.[56] Como Levinson e Onis bem argumentam, se determinado país latino-americano satisfizesse os requisitos da Carta de Punta del Este no sentido de implementar uma reforma agrária, promover uma reorganização do sistema tributário e respeitar instituições representativas democráticas, mas falhasse no cumprimento dos requisitos do FMI sobre controle inflacionário e/ou contenção do déficit público, a ajuda norte-americana seria suspensa. O contrário, porém, não era verdadeiro: "um país que fizesse pouco na área de reformas sociais e limitasse progressivamente instituições políticas representativas, mas passasse pelos testes do FMI [...], continuava a receber assistência econômica".[57]

A face mais visível da falência da Aliança para o Progresso esteve no altíssimo número de golpes de Estado ocorridos na América Latina nos anos 1960. Entre 1961 e 1969, nada menos do que dezesseis golpes militares ocorreram no continente.[58] A almejada "década do desenvolvimento", como havia proclamado o presidente John F. Kennedy, transformara-se em uma "década da ditadura", segundo feliz expressão de Thomas Field Jr.[59] Ainda mais problemático foi o fato de que Washington esteve longe de ser um espectador isento nesse processo: seja porque, em certos casos, como nos golpes ocorridos na Argentina e no Peru (março e julho de 1962, respectivamente), manteve programas de ajuda econômica para governos ditatoriais momentos após a derrocada da democracia nesses países; seja porque, em outros, como nos golpes que se deram no Brasil e na Bolívia, por exemplo, em abril e novembro de 1964, respectivamente, teve um papel decisivo para a desestabilização dos próprios regimes democráticos e para o apoio às ditaduras que a eles se sucederiam.[60]

Se o fracasso da Aliança para o Progresso constitui, de forma geral, ponto pacífico na literatura, não se pode dizer a mesma coisa sobre as razões pelas quais esse malogro teria ocorrido. Há pelo menos três grandes correntes historiográficas sobre o tema: alguns autores colocam o peso da falência do programa tanto em Washington quanto nos países latino-americanos; outros,

---

56 Rabe, *The Most Dangerous Area in the World: John F. Kennedy Confronts Communist Revolution in Latin America*, p.168-9. Taffet, *Foreign Aid as Foreign Policy: the Alliance for Progress in Latin America*, cap.1 e 3.

57 Levinson; Onis, *The Alliance that Lost its Way: a Critical Report on the Alliance for Progress*, p.205.

58 Ibid., p.77.

59 Field Jr., *From Development to Dictatorship: Bolivia and the Alliance for Progress in the Kennedy Era*.

60 Para os golpes na Argentina e no Peru e o papel dos Estados Unidos em ambos, ver Walcher, *Missionaries of Modernization: the United States, Argentina, and the Liberal International Order, 1958-1963*; Alvarenga, *A participação dos Estados Unidos na crise política argentina de 1962: as relações Washington-Buenos Aires e a deposição de Arturo Frondizi*; Contreras, *Struggles for Modernization: Peru and the United States, 1961-1968*. Para o caso boliviano, ver Field Jr., op. cit. Para o papel dos Estados Unidos no golpe militar de 1964 no Brasil, ver referências citadas na introdução deste livro.

que compreendem a grande maioria, apontam o governo dos Estados Unidos como o principal responsável, salientando que o idealismo de Washington teria sido corroído por um crescente pragmatismo, e levantando, para tanto, diferentes razões, do anticomunismo ferrenho das administrações Kennedy e Johnson ao crescente papel do poder empresarial; e, por fim, há aqueles que chegam até a negar a pertinência da questão, na medida em que a Aliança teria contido em sua própria concepção as sementes que a destruiriam posteriormente. Em outras palavras: no caso dessa última perspectiva, a pergunta sobre o porquê de o idealismo da Aliança ter perdido força durante o governo Kennedy seria nada mais do que um "falso dilema".[61]

Apesar de não termos condições aqui de fazer uma análise aprofundada sobre esse rico debate historiográfico, é importante apresentar alguns dos argumentos centrais que estão por detrás da controvérsia.[62] Autores das duas primeiras correntes interpretativas reconhecem, em graus variados, que a obsessão anticomunista de Washington, aliada à pressão de grupos empresariais para restringir ou coibir aspectos reformistas da Aliança, teriam sido fundamentais para a falência do programa. A questão é que para alguns estudiosos, como Hal Brands, o poder de atuação do governo dos Estados Unidos na América Latina foi restrito e o sucesso ou o fracasso da Aliança dependeu do grau de adesão de elites e governos latino-americanos ao programa.[63] No entanto, um dos problemas dessa visão, como o próprio Brands reconhece, é o fato de que a preocupação estratégica de Washington com o perigo comunista no continente levou o governo Kennedy a valorizar tanto medidas reformistas (como políticas de crescimento com distribuição de renda) quanto políticas de contrainsurgência e intervenção, a fim de impedir que grupos radicais ganhassem força e capilaridade na região. Com isso, Washington acabou por fortalecer, direta ou indiretamente, tendências reacionárias das elites latino-americanas, colocando-as em posição privilegiada para resistir a pressões reformistas domésticas. Isso porque essas elites sabiam que, no limite, os Estados Unidos interviriam

---

61 Para a primeira posição, ver Packenham, *Liberal America and the Third World: Political Development Ideas in Foreign Aid and Social Science*, p.69-75; Brands, *Latin America's Cold War*; para a segunda, Leacock, *Requiem for Revolution: the United States and Brazil, 1961-1969*; Rabe, *The Most Dangerous Area in the World: John F. Kennedy Confronts Communist Revolution in Latin America*; Tyvela, "A Slight but Salutary Case of the Jitters": the Kennedy Administration and the Alliance for Progress in Paraguay, *Diplomacy & Statecraft*, v.22, ed.2; Weis, *Cold Warriors & Coups d'État: Brazilian-American Relations, 1945-1964*; Id., The Twilight of Pan-Americanism: the Alliance for Progress, Neo-Colonialism, and Non-Alignment in Brazil, 1961-1964, *The International History Review*, v.23, n.2; para a terceira, Field Jr., *From Development to Dictatorship: Bolivia and the Alliance for Progress in the Kennedy Era*.

62 Para um balanço recente do debate historiográfico sobre a Aliança para o Progresso, ver Dunne, Kennedy's Alliance for Progress: Countering Revolution in Latin America. Part II: The Historiographical Record, *International Affairs*, v.92, n.2.

63 Brands, *Latin America's Cold War*, p.61-2.

A Aliança para o Progresso e o governo João Goulart (1961-1964)

para impedir a vitória de uma nova revolução comunista no hemisfério, ou apoiariam quaisquer grupos domésticos que estivessem dispostos a barrá-la. O que elites locais deveriam fazer, portanto, era jogar sempre com a ameaça do "perigo comunista" (real ou imaginário) para conter possibilidades de mudança.[64] Além disso, a atitude flexível de Washington para com os primeiros golpes militares que ocorreram na região (Argentina e Peru), mantendo a ajuda econômica a esses países apesar do desrespeito às instituições democráticas, teria gerado um efeito demonstração importante para as elites latino-americanas, no sentido de que haveria espaço para que elas resistissem a pressões por reformas socioeconômicas e políticas.[65]

É com base nessas considerações, portanto, que poucos estudiosos atualmente negam que a responsabilidade maior para o fracasso do programa de ajuda econômica do governo Kennedy esteve com o próprio governo norte-americano. A grande maioria dos autores também tende a salientar o papel da preocupação anticomunista de Washington como elemento central para a desestabilização da Aliança para o Progresso. Em outros termos: por mais que pressões empresariais voltadas a mutilar a agenda reformista da Aliança tenham existido e tenham tido um papel importante para o esvaziamento do programa, a questão fundamental esteve muito mais na oposição política de Washington a determinadas tendências políticas na região do que em uma motivação econômica imediatista. De maneira concreta, a questão básica apontada pela literatura é a de que Washington baseou sua política externa mais nas tendências políticas das administrações latino-americanas, sobretudo na natureza da política externa de governos da região (pró-EUA, "independentista" ou neutralista) e no tipo de comportamento diante de grupos comunistas e radicais domésticos, do que no modo pelo qual governos afetaram interesses empresariais norte-americanos em curto prazo

---

64 Sobre esse ponto, vale aqui reproduzir um comentário bastante elucidativo que George Kennan, o mais importante ideólogo da política de *containment* norte-americana na Guerra Fria, faz em suas memórias. Para Kennan, muitos formuladores de política norte-americanos não teriam conseguido "libertar-se" de uma visão anticomunista estreita. Nesse sentido, "tudo o que outro país tinha que fazer, a fim de ser qualificado para receber ajuda norte-americana, era demonstrar a existência de uma ameaça comunista. Na medida em que nenhum país estava sem uma minoria comunista", essa visão possuía amplas consequências. Ver Kennan, *Memoirs, 1925-1950*, p.322.

65 Dunne, Kennedy's Alliance for Progress: Countering Revolution in Latin America. Part I: From the White House to the Charter of Punta del Este, *International Affairs*, v.89, n.6; Id., Kennedy's Alliance for Progress: Countering Revolution in Latin America. Part II: The Historiographical Record, *International Affairs*, v.92, n.2. Vale ressaltar, porém, que Washington chegou a cortar relações diplomáticas com o Peru após o golpe militar de junho de 1962, tendo reatado relações menos de dois meses depois após forte pressão da comunidade empresarial norte-americana com negócios no país, e após fortes disputas internas no próprio governo Kennedy sobre se a atitude dura diante dos militares peruanos não acabaria por fortalecer comunistas locais. Ver Contreras, *Struggles for Modernization: Peru and the United States, 1961-1968*.

(política de proteção a investimentos, garantia de mercados e áreas para fornecimento de matérias-primas, defesa da entrada de capitais). É óbvio que questões políticas e econômicas não apenas são fortemente complementares (muitas vezes, temas econômicos seriam instrumentalizados para fins políticos) como tendem a fundir-se em longo prazo. Apesar disso, somos simpáticos a essa separação analítica; sua utilidade fica evidente, a nosso ver, sobretudo ao explicar variações na abordagem dos Estados Unidos para diferentes países e regiões durante a Guerra Fria.[66]

As considerações levantadas pela terceira corrente historiográfica, porém, aquela que nega a própria pertinência da questão sobre o porquê de a Aliança ter sido desvirtuada ao longo do tempo (ou o porquê de o programa ter "perdido seu caminho", conforme clássica expressão de Levinson e Onis), abrem perspectivas muito interessantes para os debates sobre a Aliança para o Progresso e sobre intervenções norte-americanas no Terceiro Mundo. Inspirada por trabalhos recentes sobre as teorias da modernização, como os de Gilman e Latham, assim como por estudos sobre o impacto da Guerra Fria na Ásia, em particular a clássica obra de Simpson, que trata do programa de ajuda econômica norte-americano para a Indonésia nos anos 1960, essa corrente historiográfica salienta que não se pode compreender a Aliança para o Progresso fora do contexto teórico dentro da qual ela nasceu, marcado por profundos traços da geopolítica da Guerra Fria.[67] Por exemplo, Gilman argumenta que os teóricos da modernização interpretavam instituições democráticas no Terceiro Mundo de maneira instrumental, enxergando-as mais como um obstáculo ao processo modernizante (isto é, um empecilho ao "caminho correto para o progresso"), em razão de potenciais instabilidades políticas inerentes a qualquer democracia, do que como um princípio a ser valorizado pelo fato de viabilizar importantes resultados de longo prazo, como o amadurecimento de uma cultura política democrática em países subdesenvolvidos.[68] Nesse sentido, conforme Field Jr., desenvolvimentismo e militarismo não teriam constituído fases estratégicas diferentes da implementação da Aliança para o Progresso (uma etapa idealista inicial que teria dado lugar a outra, de natureza pragmática e imediatista),

---

66 Para maiores informações sobre esse debate, ver Loureiro, The Alliance for or against Progress? US-Brazilian Financial Relations in the Early 1960s, *Journal of Latin American Studies*, v.46, ed.2; Dunne, Kennedy's Alliance for Progress: Countering Revolution in Latin America. Part II: The Historiographical Record, *International Affairs*, v.92, n.2.

67 Field Jr., *From Development to Dictatorship: Bolivia and the Alliance for Progress in the Kennedy Era*, p.3-4. As obras mencionadas referem-se a Gilman, *Mandarins of the Future: Modernization Theory in Cold War America*; Latham, *Modernization as Ideology: American Social Science and "Nation Building" in the Kennedy Era*; Id.,*The Right Kind of Revolution: Modernization, Development, and U.S. Foreign Policy from the Cold War to the Present*; Simpson, *Economists with Guns: Authoritarian Development and U.S.-Indonesian Relations, 1960-1968*.

68 Gilman, *Mandarins of the Future: Modernization Theory in Cold War America*, p.8-12.

A Aliança para o Progresso e o governo João Goulart (1961-1964)

mas sim, âmbitos complementares e concomitantes presentes desde os primórdios do programa.[69]

As reflexões de Thomas Field Jr., como bem aponta Dunne, levam-nos a considerar que mais importante do que entender o porquê de a Aliança para o Progresso ter falhado (supostamente, uma "falsa questão") seria compreender, na realidade, como ela foi implementada.[70] Em outras palavras: de que modo programas apoiados e financiados pela Aliança relacionaram-se com a visão de mundo que formuladores políticos norte-americanos do período tinham sobre o tipo desejado de modernidade a ser estimulada em países subdesenvolvidos – no caso, uma modernidade ocidental-capitalista, cujo modelo e referência eram, evidentemente, os próprios Estados Unidos.[71]

Mesmo se considerarmos um exagero a posição sobre a inexistência de uma fase "idealista" da Aliança para o Progresso, como quer Taffet, na medida em que o programa teria sido relativamente fiel aos objetivos proclamados em Punta del Este em alguns países latino-americanos e durante um certo período (na Colômbia, por exemplo), isso não significa que essas duas perspectivas historiográficas sejam completamente antagônicas.[72] Ao contrário, a análise do caso brasileiro, tanto em nível nacional quanto em nível estadual, comprova a proficuidade de mesclar questões e hipóteses levantadas por ambas as abordagens. Na última seção do capítulo, apresentamos um breve mapeamento da execução da Aliança para o Progresso no Brasil em âmbito nacional. Visa-se, com isso, contextualizar melhor a ajuda aos estados brasileiros no interior das relações Brasil-EUA.

1.4. A Aliança para o Progresso no Brasil: traços gerais

O lançamento da Aliança para o Progresso representou uma mudança significativa no padrão e na quantidade de ajuda econômica norte-americana recebida pelo Brasil. Apesar de ter sido um aliado fiel e muito próximo

---

69 Field Jr., *From Development to Dictatorship: Bolivia and the Alliance for Progress in the Kennedy Era*, Introduction.

70 Dunne, Kennedy's Alliance for Progress: Countering Revolution in Latin America. Part II: The Historiographical Record, *International Affairs*, v.92, n.2.

71 Gilman, *Mandarins of the Future: Modernization Theory in Cold War America*, p.6.

72 Taffet, Latin America, in: Selverstone (Org.), *A Companion to John F. Kennedy*. Para um trabalho que reforça a perspectiva de Taffet, usando as disputas entre *policymakers* no governo Kennedy sobre como agir diante do Paraguai de Alfredo Stroessner – isto é, se Washington deveria cortar recursos para Assunção pelo fato de o Paraguai ser um governo autoritário, ou se deveria manter ajuda, em razão de considerações estratégicas –, ver Tyvela, "A Slight but Salutary Case of the Jitters": the Kennedy Administration and the Alliance for Progress in Paraguay, *Diplomacy & Statecraft*, v.22, ed.2.

a Washington durante a Segunda Guerra Mundial, e mesmo com as fortes pressões do governo Dutra para que a administração Truman considerasse o Brasil como um receptor privilegiado de ajuda, em termos relativos (e mesmo absolutos), o país recebeu poucos recursos dos Estados Unidos no contexto do imediato pós-guerra. O início da Guerra da Coreia (1950-1953) mudaria momentaneamente a situação, dado o interesse de Washington em contar com o apoio do Brasil no conflito, inclusive no tocante ao envio de tropas para a Ásia. Mas, com a relativa estabilização do sistema internacional em meados dos anos 1950, as atitudes conservadoras de Washington, agora sob o comando da administração Eisenhower, voltariam à tona novamente.[73]

Como se pode ver no Gráfico 1.5, a média de recursos disponibilizada ao Brasil nos períodos do Plano Marshall (1948-1952) e do Mutual Security Aid (1953-1960) foi muito baixa – US$ 26,6 milhões e US$ 44 milhões anuais, respectivamente (ou US$ 38 milhões em média por ano no período agregado). Isso foi menos do que a Bélgica – um país com metade do tamanho do Rio Grande do Norte e com uma população oito vezes menor do que a brasileira em 1960 – recebeu de ajuda econômica dos Estados Unidos no mesmo período (US$ 43 milhões anuais em média).[74] Não à toa as autoridades brasileiras reclamariam constantemente que estavam sendo discriminadas por Washington na alocação de recursos. Importantes estudiosos das relações Brasil-Estados Unidos no pós-guerra identificaram na negligência norte-americana para com os pedidos de ajuda econômica brasileiros uma das causas fundamentais do reordenamento da política externa do Brasil na década de 1950, que culminou com a implementação de uma abordagem próxima ao neutralismo por parte das administrações Quadros e Goulart, vide o lançamento da Política Externa Independente (PEI).[75]

---

73 Rabe, The Elusive Conference: United States Economic Relations with Latin America, 1945-1952, *Diplomatic History*, v.2, n.3; Hilton, The United States, Brazil, and the Cold War, 1945-1960: End of the Special Relationship, *The Journal of American History*, v.68, n.3; Schoultz, *In Their Own Best Interest: a History of the U.S. Effort to Improve Latin Americans*, cap.7.

74 Para dados de ajuda econômica para Bélgica no período 1948-1960, ver Usaid, U.S. Overseas Loans and Grants (Greenbook), disponível em https://explorer.usaid.gov/reports-greenbook. html, acesso em 16 jan. 2020. Para dados sobre população da Bélgica em 1960, ver banco de dados do Banco Mundial: World Bank Open Data, disponível em http://data.worldbank.org, acesso em 16 jan. 2020.

75 Hilton, op. cit.; Weis, *Cold Warriors & Coups d'État: Brazilian-American Relations, 1945-1964*; Id., The Twilight of Pan-Americanism: the Alliance for Progress, Neo-Colonialism, and Non-Alignment in Brazil, 1961-1964, *The International History Review*, v.23, n.2. Para maiores informações sobre a PEI, uma referência antiga, porém ainda indispensável, é Storrs, *Brazil's Independent Foreign Policy, 1961-1964: Background, Tenets, Linkage to Domestic Politics, and Aftermath*. Para um panorama da política externa brasileira no pós-Segunda Guerra, ver Loureiro, A política externa brasileira do pós-guerra ao golpe de 1964: construindo as bases da diplomacia brasileira contemporânea, in: Ferreira; Delgado, *O Brasil republicano*, v.3: *O tempo da experiência democrática*.

Gráfico 1.5 – Ajuda econômica norte-americana para o Brasil, médias anuais por período, 1948-1966 (milhões US$)*

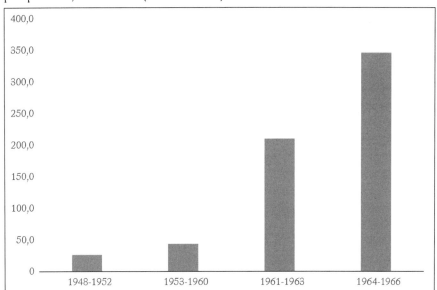

* Inclui empréstimos do Eximbank.
Fonte: Usaid Greenbook, disponível em https://explorer.usaid.gov/reports-greenbook.html, acesso em 23 nov. 2016.

A partir de 1961, no entanto, a atuação norte-americana mudaria radicalmente. No período dos governos Jânio Quadros e João Goulart (1961-1964), com exceção dos três meses iniciais de 1964, para o qual não temos dados específicos, a média de ajuda econômica norte-americana para o Brasil saltou de US$ 44 milhões (1953-1960) para US$ 210,2 milhões ao ano (aumento de 377,7%). Nos três anos seguintes, que basicamente coincidem com a administração Castelo Branco (abril de 1964 a março de 1967), esse valor cresceu ainda mais, atingindo a média anual de US$ 346,2 milhões – uma ampliação de 64% com relação aos governos Quadros-Goulart e quase sete vezes maior do que a média dos anos 1953-1960 (Gráfico 1.5). Com relação à América Latina, a fração da ajuda da Usaid destinada ao Brasil em comparação àquela oferecida ao continente também apresentou diferenças entre as administrações Goulart e Castelo Branco, passando de 18% em 1962 para 44% e 38% em 1965 e 1966, respectivamente (Tabela A.3). Não há dúvida, portanto, de que a Aliança para o Progresso, mesmo no período Quadros-Goulart, trouxe uma significativa melhora na quantidade de recursos disponibilizada ao Brasil, apesar de que esse avanço seria ainda mais considerável após o golpe de 1964, tanto em termos absolutos quanto em termos relativos em comparação com a América Latina.

Há dois grandes acordos realizados entre Brasil e Estados Unidos no início dos anos 1960 que explicam, em parte, o substancial aumento de oferta de recursos norte-americanos para o país a partir de 1961. O primeiro foi o acordo financeiro de maio de 1961, assinado ainda durante a administração Jânio Quadros entre o ministro da Fazenda, Clemente Mariani, e o secretário de Tesouro do governo Kennedy, Douglas Dillon, e que visava, por meio de empréstimos novos e refinanciamento de empréstimos antigos, prover um respiro para a difícil situação da balança de pagamentos brasileira.[76] No total, os acordos de maio de 1961, que envolveram Washington, o FMI e credores japoneses e europeus, além de credores privados, resultaram na concessão de mais de US$ 1,6 bilhão ao Brasil, sendo 40% (US$ 656 milhões) correspondentes a recursos novos e o restante (US$ 989 milhões), a refinanciamentos. Do total de recursos, a participação do governo dos EUA foi de 39%, sendo US$ 304 milhões referentes a refinanciamentos e US$ 338 milhões a novos empréstimos.[77]

O segundo grande acordo de ajuda econômica realizado entre Brasil e Estados Unidos no início da década de 1960 foi o chamado Acordo do Nordeste (Northeast Agreement), assinado em 13 de abril de 1962, em Washington, entre o ministro das Relações Exteriores, San Tiago Dantas, e o secretário de Estado norte-americano, Dean Rusk. Em contraste com os acordos de maio de 1961, a partir dos quais Washington liberaria recursos ao Brasil para fins de regularização da balança de pagamentos (isto é, sem vínculo direto a projetos específicos), o acordo do Nordeste significou um compromisso por parte do governo Kennedy de disponibilizar US$ 131 milhões nos dois anos seguintes em ajuda econômica para projetos no Nordeste brasileiro, seja por meio de empréstimos e doações em dólares, seja via empréstimos e doações em cruzeiros, realizados a partir dos recursos da venda de trigo para o Brasil provenientes do programa Alimentos para a Paz, ex-PL 480.[78]

Ambos os acordos seriam desvirtuados de suas concepções originais quando implementados. Os acordos de maio de 1961, por exemplo, tinham estabelecido que os recursos do Eximbank e da Usaid a serem emprestados para o Brasil (US$ 268 milhões ao total) não estariam condicionados à manutenção de um acordo *stand-by* entre o Brasil e FMI. Essa foi uma preocupação da delegação brasileira durante a negociação do pacote, a fim de manter uma

---

76 Para maiores informações sobre a crise brasileira do início dos anos 1960, ver Abreu, The Brazilian Economy, in: Bethell (Org.), *Brazil since 1930*; Loureiro, *Empresários, trabalhadores e grupos de interesse: a política econômica nos governos Jânio Quadros e João Goulart (1961-1964)*, cap.1; Mesquita, Inflação, estagnação e ruptura: 1961-1964, in: Abreu (Org.), *A ordem do progresso: dois séculos de política econômica no Brasil*.

77 Loureiro, The Alliance for or against Progress? US-Brazilian Financial Relations in the Early 1960s, *Journal of Latin American Studies*, v.46, ed.2, p.330.

78 Roett, *Brazil: Politics in a Patrimonial Society*, p.82-6.

A Aliança para o Progresso e o governo João Goulart (1961-1964)

margem de manobra em termos de política macroeconômica, não permitindo que o país ficasse amarrado a rígidas metas fiscais e monetárias do FMI para receber empréstimos dos Estados Unidos. Quando Goulart assumiu a Presidência, porém, a posição de Washington mudou: a liberação de fundos negociados em maio passou a depender, a partir de então, da reabertura de negociações com o FMI para a reativação de um acordo *stand-by* – acordo que havia sido rompido em julho, devido ao descumprimento de metas fiscais e monetárias pelo Brasil de Quadros.[79]

Mesmo que a postura norte-americana tenha se mostrado mais rígida do que aquela aplicada ao governo Quadros em termos de condicionalidade da ajuda, os primeiros meses da administração Goulart (especificamente entre setembro de 1961 e abril de 1962) foram marcados por uma abordagem relativamente mais acomodatícia por parte de Washington, sobretudo quando comparada a períodos posteriores. Nesses oito meses iniciais do governo Jango, sob compromisso brasileiro de aplicar um programa de estabilização (o que ocorreu em parte), e buscar o reatamento de um acordo com o FMI (o que acabou não se concretizando, apesar de uma missão do Fundo ter visitado o país), Washington liberou US$ 224 milhões dos US$ 338 milhões negociados em maio para o governo federal brasileiro.[80] A partir de meados de 1962, porém, a atitude do governo Kennedy tornou-se mais rígida. Vários fatores contribuíram para esse enrijecimento, entre os quais destacam-se o fortalecimento dos laços de Goulart com líderes sindicais de esquerda, inclusive comunistas, durante o processo de pressão sobre o Congresso Nacional para a antecipação do plebiscito que decidiria sobre o retorno ao presidencialismo; a atuação de Jango no contexto da crise dos mísseis de Cuba, quando o Brasil não apoiou resolução na OEA que legitimava uma invasão à ilha em caso de necessidade; e a ameaça de Jango ao embaixador Lincoln Gordon em novembro de 1962 sobre a possibilidade de buscar ajuda soviética caso os Estados Unidos não ajudassem financeiramente o Plano Trienal – então sob formulação de Celso Furtado.[81]

Desde o final de 1962 até meados de 1963, quando o Plano Trienal foi formalmente abandonado, Washington manteria a possibilidade de ajuda ao governo federal brasileiro, tendo liberado US$ 114 milhões no primeiro semestre de 1963 para pagamento de compromissos financeiros no exterior.

---

79 Loureiro, Alliance for or against Progress? US-Brazilian Financial Relations in the Early 1960s, *Journal of Latin American Studies*, v.46, ed.2, p.333-8.

80 Ibid., p.334-5.

81 A participação do Brasil na Crise dos Mísseis de Cuba foi analisada meticulosamente por Hershberg, The United States, Brazil, and the Cuban Missile Crisis, 1962 (Part 1), *Journal of Cold War Studies*, v.6, n.2; Id., The United States, Brazil, and the Cuban Missile Crisis, 1962 (Part 2), *Journal of Cold War Studies*, v.6, n.3. Para as relações Brasil-Estados Unidos no contexto da formulação do Plano Trienal, ver Loureiro, The Alliance for Progress and President João Goulart's Three-Year Plan: the Deterioration of U.S.-Brazilian Relations in Cold War Brazil (1962), *Cold War History*, v.17, n.1.

As condições de ajuda, porém, haviam se tornado extremamente duras, envolvendo a implementação de um rígido programa de estabilização monetária sob beneplácito do FMI, além de um conjunto de outras obrigações, que iam desde o pagamento de "justa indenização" (preço de mercado) a empresas norte-americanas que tinham sido expropriadas por governadores brasileiros até demandas que nada tinham a ver com política econômica, como o rompimento de Goulart com líderes comunistas no meio sindical, a mudança de rumo na política externa brasileira e a demissão de membros do governo considerados como "esquerdistas radicais" por Washington. O resultado do rígido plano de estabilização que Goulart tentou implementar foi o aguçamento dos conflitos capital-trabalho na sociedade. Isso se aliou às críticas de setores da esquerda, que acusaram Jango de ceder a pressões norte-americanas nos âmbitos sindical e externo e no tocante ao tratamento a empresas estrangeiras. No final das contas, o Plano Trienal seria abandonado e Goulart reordenaria suas políticas doméstica e internacional à esquerda, provocando uma crescente deterioração das relações bilaterais com Washington. A partir de então (meados de 1963), o governo norte-americano não mais concederia ajuda econômica para o governo federal brasileiro.[82]

No que se refere ao segundo grande acordo de ajuda econômica assinado entre Brasília e Washington, o chamado Acordo do Nordeste (abril de 1962), a situação evoluiria de forma semelhante. No início, conforme estava estipulado nos próprios termos do acordo, todos os projetos a serem financiados pela Usaid na região deveriam ser aprovados antes pela Sudene, órgão criado ainda no governo Kubitschek e que tinha como principal objetivo fomentar o desenvolvimento nordestino, diminuindo disparidades regionais de renda no país. A Sudene havia entrado no acordo de abril de 1962, portanto, como representante oficial do governo federal brasileiro. Em pouco tempo, porém, como bem mostra Riordan Roett, a Usaid passou a travar negociações de ajuda econômica e até a assinar pré-acordos com governos estaduais da região sem a participação da Sudene, o que geraria profundas desavenças entre os órgãos. Quanto mais as relações bilaterais Brasília-Washington deterioravam-se ao longo de 1963 e início de 1964, mais as relações Sudene-Usaid no Nordeste se complicavam. Apenas depois

---

82 Para maiores informações sobre o abandono do Plano Trienal e o papel dos Estados Unidos nesse processo, ver Loureiro, O Plano Trienal no contexto das relações entre Brasil e Estados Unidos (1962-1963), *Revista de Economia Política*, v.33, n.4; Id., Empresários, *trabalhadores e grupos de interesse: a política econômica nos governos Jânio Quadros e João Goulart (1961-1964)*, cap.7. Para informações sobre o caso das empresas norte-americanas a serem encampadas pelo governo brasileiro, com foco no caso da American Foreign and Power (Amforp), ver Saes; Loureiro, What Developing Countries' Past Energy Policies Can Tell Us about Energy Issues Today? Lessons from the Expropriation of American Foreign and Power in Brazil (1959-1965), *Utilities Policy*, v.29.

do golpe de março de 1964 os dois órgãos voltariam a trabalhar juntos, garantindo que projetos estaduais só fossem aprovados pela Usaid uma vez que passassem previamente pelo crivo da Sudene.[83]

A forma pela qual a Usaid implementou o Acordo do Nordeste durante o governo Goulart constitui um dos mais importantes exemplos, mas não o único, do quanto a diminuição – e, depois, a interrupção – de ajuda econômica de Washington para o governo federal brasileiro não significou a suspensão da provisão de recursos para estados do país. Nesse sentido, o aumento da quantidade de auxílio econômico experimentado pelo Brasil na administração Quadros-Goulart (Gráfico 1.5) deve levar em conta o fato crucial de que uma parcela dessa ajuda se destinou a estados brasileiros, e não ao governo federal. Isso é ainda mais verdadeiro a partir de meados de 1962 e, sobretudo, de meados de 1963 em diante, quando as relações bilaterais Brasília-Washington apresentaram forte deterioração. Como já assinalamos, infelizmente não é possível saber o montante exato de ajuda recebido pelos estados, na medida em que dados desagregados sobre empréstimos da Usaid em cruzeiros (via programa Alimentos para a Paz) não estão disponíveis. De qualquer modo, como veremos no terceiro capítulo deste livro, as unidades da federação receberam vários empréstimos e doações da Usaid no período, para além de empréstimos concedidos pelo próprio BID. Após o golpe de 1964, porém, esse padrão de ajuda seria revertido: o governo federal voltaria a ser o recipiente principal de auxílio econômico norte-americano.

Antes de nos debruçarmos sobre a natureza da alocação de recursos da Aliança para o Progresso aos estados brasileiros, é fundamental apresentar um breve panorama das características da federação brasileira no início dos anos 1960, assim como das principais lideranças estaduais do período. Essas questões serão tratadas no próximo capítulo.

---

83 Roett, *Brazil: Politics in a Patrimonial Society*, p.116-40.

2
Os estados brasileiros durante o governo
Goulart (1961-1964)

Este capítulo realiza um mapeamento da federação brasileira no início da administração João Goulart em setembro de 1961. O objetivo é prover uma contextualização tanto das condições mais gerais em nível federal no período Jango (setembro de 1961 a março de 1964) quanto das características socioeconômicas e políticas mais importantes dos estados brasileiros, notadamente de suas lideranças políticas. Com isso, será possível construir uma análise historicamente informada da alocação de ajuda econômica regional norte-americana no Brasil do início dos anos 1960, que será realizada nos dois próximos capítulos do livro.

2.1. Traços gerais da federação brasileira

Quando João Goulart assumiu a Presidência da República em setembro de 1961, a federação brasileira era composta por 21 estados e 4 territórios federais (Acre, Amapá, Rondônia e Roraima). As diferenças mais significativas em termos de divisão política em comparação à década de 2010 referiam-se à inexistência dos atuais estados do Tocantins e do Mato Grosso do Sul (então pertencentes a Goiás e Mato Grosso, respectivamente) e à presença do estado da Guanabara – correspondente à atual cidade do Rio de Janeiro. O estado da Guanabara foi criado logo após a transferência do Distrito Federal para Brasília em abril de 1960 (Figura 2.1).

Com exceção dos quatro territórios federais, que tinham seus mandatários nomeados pelo presidente da República, os demais estados apresentavam

Figura 2.1 – A Federação Brasileira em 1960

Fonte: Brasil, IBGE, *Anuário estatístico do Brasil*, v.21, p.6.

relativa autonomia política perante a União.[1] De acordo com a Constituição de 1946, cargos executivos estaduais seguiam o mesmo padrão do Executivo federal: mandatos com duração de cinco anos, eleições por sufrágio universal secreto, sem participação de analfabetos, votação separada para governador e vice-governador. Com isso, candidatos de chapas diferentes podiam ser eleitos como cabeça e vice para governos estaduais, tal como ocorreu com Jânio Quadros e João Goulart nas eleições presidenciais de outubro de 1960: Jânio teve Milton Campos (UDN) como seu vice de chapa, enquanto Goulart (PTB) foi vice na chapa que possuía Henrique Teixeira Lott como cabeça. Por

---

1 Durante o governo Goulart, o Acre tornou-se o vigésimo segundo estado da federação, tendo escolhido seu primeiro governador (José Augusto de Araújo, PTB) nas eleições gerais de outubro de 1962.

ter sido o mais bem votado entre os vices, Goulart tornou-se vice-presidente da República em 1961. O mesmo podia ocorrer em pleitos estaduais. Outro aspecto importante é que as eleições estaduais não eram sincronizadas. Em cada pleito escolhia-se somente uma parcela dos governadores totais: dez e onze mandatários para cada eleição, respectivamente, de forma alternada.[2]

A relativa autonomia político-administrativa desfrutada pelos estados brasileiros nos quadros jurídicos da República de 1946 também se estendia, de certo modo, à esfera financeira. Os estados detinham a prerrogativa de arrecadar o Imposto sobre Circulação de Mercadorias (ICM), que constituía o mais importante tributo nacional, representando em torno de 4% do Produto Interno Bruto (PIB) no período 1961-1964. O segundo e terceiro lugares em termos de tributação correspondiam aos impostos de consumo e de renda (2,5% e 2% do PIB em 1961, respectivamente), que eram de prerrogativa da União. O peso dos tributos estaduais torna-se claro quando eles são comparados com o total de arrecadação federal. Tomando-se os 21 estados reunidos, as receitas correntes estaduais no período 1961-1964 correspondiam, em média, a 78% das receitas correntes federais (ou a 7,5% do PIB nacional). Isso permitia aos estados mais ricos da federação, entre os quais São Paulo, Guanabara, Minas Gerais e Rio Grande do Sul, uma certa liberdade para alocação de recursos em termos de políticas públicas.[3]

Do ponto de vista demográfico, a população brasileira em 1960 estava mais concentrada em áreas próximas ao litoral do que no início do século XXI. As duas regiões mais populosas do país (Sudeste e Nordeste, respectivamente), que juntas correspondem a menos de 30% do territorial nacional, somavam 75,1% do total da população no início dos anos 1960 (e 70% em 2010). O contraste com as regiões Norte e Centro-Oeste era enorme: apesar de ambas representarem 64% do território nacional, abrigavam menos de 8% da população (contra 14,4% em 2010). Excetuando-se o estado da Guanabara – que, como cidade-estado, era bastante especial –, os estados com as maiores densidades demográficas em 1960 eram, em ordem decrescente, Rio de Janeiro (82,1 hab./km^2), São Paulo (54,1 hab./km^2), Alagoas (46,5 hab./km^2) e Pernambuco (42,9 hab./km^2) – não por coincidência, localizados no Sudeste e Nordeste brasileiros (Tabela 2.1).[4]

---

2 Nicolau, *Eleições no Brasil: do Império aos dias atuais*, cap.4.

3 Os dados citados sobre finanças públicas federais e estaduais estão consolidados em Sochaczewski, Finanças públicas brasileiras no século XX, in: Brasil, IBGE, *Estatísticas do século XX*, p.368-75.

4 Os dados populacionais dos estados brasileiros de 2010 foram extraídos de IBGE, *Séries históricas e estatísticas*, disponíveis em http://seriesestatisticas.ibge.gov.br, acesso em 14 out. 2016. Os dados referentes a produtos estaduais apresentados no parágrafo seguinte foram obtidos em IBGE, *Contas regionais do Brasil*, disponíveis em <https://www.ibge.gov.br/estatisticas/economicas/contas-nacionais/9054-contas-regionais-do-brasil.html?=&t=o-que-e>, acesso em 14 out. 2016.

Felipe Pereira Loureiro

Tabela 2.1 – Produto, densidade demográfica e PIB *per capita* dos estados brasileiros, 1960*

ESTADOS	% PIB	População (1.000 hab.)	Densidade demográfica (habitantes/km²)	PIB *per capita* (índice, Brasil = 100)
NORTE				
Amazonas	0,9	744	0,5	82,6
Pará	1,4	1.598	1,3	62,6
NORDESTE				
Maranhão	1,1	2.603	7,9	30,4
Piauí	0,4	1.285	5,1	22,6
Ceará	2,0	3.404	23,0	41,7
Rio Grande do Norte	0,9	1.176	22,2	54,8
Paraíba	1,4	2.049	36,3	50,4
Pernambuco	3,5	4.214	42,9	60,0
Alagoas	0,8	1.289	46,5	45,2
Sergipe	0,5	772	35,1	46,1
Bahia	4,2	6.111	10,9	50,4
SUDESTE				
Minas Gerais	10,0	10.018	17,1	72,2
Espírito Santo	1,0	1.225	26,9	61,7
Rio de Janeiro**	2,6	3.410	82,1	53,9
Guanabara**	14,5	3.532	2604,7	296,5
São Paulo	34,7	13.414	54,1	187,0
SUL				
Paraná	6,4	4.581	23,0	100,9
Santa Catarina	2,6	2.214	23,1	84,3
Rio Grande do Sul	8,8	5.588	19,8	113,9
CENTRO-OESTE				
Mato Grosso	1,0	960	0,8	75,7
Goiás***	1,4	2.045	3,2	49,6
TERRITÓRIOS				
Acre (AM)	0,1	165	1,1	55,7
Amapá (PA)	0,1	73	0,5	109,6
Rondônia (MT)	0,1	75	0,3	99,1
Roraima (PA)	0,0	31	0,1	74,8
BRASIL	**100,0**	**72.576**	**8,5**	**100,0**

* PIB em R$ milhões de 1999.

** Cálculos aproximados do PIB regional. Pressupôs-se que o imposto único sobre energia fosse uma *proxy* do PIB. Nesse caso, calculou-se o PIB da Guanabara e o do antigo estado do RJ como sendo correspondentes, respectivamente, a 85% e 15% do PIB do estado do Rio de Janeiro em sua configuração atual (GB+RJ).

*** Inclui o recém-criado Distrito Federal, Brasília.

Fonte: Brasil, IBGE, *Recenseamento geral de 1960* apud Brasil, IBGE, *Estatísticas do século XX*.

Além de ser a região mais populosa, o Sudeste também era, de longe, a região mais rica do país – em termos relativos, mais do que em 2010. Em 1960, o Sudeste correspondia a 62,8% do PIB nacional; cinquenta anos depois, essa proporção cairia para 56,1%. Apesar de o peso da economia do Sudeste ainda ser muito considerável, a redução em quase sete pontos percentuais entre 1960 e 2010 foi absorvida, em grande parte, pela maior significância econômica das regiões Norte e Centro-Oeste, cujo produto regional representou, em 2010, 10,7% do produto nacional (contra apenas 5% em 1960). Em outras palavras: se o Brasil ainda é um país muito desigual regionalmente, essa desigualdade era ainda mais pronunciada no início dos anos 1960 do que na primeira década do século XXI. O Nordeste, a segunda região mais populosa do país no período (31,6% da população total), detinha menos de 15% do produto doméstico em 1960. Não por coincidência, os estados com as menores renda *per capita* localizavam-se no Nordeste (Piauí, Maranhão, Ceará, Alagoas e Sergipe), enquanto os de maior renda, mesmo excluindo a Guanabara, estavam no Sudeste (São Paulo e Rio de Janeiro) (Tabela 2.1).

A desigualdade de renda entre estados brasileiros no início dos anos 1960 traduzia-se em uma forte disparidade em termos de índices sociais e de acesso a políticas públicas por parte dos cidadãos. A taxa de analfabetismo para pessoas com idade superior a cinco anos, por exemplo, apesar de muito alta para o Brasil como um todo (47%), variava de 33% para a Guanabara e 43% para o Rio Grande do Sul e São Paulo até índices superiores a 70% para a maior parte dos estados nordestinos – o estado do Piauí, por exemplo, que tinha a maior taxa de analfabetismo do país em 1960, registrava 78% de analfabetos.[5] As taxas de mortalidade infantil apresentavam comportamentos muito parecidos: enquanto, nas capitais dos estados do Sudeste, para cada 1.000 nascidos vivos 70 morriam, nas capitais nordestinas, em contraste, essas taxas atingiam patamares quatro ou até cinco vezes maiores. Os três piores estados do país nesse sentido (Piauí, Sergipe e Rio Grande do Norte) registravam índices alarmantes: 290, 343 e 353 crianças mortas para cada 1.000 recém-nascidos, respectivamente.[6] Serviços públicos básicos, como acesso a água encanada, seguiam o mesmo padrão: no Sudeste, mais de 70% dos municípios tinham acesso a abastecimento de água em 1960; na maioria dos estados do Nordeste, porém, esse percentual nao superava 25%, chegando a menos de 15% nos estados do Maranhão, do Rio Grande do Norte e do Piauí. Em termos de acesso à coleta de esgoto, a situação era pior: índices superiores a 50% para os municípios do Sudeste – o que, evidentemente, já era muito baixo – contrastavam com taxas inferiores a 5% para as cidades dos estados do Norte e Nordeste.[7] Em outras palavras, quase

---

5 Brasil, IBGE, *Recenseamento geral de 1960*.
6 Id., *Anuário estatístico do Brasil*, v.30.
7 Id., *Anuário estatístico do Brasil*, v.23.

a totalidade dos municípios nordestinos e nortistas no início dos anos 1960 não tinha acesso à coleta de esgoto.

Diante de parâmetros tão alarmantes, não surpreende que a questão da desigualdade regional tenha se transformado em um dos temas mais importantes do Brasil no final dos anos 1950. Exemplo claro nessa direção foi a decisão do governo Kubitschek, em 1959, de criar uma agência de desenvolvimento regional específica para lidar com a segunda região mais populosa do país. Referimo-nos à criação da Sudene, que seria comandada pelo economista paraibano Celso Furtado, já com ampla reputação internacional devido ao trabalho realizado na Cepal.[8]

O problema da pobreza no Nordeste ganhou ampla notoriedade nacional (e internacional) sobretudo em razão do acirramento das lutas sociais no campo, motivadas pela crescente organização política de trabalhadores rurais, em particular a atuação das chamadas Ligas Camponesas. A mobilização em centros urbanos, notadamente no Recife, também trouxe apreensões em círculos reacionários locais, ainda mais porque os resultados começaram a aparecer na arena política: em 1955, com apoio de empresários industriais e comerciais que se opunham ao governo de Pernambuco – então controlado por setores latifundiários ultraconservadores e representado pelo governador Cordeiro de Farias (PSD) –, uma frente política reunindo trabalhistas, socialistas e comunistas, a chamada Frente de Recife, conseguiu eleger o prefeito da capital pernambucana, Pelópidas da Silveira, feito que se repetiria em 1959, com Miguel Arraes.[9]

O temor de que o Nordeste brasileiro pudesse se transformar em foco de instabilidade também galvanizou Washington e a opinião pública norte-americana no início dos anos 1960. O rápido processo de radicalização do governo cubano pós-revolução de 1959 produziu alertas no governo dos Estados Unidos sobre a possibilidade de outras regiões do hemisfério, do ponto de vista do grau de subdesenvolvimento e da mobilização política de grupos subalternos, trilharem caminhos semelhantes aos de Cuba. Nesse sentido, o Nordeste brasileiro tornou-se alvo preferencial aos olhos da administração Kennedy. Essa preocupação ganharia a opinião pública norte-americana com a publicação de uma série de reportagens no *The New York Times* pelo jornalista Tad Szulc em 1961 – reportagens essas que exploravam, exatamente, a vulnerabilidade socioeconômica do Nordeste brasileiro perante a ameaça comunista.[10]

---

8 Page, *The Revolution That Never Was: Northeast Brazil, 1955-1964*, cap.5; Roett, *Brazil: Politics in a Patrimonial Society*, cap.5.

9 Soares, *A Frente do Recife e o governo do Arraes: nacionalismo em crise, 1955-1964*; Betfuer, *Pernambuco e a Aliança para o Progresso: ajuda econômica regional no Brasil de João Goulart*, cap.1.

10 Page, op. cit., p.61-2; Sarzynski, *Revolution in the Terra do Sol: the Cold War in Brazil*, cap.1.

A questão da desigualdade regional e da crescente instabilidade sociopolítica no Nordeste refletia, na realidade, um processo mais amplo que envolvia todo o país em 1961. Vale aqui, mesmo que brevemente, antes de apresentar mais detidamente algumas características de forças políticas estaduais no período, assinalar alguns traços fundamentais das condições econômicas e políticas nacionais enfrentadas por Goulart ao se tornar presidente da República em setembro de 1961.

Do ponto de vista econômico, no início dos anos 1960, o Brasil experimentava uma grave crise no balanço de pagamentos. Essa crise decorria, de um lado, de um processo de crescente deterioração dos termos de troca (os preços da principal *commodity* de exportação do país, o café, vinham caindo desde meados da década de 1950); e, do outro, das sucessivas obrigações financeiras com bancos e governos estrangeiros, assim como com organismos financeiros multilaterais, acumuladas principalmente durante a administração Juscelino Kubitschek (1956-1961).[11] As condições das balanças comercial e de serviços eram graves porque o espaço para conter importações era muito pequeno, tendo em vista a enorme dependência do país da importação de itens essenciais, como petróleo e derivados. Do lado dos serviços, os compromissos financeiros a vencer durante a gestão Quadros (prevista para 1961-1966) eram altíssimos.[12] Apenas em 1961, primeiro ano do novo governo, o país precisava quitar US$ 718,8 milhões em obrigações externas, correspondentes a mais de 56% do valor total das exportações de 1960.[13] Os acordos de maio de 1961, analisados no capítulo anterior, deram um respiro fundamental a Brasília, mas se mostrariam insuficientes, no contexto da gestão Goulart, para garantir estabilidade ao setor externo. Em março de 1963, com as relações bilaterais já bastante deterioradas, Washington propôs um pacote de ajuda muito mais rígido, que acabaria anulado em meados de 1963 em razão do descumprimento de metas econômicas e políticas por parte do governo Jango, concretizadas no abandono do Plano Trienal.[14]

---

11 Sobre a difícil situação econômica externa brasileira no final dos anos 1950 e as relações entre Brasil, Estados Unidos e FMI, ver Oliveira, *International Financial Negotiations and Political Actors: the Breakdown in IMF-Brazilian Negotiations during the Administration of Juscelino Kubitschek (1957-1959)*.

12 Evidentemente, como se sabe, a gestão Quadros duraria apenas sete meses, em razão da renúncia do presidente em agosto de 1961. Para fins de análise, porém, é útil lançar mão da totalidade potencial do período de gestão para se ter uma ideia do montante de recursos financeiros devidos nos cinco anos legais de mandato presidencial.

13 Report, Foreign Financial Assistance, fev. 1961, folder Financial Matters, jan.-mar. 1961, box 129, CGR, RG 84, Nara, p.1.

14 Loureiro, The Alliance for or against Progress? US-Brazilian Financial Relations in the Early 1960s, *Journal of Latin American Studies*, v.46, ed.2, p.338-47. Para o Plano Trienal, ver Abreu, The Brazilian Economy, in: Bethell (Org.), *Brazil since 1930*, p.348-56; Mesquita, Inflação, estagnação e ruptura: 1961-1964, in: Abreu (Org.), *A ordem do progresso: dois séculos de política econômica no Brasil*; Loureiro, *Empresários, trabalhadores e grupos de interesse: a política econômica nos governos Jânio Quadros e João Goulart (1961-1964)*, cap.7.

O desequilíbrio econômico externo veio acompanhado de uma grave deterioração das condições macroeconômicas domésticas, expressa por uma inflação crescente (motivada, em parte, por sucessivos déficits nas contas públicas) e por uma forte queda do produto interno bruto. O PIB brasileiro apresentou uma brusca freada no período, passando de um crescimento de 8,6% em 1961 para uma fase de estagnação em 1963 (elevação de apenas 0,6% no ano; ou, em termos *per capita*, queda de 2,3%). Concomitantemente, o nível geral de preços aumentou de modo exponencial, saindo de 30% em 1961 para 50% em 1962 e chegando a quase 100% em 1963 – isso sem nenhum mecanismo automático de indexação de ativos, o que representava um duro golpe especialmente para grupos sociais com rendas nominais fixas, como trabalhadores assalariados.[15]

Como era de se esperar, a deterioração econômica nas frentes externa e doméstica produziu forte instabilidade social. O nível de conflito no campo e na cidade, medido pelo número de greves e manifestações públicas, atingiu patamares significativos.[16] Apenas em 1963 a quantidade de greves chegou na casa de trezentas, concentradas principalmente em áreas urbanas e no Sudeste do país.[17] Demandas a favor de reformas socioeconômicas estruturais, sobretudo em questões como propriedade fundiária, impostos e direitos trabalhistas, ganharam crescente apoio na sociedade civil.[18] Em razão disso, estudiosos chegariam a afirmar, inclusive, que pela primeira vez na história brasileira um "sujeito histórico coletivo" havia entrado em cena no Brasil.[19]

Essa instabilidade social foi acompanhada, em um processo de retroalimentação, por uma grande instabilidade política. A própria ascensão de Goulart ao posto de presidente da República em setembro de 1961 só foi possível após a resolução de uma crise política que por pouco não desaguou

---

15　Abreu, The Brazilian Economy, in: Bethell (Org.), *Brazil since 1930*, p.350-52, 355-56; Loureiro, *Empresários, trabalhadores e grupos de interesse: a política econômica nos governos Jânio Quadros e João Goulart (1961-1964)*, cap.7.

16　Colistete, Trade Unions and the ICFTU in the Age of Developmentalism in Brazil, 1953-1962, *Hispanic American Historical Review*, v.92, n.4; Loureiro, Strikes in Brazil during the Government of João Goulart (1961-1964), *Canadian Journal of Latin American and Caribbean Studies/Revue Canadienne des Études Latino-Américaines et Caraïbes*, v.41, n.1; Welch; Sauer, Rural Unions and the Struggle for Land in Brazil, *The Journal of Peasant Studies*, v.42, ed.6. As lutas no campo também foram bastante intensas nesse período, apesar de movimentos paredistas terem se concentrado mais nas cidades. Para as manifestações rurais em Pernambuco durante a administração Arraes, por exemplo, ver Barros, *Conflitos e negociações no campo durante o primeiro governo de Miguel Arraes em Pernambuco (1963-1964)*.

17　Loureiro, op. cit., p.82.

18　Loureiro, Guimarães e Schor, Public Opinion and Foreign Policy in João Goulart's Brazil (1961-1964): Coherence between National and Foreign Policy Perceptions?, *Revista Brasileira de Política Internacional*, v.58, n.2.

19　Delgado, Trabalhadores na crise do populismo: utopia e reformismo, in: Toledo, *1964: Visões críticas do golpe – democracias e reformas no populismo*.

A Aliança para o Progresso e o governo João Goulart (1961-1964)

em uma guerra civil. Com a renúncia de Jânio Quadros em fins de agosto, tendo completado menos de sete meses de governo, parte das Forças Armadas barrou o nome de Jango, sob justificativa de que o vice-presidente era muito próximo a grupos comunistas e membros da esquerda radical nos sindicatos. Goulart só conseguiu assumir o cargo após intensa barganha política entre Congresso e Forças Armadas, em grande parte devido a um movimento de resistência liderado pelo governador do Rio Grande do Sul, Leonel Brizola (PTB), que recebeu apoio de parte do Exército. Como solução de compromisso, a Constituição de 1946 foi emendada, tendo sido criado um sistema parlamentarista híbrido, com a previsão de realização de um plebiscito sobre a manutenção ou não do novo regime seis meses antes do futuro mandato presidencial. Como o novo presidente assumiria em janeiro de 1966, o plebiscito deveria ser realizado em meados de 1965.[20]

O breve período parlamentarista (setembro de 1961 a janeiro de 1963) foi marcado por intensa instabilidade político-institucional.[21] Em menos de um ano e meio, houve três Conselhos de Ministros, cada qual com primeiros-ministros diferentes: Tancredo Neves (setembro de 1961 a junho de 1962), Brochado da Rocha (julho a setembro de 1962) e Hermes Lima (setembro de 1962 a janeiro de 1963). Desde o início, Goulart trabalhou para impedir a consolidação do regime, lutando por antecipar o plebiscito que decidiria sobre sua manutenção. Jango contou com o apoio de grande parte dos governadores, muitos dos quais temerosos de que a consolidação do parlamentarismo pudesse levar, no longo prazo, a um reordenamento jurídico nos próprios estados, com a diminuição do poder dos Executivos estaduais. Isso sem contar, claro, com os mandatários que tinham pretensões presidenciais e não queriam que o poder do presidente da República fosse tolhido por um Conselho de Ministros. O fato é que, após forte pressão sobre o

---

20 Para maiores informações sobre a crise política da renúncia de Quadros e a solução parlamentarista, ver Labaki, *1961, a crise da renúncia e a solução parlamentarista*; Victor, *Cinco anos que abalaram o Brasil (de Jânio Quadros ao Marechal Castelo Branco)*, cap.19. Sobre as características do regime parlamentarista instaurado pelo Ato Adicional n° 4, especialmente no que se refere à confusão de prerrogativas entre presidente da República e Conselho de Ministros, ver Loureiro, *Empresários, trabalhadores e grupos de interesse. a política econômica nos governos Jânio Quadros e João Goulart (1961-1964)*, cap.6. Ao contrário do que grande parte da literatura argumenta, os Estados Unidos de Kennedy não ficaram neutros durante esse período de tensão no Brasil pós-renúncia de Quadros. Na realidade, Washington chegou inclusive a cogitar apoio aos setores golpistas das Forças Armadas a fim de impedir a ascensão de Goulart na Presidência da República. Apenas quando ficou claro que esses segmentos golpistas não tinham condições de vencer é que a administração Kennedy recuou. Ver Loureiro, The Alliance for or against Progress? US-Brazilian Financial Relations in the Early 1960s, *Journal of Latin American Studies*, v.46, ed.2, p.333.

21 Para um bom resumo do contexto político do período, ver Skidmore, *De Getúlio a Castelo (1930-64)*, p.248-66. As informações contextuais apresentadas nos parágrafos a seguir são discutidas de maneira mais detida em Loureiro, *Empresários, trabalhadores e grupos de interesse*, op. cit., cap.6.

Congresso Nacional, com apoio da liderança sindical urbana, que organizaria duas greves gerais no país (julho e setembro de 1962) alinhadas à agenda do presidente, o Legislativo acabou por votar a antecipação do plebiscito sobre o parlamentarismo de meados de 1965 para janeiro de 1963. Nessa data, a população rejeitaria o novo sistema por ampla margem, devolvendo plenas prerrogativas presidenciais a Goulart.

No entanto, a restauração do presidencialismo não trouxe estabilidade política ao país. A partir de meados de 1963, com a falência da última grande tentativa de estabilização da economia (o Plano Trienal de Desenvolvimento Econômico e Social, formulado pelo ministro extraordinário do Planejamento, Celso Furtado, e implementado pelo ministro da Fazenda, San Tiago Dantas), as crises econômica, social e política passaram a se autoalimentar com enorme intensidade, criando crescentes e severos impasses à governabilidade nacional. Com o aguçamento da polarização política, e cada vez mais isolado politicamente, inclusive no plano internacional – dada a deterioração das relações bilaterais com Washington –, Goulart aproximou-se da esquerda radical, levando à intensificação das manobras e articulações golpistas de civis e militares para derrubá-lo, o que acabaria se concretizando em março de 1964.

O golpe de 1964 contaria não só com apoio mas com a direta participação de vários governadores estaduais. É nesse sentido que muitos estudiosos entendem que o golpe teria sido um movimento "civil-militar", e não somente "militar".[22] De qualquer maneira, exatamente por esse motivo, é fundamental analisar mais de perto as forças políticas estaduais que atuavam no Brasil quando Goulart assumiu a Presidência da República em setembro de 1961. Esse é o objetivo da próxima seção do capítulo.

2.2. Principais forças políticas estaduais

No início da década de 1960, os estados brasileiros eram governados, em sua maioria, por grupos políticos conservadores. Dois partidos de perfil conservador – União Democrática Nacional (UDN) e Partido Social Democrático (PSD) – reuniam 16 dos 21 governos estaduais em 1961. O Partido Trabalhista Brasileiro (PTB), agremiação política do então vice-presidente João Goulart, detinha apenas três estados, sendo um deles (Rio Grande do Sul) de modo independente, sem coligação (Tabela 2.2).[23]

---

22 A participação do empresariado é outro elemento que justifica a expressão "civil" na denominação do golpe. Para maiores informações sobre esse debate, ver Fico, *Além do golpe: versões e controvérsias sobre 1964 e a ditadura militar*, cap.1; Pereira, The US Role in the 1964 Coup in Brazil: a Reassessment, *Bulletin of Latin American Research*, v.37, ed.1.

23 Essa observação e outras que serão feitas a seguir referem-se apenas à eleição para o cargo de governador, sem levar em conta, portanto, eleições para vice-governador.

A Aliança para o Progresso e o governo João Goulart (1961-1964)

Os governadores estavam em tempos de administração diferentes quando Jânio Quadros assumiu a Presidência da República em janeiro de 1961. Onze dos 21 mandatários tinham sido eleitos junto com Jânio nas eleições gerais de outubro de 1960 e dariam início à sua administração em consonância com o mandato presidencial (previsto para 1961-1966). Os dez governadores restantes, por outro lado, tinham sido escolhidos nas eleições gerais de outubro de 1958, faltando-lhes pouco menos da metade do período de governo para concluir. A partir do início de 1963, os postos desses dez governadores seriam ocupados pelos vitoriosos no pleito geral de outubro de 1962.

O quadro político estadual pós-eleições de outubro de 1962 não apresentou diferenças muito significativas quando comparado àquele prevalecente no início do governo Jango. Houve um pequeno avanço das forças mais à esquerda do espectro político: o PTB assumiu mais um estado da federação, passando de três para quatro governos estaduais, enquanto o Partido Social Trabalhista (PST), por sua vez, ganharia Pernambuco com Miguel Arraes.[24] Mesmo assim, a maioria absoluta dos estados ainda era governada pelo PSD e pela UDN: reunidos, esses dois partidos totalizavam 63,6% dos governos estaduais (contra 76,2% em 1961) (Tabela 2.2).

Tabela 2.2 – Resultados eleitorais para governos estaduais discriminados pelos principais partidos, 1958 e 1962

Partidos	Outubro de 1958			
	Chapa única	Coligação	Total	% Total
UDN	5	3	8	38,1
PSD	2	6	8	38,1
PTB	1	2	3	14,3
PDC	0	2	2	9,5
Total	8	13	21	100,0
Partidos	Janeiro de 1963			
	Chapa única	Coligação	Total	% Total
UDN	3	2	5	22,7
PSD	3	6	9	40,9
PTB	1	3	4	18,2
Outros*	1	3	4	18,2
Total**	8	14	22	100,0

* PST (2), PDC (1) e PSP (1).
** O número de estados aumentou porque o Acre tornou-se estado com a aprovação da Lei n. 4.070, de 15 de junho de 1962.

Fontes: Secretaria do Tribunal Superior Eleitoral. Tabela extraída de: Brasil, IBGE, *Anuário estatístico do Brasil*, v.22; Id., *Anuário estatístico do Brasil*, v.24.

---

24 O segundo estado onde o PST venceu foi a Bahia, com Antônio Lomanto Júnior. Aqui, porém, além de o PST apresentar um perfil mais conservador do que em Pernambuco, o partido estava coligado com UDN, PR e PTB.

A análise da distribuição de ajuda norte-americana a estados brasileiros durante o governo Goulart deve, portanto, levar em consideração esta importante heterogeneidade: 11 dos 21 governadores (ou 22, contando a transformação do Acre em estado em 1962) tinham mandatos que coincidiam com o mandato de Jango, tendo sido eleitos em outubro de 1960 e com previsão de término de mandato para janeiro de 1966. O restante dos estados, porém, apresentava uma situação mais complexa: durante parte da administração Goulart (de setembro de 1961 a janeiro de 1963), eles estavam sendo governados por um conjunto de atores políticos eleito no pleito de outubro de 1958; no restante do governo Jango (janeiro de 1963 a março de 1964), no entanto, esses estados experimentariam trocas de liderança, sendo administrados por novos mandatários, cujos mandatos se estenderiam, originalmente, até janeiro de 1968.

Assim, para fins de análise da alocação da ajuda econômica norte-americana, devemos distinguir os estados que apresentaram governador único durante a administração Goulart daqueles que tiveram dois governadores. Se o primeiro grupo é interessante do ponto de vista analítico porque nos permite estudar o relacionamento entre Washington e governantes estaduais durante todo o período de governo Jango (exatamente por não terem experimentado troca de mandatários), o segundo grupo, por outro lado, é de fundamental importância porque nos dá a oportunidade de comparar políticas e atitudes de Washington para com diferentes administrações estaduais em um mesmo estado.

A Tabela 2.3 apresenta a lista dos governadores eleitos em outubro de 1960 e que teriam seus mandatos implementados durante todo o governo Goulart. Entre os estados economicamente mais importantes, e cujos governadores desempenhariam papel crucial durante a administração Jango, destacam-se os estados da Guanabara e de Minas Gerais. Ambos eram governados por políticos da UDN: Carlos Lacerda e Magalhães Pinto, respectivamente. Lacerda já era uma das figuras mais importantes da direita brasileira, tendo tido papel fundamental na desestabilização do governo Vargas (1951-1954) e na própria renúncia de Quadros. Anticomunista ferrenho, Lacerda via no governo da Guanabara uma plataforma política para sua candidatura à Presidência da República em 1965. Magalhães Pinto, por sua vez, era presidente nacional da UDN e uma das figuras mais importantes da elite econômica mineira. A instituição bancária da qual ele era proprietário, o Banco Nacional, tinha relevância e peso crescentes no país. Magalhães Pinto também enxergava no governo de Minas uma oportunidade para lançar sua candidatura à Presidência, tanto que ele e Lacerda protagonizariam embates acirrados dentro da UDN nos anos subsequentes por causa dessa questão – inclusive durante o período do início da ditadura

A Aliança para o Progresso e o governo João Goulart (1961-1964)

militar, quando o quadro de continuísmo dos militares ainda não estava consolidado.[25]

As posições políticas de Lacerda e Magalhães Pinto diferiam durante a administração Goulart. Enquanto Lacerda desde o início colocou-se como um adversário explícito de Jango, desafiando sistematicamente políticas e decisões federais, com retórica agressiva, Magalhães Pinto construiu um *modus vivendi* com Brasília, apesar de isso não o ter impedido de criticar Goulart e se opor a políticas do governo federal em várias oportunidades. A partir do final de 1963, porém, Magalhães Pinto se aproximaria rapidamente de setores golpistas, tendo se tornado, na visão de vários estudiosos, a principal liderança civil do golpe de 1964, dado o seu papel articulador entre elites civis e militares, e tendo em vista a importância geoestratégica de Minas Gerais na eventualidade de Goulart decidir lutar para permanecer na Presidência. *A priori*, portanto, levando-se em conta a atuação dos governadores desses dois estados, era de se esperar que a Guanabara e Minas Gerais fossem privilegiadas na alocação da ajuda econômica regional norte-americana no início dos anos 1960, assumindo-se, como a literatura sustenta, que critérios políticos tenham prevalecido na distribuição de auxílio por Washington.

Tabela 2.3 – Lista dos estados cujos governantes tiveram mandatos coincidentes com a administração Jânio Quadros-João Goulart, 1961-1964

Estado	Governador	Partido
Alagoas	Luís de Souza Cavalcanti	UDN
Goiás	Mauro Borges	PSD
Guanabara	Carlos Lacerda	UDN
Maranhão	Newton de Barros Belo	PSD-UDN-PTB-PL
Mato Grosso	Fernando Correia da Costa	UDN
Minas Gerais	José de Magalhães Pinto	UDN-PRT-PL
Pará	Aurélio Correia do Carmo	PSD-PDC-PTB
Paraíba	Pedro Moreno Gondim	PSD-UDN-PL-PTB
Paraná	Ney de Barros Braga	PDC-PL
Rio Grande do Norte	Aluísio Alves	PSD
Santa Catarina	Celso Ramos	PSD-PDC

Fontes: Secretaria do Tribunal Superior Eleitoral. Tabela extraída de: Brasil, IBGE, *Anuário estatístico do Brasil*, v.22; Id., *Anuário estatístico do Brasil*, v.24.

---

25 As informações sobre Lacerda e Magalhães Pinto apresentadas nesse parágrafo e nos subsequentes foram extraídas de Abreu (Coord.), *Dicionário histórico-biográfico brasileiro pós-1930*, p.2979-90, 4667-77; Benevides, *UDN e o udenismo: ambiguidades do liberalismo brasileiro (1945-1965)*, p.230-41; Debert, *Ideologia e populismo: Adhemar de Barros, Miguel Arraes, Carlos Lacerda, Leonel Brizola*, p.106-11; McCann, Carlos Lacerda: the Rise and Fall of a Middle-Class Populist in 1950s Brazil, *Hispanic American Historical Review*, v.83, n.4. Para uma excelente biografia de Carlos Lacerda, ver Dulles, *Carlos Lacerda: a vida de um lutador*, v.1: *1914-1960*; Id., *Carlos Lacerda: a vida de um lutador*, v.2: *1960-1977*. Ainda carecemos de uma biografia semelhante para a figura de Magalhães Pinto.

Quanto à lista dos estados que contaram com dois governadores durante o governo Jango (um eleito em 1958 e outro, em 1962), vale destacar, em primeiro lugar, os casos de Pernambuco e do Rio de Grande do Sul (Tabela 2.4). Esses dois estados experimentaram situações políticas radicalmente opostas nas eleições de 1958 e 1962. No caso de Pernambuco, a vitória de um político de viés mais conservador em 1958 (Cid Sampaio, UDN) se seguiu à eleição de um mandatário vinculado às esquerdas socialista, comunista e trabalhista pernambucanas em 1962 (Miguel Arraes, PST). No Rio Grande do Sul, ocorreu o contrário: o estado passou de um governador de esquerda (Leonel Brizola, PTB) para outro de viés conservador (Ildo Meneghetti, PSD). A análise desses casos é promissora para testar se Washington alocou ajuda econômica a estados brasileiros com base em critérios eminentemente políticos. Isso não apenas porque ambos tiveram reviravoltas eleitorais consideráveis em 1962, mas também porque representavam duas unidades federativas muito importantes para o país, tanto do ponto de vista econômico quanto em termos geopolíticos. Nesse sentido, se critérios políticos tivessem prevalecido para a alocação de ajuda regional norte-americana, Pernambuco e Rio Grande do Sul deveriam ter sido privilegiados durante as administrações Cid Sampaio e Ildo Meneghetti, e negligenciados durante os governos Arraes e Brizola, respectivamente.

No entanto, quando olhamos os contextos regionais pernambucano e sul-rio-grandense mais de perto, concluímos que os termos da comparação entre esses estados não são de todo satisfatórios. Classificar Cid Sampaio como um político conservador, por exemplo, constitui simplificação excessiva. Sampaio elegeu-se governador do estado em 1958 aliado a forças de esquerda – inclusive a Miguel Arraes, seu concunhado, que chegaria a ser seu secretário da Fazenda por um breve período, antes de ser eleito prefeito do Recife em 1959.[26] A aproximação entre Sampaio e alas da esquerda pernambucana se daria durante a administração Cordeiro de Farias (PSD, 1955-1959) – representante de setores latifundiários e de grupos conservadores pernambucanos, e promotor de brutal repressão contra as Ligas Camponesas. Nesse período, como presidente do Centro das Indústrias do Estado de Pernambuco, Sampaio, que era integrante de uma importante família de usineiros de açúcar, lideraria um movimento de locaute contra a implementação de um novo código tributário estadual, recebendo amplo apoio de setores progressistas locais.

Uma vez no governo do estado, porém, Cid Sampaio se distanciou da esquerda pernambucana, sem que isso significasse a construção de uma

---

26 A mulher de Cid Sampaio, Dulce Sampaio, era irmã de Célia Alencar, mulher de Miguel Arraes. Ver Abreu (Coord.), *Dicionário histórico-biográfico brasileiro pós-1930*, p.5219-20.

A Aliança para o Progresso e o governo João Goulart (1961-1964)

Tabela 2.4 – Lista dos estados com dois governantes durante a administração Jânio Quadros-João Goulart, 1961-1964

Estado	Governador	Partido	Eleição
Acre	José Augusto de Araújo*	PTB	1962
Amazonas	Gilberto Mestrinho	PTB-PST-PSB	1958
	Plínio Ramos Coelho	PTB-PST-PL-PDC	1962
Bahia	Juracy Magalhães	UDN	1958
	Antônio Lomanto Júnior	PST-UDN-PTB-PR	1962
Ceará	José Parsifal Barroso	PSD-PTB-PRT	1958
	Virgílio Fernandes Távora	UDN-PSD-PTN	1962
Espírito Santo	Carlos Lindenberg	PSD-PSP	1958
	Francisco Lacerda de Aguiar	PTB-PRP-PDC-PSP-UDN	1962
Pernambuco	Cid Feijó Sampaio	UDN-PTB-PSP-PTN-PSB	1958
	Miguel Arraes de Alencar	PSB	1962
Piauí	Francisco das Chagas Rodrigues	UDN-PTB	1958
	Petrônio Portela Nunes	PSD-UDN-PDC	1962
Rio de Janeiro	Celso Peçanha**	PTB-PDC-UDN-PSB	1958
	Badger da Silveira	PTB-PDC	1962
Rio Grande do Sul	Leonel de Moura Brizola	PTB	1958
	Ildo Meneghetti	PSD-PL-UDN-PRP-PDC	1962
São Paulo	Carlos Alberto de Carvalho Pinto	PDC-UDN-PTN-PR-PSB	1958
	Ademar de Barros	PSP-PSD	1962
Sergipe	Luís Garcia	UDN	1958
	João de Seixas Dória	PSD	1962

* O estado do Acre tornou-se uma unidade estadual com a aprovação da Lei n. 4.070, de 15 de junho de 1962. Com isso, em outubro de 1962, ocorreram as primeiras eleições no estado.
** Tornou-se governador em 28 de fevereiro de 1961, após a morte do governador eleito Roberto Teixeira da Silveira.

Fontes: Secretaria do Tribunal Superior Eleitoral. Tabela extraída de: Brasil, IBGE, *Anuário estatístico do Brasil*, v.22; Id., *Anuário estatístico do Brasil*, v.24.

aliança com o PSD. Exemplo máximo nesse sentido foi o fato de que o candidato apoiado por Sampaio ao governo estadual em 1962, João Cleofas, não receberia suporte do PSD.[27] Aliás, a divisão UDN-PSD seria fundamental para a vitória de Arraes em Pernambuco. Cid Sampaio não teria participação direta na trama golpista de março de 1964; ao contrário, seria crítico à ação militar que derrubaria o presidente Goulart – apesar de ter se tornado

---

27 O PSD de Pernambuco rachou nas eleições de 1962. Uma ala minoritária, liderada por Paulo Guerra, apoiou Arraes, enquanto a grande maioria dos quadros do PSD, de cunho reacionário, respaldou a candidatura de Armando Monteiro Filho (PRT). Ver Soares, *A Frente do Recife e o governo do Arraes: nacionalismo em crise, 1955-1964*, p.87-107; Betfuer, *Pernambuco e a Aliança para o Progresso: ajuda econômica regional no Brasil de João Goulart*, cap.1.

89

deputado federal em 1967 pela Aliança Renovadora Nacional (Arena), o partido pró-ditadura militar, e da derrota de Cleofas no pleito de 1962.[28]

A situação entre Leonel Brizola e Ildo Meneghetti no Rio Grande do Sul foi muito diferente. Nesse caso, o corte político foi ainda mais brusco do que aquele (já bastante significativo) ocorrido em Pernambuco em 1962. Brizola se tornaria um símbolo da extrema esquerda no país durante o período de sua administração estadual (1959-1963), uma espécie de antítese de Lacerda: com retórica fortemente nacionalista e reformista, Brizola implementaria uma política de expansão educacional bastante agressiva no estado, sobretudo nas áreas mais interioranas; apoiaria um processo de reforma agrária local; impulsionaria a criação de indústrias pesadas e de bancos de desenvolvimento regional; e enfrentaria interesses do capital estrangeiro norte-americano, encampando subsidiárias de energia (Amforp – American Foreign and Power) e telefonia (ITT – International Telephone & Telegraph) estadunidenses em 1959 e 1962, respectivamente.[29] Meneghetti, ao contrário, além de ter executado um governo de cunho conservador e de nunca ter construído uma aliança política com Brizola (ao contrário, vencera-o nas eleições municipais de Porto Alegre de 1951), acabaria se tornando um crítico ferrenho do governo Goulart, acusando Jango de levar o país à "subversão". Junto com Carlos Lacerda e Magalhães Pinto, e também com o governador de São Paulo, Ademar de Barros, Meneghetti participaria ativamente da trama golpista que tiraria o presidente Goulart do poder em março de 1964.[30]

De todo modo, independentemente das diferenças entre os pares Cid Sampaio-Miguel Arraes e Leonel Brizola-Ildo Meneghetti, o fato é que tanto Pernambuco quanto o Rio Grande do Sul constituem casos muito interessantes para verificarmos possíveis mudanças de atitude do governo norte-americano em termos de alocação de ajuda regional ao Brasil de João Goulart. Além disso, mesmo com a forte aproximação ocorrida entre Cid Sampaio e Miguel Arraes antes de 1959, o fato de Sampaio não ter tido vínculos orgânicos com as elites mais reacionárias de Pernambuco (ao contrário de Meneghetti no Rio Grande do Sul) pode ser um interessante elemento

---

28 Abreu (Coord.), *Dicionário histórico-biográfico brasileiro pós-1930*, p.4659-61; Debert, *Ideologia e populismo: Adhemar de Barros, Miguel Arraes, Carlos Lacerda, Leonel Brizola*, p.78-82; Jaccoud, *Movimentos sociais e crise política em Pernambuco, 1955-1968*, p.93-4, 121; Page, *The Revolution That Never Was: Northeast Brazil, 1955-1964*, p.51-9; Soares, *Frente do Recife e o governo do Arraes: nacionalismo em crise, 1955-1964*, p.69-82.

29 Abreu, op. cit., p.837-9; Debert, op. cit., p.143-9; Miranda, *Projeto de desenvolvimento e encampações no discurso do governo Leonel Brizola: Rio Grande do Sul (1959-1963)*; Saes; Loureiro, What Developing Countries' Past Energy Policies Can Tell Us about Energy Issues Today? Lessons from the Expropriation of American Foreign and Power in Brazil (1959-1965), *Utilities Policy*, v.29.

30 Abreu, op. cit., p.3769-71.

para se analisar até que ponto, dentro do espectro político conservador, Washington preferia trabalhar com governadores mais favoráveis a um reformismo moderado, em alinhamento com a retórica da Aliança para o Progresso.

Nenhum dos demais estados que tiveram dois governadores durante a gestão Goulart apresentou reviravoltas políticas semelhantes às de Pernambuco e do Rio Grande do Sul. Mesmo assim, dada a importância econômica e política da Bahia, do Rio de Janeiro e, sobretudo, de São Paulo, vale a pena destacar características das lideranças políticas desses estados no período Quadros-Goulart. No caso baiano, houve significativa continuidade entre as administrações Juraci Magalhães (1959-1963) e Antônio Lomanto Júnior (1963-1967). Magalhães era uma das principais lideranças nacionais da UDN, tendo chegado à presidência do partido em 1958 e concorrido (sem sucesso) em 1959 para ser candidato a presidente da República na convenção nacional udenista, perdendo a indicação para Jânio Quadros. De origem militar e tenentista, havia sido um anticomunista ferrenho, apesar de bastante pragmático do ponto de vista político. Dentro da UDN, ele seria caracterizado, de acordo com Maria Victória Benevides, como um "realista", exatamente por estar aberto a construir alianças políticas, mesmo com os setores mais à esquerda do espectro político.[31] Foi assim, inclusive, que Juraci Magalhães conseguiria eleger seu sucessor, Antônio Lomanto Júnior, um membro da elite oligárquica tradicional da Bahia, ex-prefeito de Jequié, em uma ampla coligação partidária, que contava com UDN e PTB.[32] Tanto Magalhães quanto Lomanto Júnior apoiariam o golpe militar de 1964, apesar de nenhum dos dois ter tido papel de destaque na organização do movimento. Magalhães se tornaria um dos políticos udenistas de maior comprometimento com a ditadura militar, ocupando vários postos estratégicos do governo Castelo Branco: a Embaixada brasileira em Washington (seria dele a famosa frase "O que é bom para os Estados Unidos é bom para o Brasil"), o Ministério da Justiça (onde estaria durante o Ato Institucional n. 2) e, por fim, a própria chefia do Itamaraty, tendo se notabilizado por advogar uma política externa de forte alinhamento ideológico a Washington em contexto de Guerra Fria regional.[33]

O caso do estado do Rio de Janeiro é mais complexo. Em tese, aqui tampouco houve reviravoltas políticas; na prática, porém, ocorreram mudanças

---

31 Benevides, *A UDN e o udenismo: ambiguidades do liberalismo brasileiro (1945-1965)*, p.108-9, 232.

32 As informações sobre Juraci Magalhães e Antônio Lomanto Jr. foram extraídas de Abreu (Coord.), *Dicionário histórico-biográfico brasileiro pós-1930*, p.3264, 3454-5; Zachariadhes, *Ditadura militar na Bahia: novos olhares, novos objetos, novos horizontes*, p.63-5.

33 Para as posições de Juraci Magalhães no Itamaraty durante a ditadura militar, ver Hurrell, *The Quest for Autonomy: the Evolution of Brazil's Role on International System, 1964-1985*, cap.3.

importantes entre as administrações eleitas em 1958 e 1962. Forças políticas mais à esquerda do espectro político tinham dominância no cenário estadual: o PTB elegera dois mandatários seguidos para o estado em 1958 e 1962. O primeiro desses governadores, no entanto, Roberto da Silveira, morreria em um acidente de helicóptero em fevereiro de 1961, deixando a administração para Celso Peçanha (PSD). Peçanha não havia sido companheiro de chapa de Silveira nas eleições de 1958, tornando-se vice apenas em razão da regra constitucional que descolava eleições de cabeça e vice para Executivos federal e estaduais. De viés mais conservador, Peçanha governou por pouco tempo, no entanto. Em meados de 1962, ele se descompatibilizou do governo estadual para concorrer às eleições ao Senado, deixando o presidente da Assembleia Legislativa estadual, José Janotti, em mandato-tampão até janeiro de 1963.[34] Dessa maneira, a ascensão do petebista Badger da Silveira no início de 1963 – um político com vínculos estreitos com o presidente Goulart, defensor das reformas de base janguistas e com bom trânsito no movimento sindical fluminense – acabou representando, de fato, uma mudança política importante para o estado. Após o golpe de 1964, Silveira sofreria *impeachment* da Assembleia Legislativa do Rio de Janeiro e teria seus direitos políticos cassados em abril pelo Ato Institucional n. 1 (AI-1).[35]

Por fim, há o estado de São Paulo, o mais rico da federação e absolutamente central para a política nacional. São Paulo teve duas administrações de viés conservador – Carvalho Pinto (PST) e Ademar de Barros (PSP), respectivamente –, apesar de a primeira poder ser caracterizada como uma administração de cunho modernizante, e a segunda, de tendência reacionária. Carvalho Pinto era um *protégé* do ex-presidente Quadros, tendo sido seu secretário de Finanças no período em que Quadros exercera a prefeitura (1953-1955) e o governo estadual paulistas (1955-1959). Jânio lançou-o ao posto como exemplo de figura técnica, honesta e competente – o lema de campanha de Carvalho Pinto era "mais administração, menos política".[36] Uma vez no poder, porém, Carvalho Pinto e Jânio Quadros se distanciariam, sobretudo após o episódio da renúncia presidencial em agosto de

---

34 Essa breve narrativa simplifica vários elementos ocorridos na transição política entre Peçanha e Janotti. Em abril de 1962, a Assembleia Legislativa estadual aprovou emenda à Constituição fluminense que deu à própria Assembleia a prerrogativa de eleger um novo governador – e, de fato, um deputado estadual, José Kezen, foi eleito. Entretanto, o Tribunal de Justiça do Rio de Janeiro considerou tal emenda inconstitucional, algo que foi confirmado pelo Supremo Tribunal Federal em julho de 1962. Com isso, Janotti assumiu o posto. Dias antes de completar o mandato, porém, Janotti renunciou, e o estado foi governado por treze dias pelo presidente do Tribunal de Justiça estadual. Para maiores informações sobre a transição política no Rio de Janeiro durante o governo Goulart, ver Abreu (Coord.), *Dicionário histórico-biográfico brasileiro pós-1930*, p.4478-9.

35 Abreu, op. cit., p.4478-9

36 Ibid., p.4659.

A Aliança para o Progresso e o governo João Goulart (1961-1964)

1961. Símbolo maior desse distanciamento foi o fato de Carvalho Pinto não ter apoiado Quadros para as eleições estaduais de 1962, lançando candidato próprio (José Bonifácio Coutinho) – algo que viabilizou, inclusive, a vitória de Ademar de Barros em tais eleições. Após sua saída do governo, Carvalho Pinto manteve contato pragmático e cordial com o presidente Goulart, tanto que, em junho de 1963, Goulart o chamaria para o Ministério da Fazenda, cargo que ocupou até dezembro de 1963. Após isso, Carvalho Pinto aproximou-se de setores golpistas, tendo apoiado a deposição de Jango em 1964.[37]

A vitória de Ademar de Barros nas eleições de outubro de 1962 em São Paulo representou uma guinada ainda mais à direita na administração estadual paulista. Com um discurso baseado no combate à "subversão" às instituições nacionais, Ademar adotou uma postura de forte crítica ao governo federal, apesar de, inicialmente, ter dado sinais de interesse em manter uma relação amistosa com Goulart, o que acabou não ocorrendo.[38] Crítico mordaz das propostas de reforma de base janguista, Ademar implementou um programa de reforma agrária em São Paulo baseado na venda de terras públicas devolutas, contrapondo-se ao que chamava de "comunização do país" supostamente promovida por Brasília. A partir do segundo semestre de 1963, sua atuação a favor da deposição de Jango cresceria ainda mais. No início de 1964, apesar de ter tido seu nome lançado para a Presidência da República pelo PSP, as articulações de Ademar com o golpismo tornaram-se muito estreitas. Sua mulher, Leonor de Barros, foi uma das principais organizadoras da Marcha da Família com Deus pela Liberdade (São Paulo, 19 de março de 1964), articulada para se contrapor ao Comício da Central do Brasil, ocorrido dias antes no Rio de Janeiro e que contou com as principais forças de esquerda do país, inclusive com a participação do próprio presidente Goulart. No mesmo dia em que as tropas do general Olímpio Mourão Filho começaram a marchar de Minas Gerais para depor o presidente Jango, Ademar discursava em cadeia de rádio em apoio à "revolução democrática" em curso. Por uma ironia do destino, assim como ocorreria com muitos outros políticos de direita, entre os quais o governador da Guanabara, Carlos Lacerda, Ademar teria seus direitos políticos cassados pela ditadura militar em junho de 1966.[39]

Dada a importância econômica e política dos estados da Bahia, do Rio de Janeiro e, em particular, de São Paulo, e tendo em vista os atores que lideraram esses estados entre 1961 e 1964, caso a hipótese da alocação econômica

---

37 Ibid., p.4660-1.
38 Couto, *Adhemar de Barros: práticas e tensões políticas no poder*, cap.3.
39 Abreu (Coord.), *Dicionário histórico-biográfico brasileiro pós-1930*, p.547-9; Cotta, *Adhemar de Barros (1901-1969): a origem do "rouba, mas faz"*, p.11-45; Debert, *Ideologia e populismo: Adhemar de Barros, Miguel Arraes, Carlos Lacerda, Leonel Brizola*, p.53-8.

regional norte-americana por critérios políticos esteja correta, Bahia e São Paulo seriam privilegiados. Ainda de modo mais específico, levando-se em conta o caráter fortemente reacionário da administração Ademar de Barros, e supondo-se que a retórica da Aliança para o Progresso sobre a necessidade de promover políticas reformistas na América Latina tenha tido fundamento, é de se esperar que a São Paulo de Ademar tenha sido menos privilegiada em termos de distribuição de ajuda econômica quando comparada a outros governos, como a administração Carvalho Pinto e os mandatos dos baianos Juraci Magalhães e Antônio Lomanto Júnior.

Por fim, vale destacar que os estados que tiveram dois ou mais governadores durante o período Goulart (1961-1964) constituem um grande desafio para a análise dos determinantes de ajuda regional estadunidense. Isso porque a comparação das administrações estaduais dos biênios 1961-1962 e 1963-1964 tem de levar em conta a própria transformação mais geral das relações Brasil-Estados Unidos ocorrida ao longo do governo Goulart, conforme discutido no capítulo anterior. Em outras palavras: os governadores cujos mandatos corresponderam ao primeiro biênio vivenciaram um contexto, pelo menos até meados de 1962, de melhor relacionamento entre os governos federais brasileiro e norte-americano, em contraste com aqueles cujos mandatos se estenderam durante o segundo biênio janguista, quando as relações bilaterais entre Brasília e Washington ficaram bastante estremecidas. É de se esperar, portanto, caso a política de ilhas de sanidade administrativa tenha sido implementada a partir de determinante viés político, como defende a literatura, que suas características tenham se mostrado ainda mais nítidas para o grupo de governadores eleito em outubro de 1962.

Após apresentar um histórico dos programas de ajuda econômica norte-americanos no pós-guerra, refletir sobre as origens e as razões do fracasso da Aliança para o Progresso e discutir, em linhas gerais, as características socioeconômicas e políticas dos estados brasileiros no governo Goulart, bem como o próprio contexto nacional do período, estamos preparados para analisar o caso do auxílio econômico de Washington a estados brasileiros durante a administração Jango. Nesse sentido, o próximo capítulo apresenta um mapeamento da ajuda econômica regional norte-americana no período 1961-1964 e analisa quais elementos determinaram o padrão de alocação desses recursos.

3
Mapeamento e determinantes da ajuda regional norte-americana no Brasil de João Goulart

Este capítulo tem dois objetivos principais: primeiro, apresentar um levantamento sistemático de todos os empréstimos em dólares concedidos pelo Banco Interamericano de Desenvolvimento Econômico (BID) e pela Agência de Desenvolvimento Internacional (Usaid) para estados brasileiros no período 1961-1964. Apresenta-se também um mapeamento das doações em cruzeiros realizadas pela Usaid para as unidades federativas no período. Conforme exposto na introdução, não foi possível fazer levantamento semelhante para os empréstimos em cruzeiros oferecidos pela Usaid aos estados, com exceção dos estados nordestinos, para os quais obtivemos dados sistemáticos sobre empréstimos em moeda local. Independentemente disso, porém, dada a grave situação cambial brasileira no início da década de 1960, e tendo em vista que os recursos em dólares constituíam a principal parcela da ajuda norte-americana ao Brasil, é pertinente supor que nosso mapeamento ofereça uma perspectiva bastante sólida sobre quais unidades da federação foram mais privilegiadas por Washington em termos de alocação de auxílio.

O segundo objetivo do capítulo é compreender quais teriam sido os determinantes do padrão alocativo da ajuda econômica norte-americana para estados brasileiros durante o governo Goulart. Em outras palavras: caso tenha havido uma preferência para a concessão de auxílio a determinados estados, como as próprias autoridades norte-americanas reconheceriam, denominando-os de "ilhas de sanidade administrativa", quais teriam sido as razões por detrás dessa preferência? Poderíamos falar em questões eminentemente técnicas, como quer o embaixador Lincoln Gordon – ratificadas por uma biografia recente sobre ele[1] –, ou teriam sido fatores políticos, no sentido de que essa abordagem visava apoiar governadores de oposição à administração Jango, a fim de enfraquecer o governo Goulart, ou até desestabilizá-lo, como argumenta grande parte da literatura especializada, apesar de trazer poucos dados sistemáticos para embasar suas conclusões? Para responder a esse difícil problema, este capítulo utiliza-se, sobretudo, de fontes confidenciais norte-americanas de caráter oficial, tentando compreender, com base nas perspectivas dos próprios formuladores políticos estadunidenses, quais teriam sido as motivações discutidas à época para tal enviesamento. Um dos documentos-chave nesse sentido é um catálogo ideológico elaborado pela Embaixada norte-americana no Rio de Janeiro em maio de 1962, feito em colaboração com os consulados dos Estados Unidos em todo o Brasil, categorizando governadores estaduais a partir de critérios ideológicos. Pelo que pudemos verificar, o nosso livro é o primeiro trabalho que apresenta tal tipo de documentação, mostrando os vínculos políticos entre ajuda econômica regional e atuação de Washington no período da administração Jango.

Para além desses dois objetivos, este capítulo também contempla uma análise sobre os principais projetos financiados pelos Estados Unidos nas unidades federativas brasileiras durante o governo Goulart. Mostra-se que, para além do caráter político da própria alocação de recursos, a forma pela qual a ajuda norte-americana foi empregada inseria-se dentro de um projeto maior de modernização da sociedade brasileira, que seguia o modelo norte-americano de modernização capitalista, tal como argumentam as principais e mais recentes obras sobre o tema, em particular as de Gilman e Latham.[2] Essa perspectiva torna-se clara principalmente quando se analisa o caso da Guanabara de Carlos Lacerda (1960-1965), em que projetos de financiamento industrial e habitacional, por exemplo, inseriam-se em uma abordagem de desenvolvimento econômico que buscava valorizar a livre-iniciativa empresarial e a realização material individual.

O capítulo divide-se em quatro seções: a primeira foca nos empréstimos do BID aos estados brasileiros; a segunda, nos empréstimos e doações da Usaid; a terceira e a quarta partes, por fim, discutem as razões por detrás do padrão de alocação de recursos às unidades federativas no contexto do governo Jango.

---

1 Smith, *Lincoln Gordon: Architect of Cold War Foreign Policy*.

2 Gilman, *Mandarins of the Future: Modernization Theory in Cold War America*; Latham, *Modernization as Ideology: American Social Science and "Nation Building" in the Kennedy Era*; Id., *The Right Kind of Revolution: Modernization, Development, and U.S. Foreign Policy from the Cold War to the Present*.

3.1. Ajuda regional do Banco Interamericano de Desenvolvimento ao Brasil

A primeira característica fundamental quando analisamos os empréstimos ofertados pelo BID ao Brasil durante os anos 1960 é o contraste entre o período do governo Goulart (1961-1964) com o da ditadura militar. No período Goulart, o governo federal não recebeu um único empréstimo do BID, a não ser por meio de empresas e/ou instituições de abrangência regional no Nordeste nas quais o governo federal tinha participação.[3] Todos os recursos do banco alocados para o Brasil destinaram-se ou ao Nordeste, que ficou com 33% do valor total da ajuda (contando-se os empréstimos direcionados a agências regionais nordestinas), ou a estados individuais da federação brasileira, que receberam os remanescentes 67% do montante. Após o golpe de 1964, houve uma brusca reversão de tendência. Dos 39 empréstimos disponibilizados pelo BID ao Brasil entre abril de 1964 e dezembro de 1969, 21 deles (ou seja, 53,8% do total) direcionaram-se ao governo federal. O contraste é ainda mais drástico quando se levam em conta os valores fornecidos à União no período. Dos US$ 468,4 milhões disponibilizados em empréstimos para o Brasil entre abril de 1964 e dezembro de 1969, US$ 342,9 milhões destinaram-se ao governo federal, isto é, 73,2% do total (Tabela 3.1).

A significativa diferença de abordagem para com o governo federal brasileiro nos períodos anterior e posterior ao golpe de 1964 indica um viés anti-Goulart por parte do Banco Interamericano de Desenvolvimento. A suspeita de que essa parcialidade não teria sido mera coincidência é reforçada por dois motivos: primeiro, a prática jurídica vigente no período no que se referia à atuação de instituições multilaterais praticamente excluía a possibilidade de acordos de financiamento diretos entre essas instituições e unidades subnacionais, sobretudo em se tratando de organismos multilaterais recém-fundados, como era o caso do BID.[4] A lógica por detrás desse procedimento era a de que Estados nacionais tinham estrutura e burocracia mais preparadas e extensas para implementar projetos financiados por organismos multilaterais. Isso sem contar, claro, o próprio princípio básico da Aliança para o Progresso, contido tanto no discurso de Kennedy realizado na Casa Branca em março de 1961 quanto na própria Carta de Punta del Este de agosto do mesmo ano, e dentro do qual o BID deveria se enquadrar, sendo uma das instituições básicas de promoção de ajuda no hemisfério: o de que recursos

---

3 Dos quatro empréstimos regionais disponibilizados pelo BID no período Goulart, dois referiam-se ao Banco do Nordeste e dois à Companhia Hidroelétrica do São Francisco (Chesp). A Sudene, órgão diretamente submetido ao governo federal, só receberia empréstimo do BID após o golpe. Ver Tabela A.2, no Apêndice.

4 Tussie, *The Inter-American Development Bank*, cap.1.

deveriam ser destinados a "programas abrangentes" de desenvolvimento, o que significava a elaboração de programas com projetos integrados, e que fossem implementados, preferencialmente, sob liderança de governos nacionais. Nesse sentido, a completa ausência de acordos entre o BID e o governo federal brasileiro entre 1961 e 1964 constitui, por si só, um indício muito eloquente de discriminação do BID contra a administração Goulart.

Um segundo aspecto importante refere-se à cronologia, à dimensão e à natureza dos acordos assinados entre o BID e o governo federal durante a ditadura militar. Apenas sete dias após o golpe militar, em 8 de abril de 1964, o BID aprovaria um empréstimo no valor de US$ 3 milhões em nome do Banco do Brasil visando fomentar a exportação de bens de capital do país. Três meses depois, no final de julho de 1964, mais dois empréstimos seriam aprovados em favor do governo federal, um deles destinado ao Banco Nacional de Desenvolvimento Econômico (BNDE), para fins de crédito industrial, no valor de US$ 27 milhões – o maior empréstimo individual até então concedido pelo BID ao Brasil. Em novembro de 1964, o BID aprovaria outro vultoso empréstimo para o governo federal (US$ 28,8 milhões), dessa vez com o objetivo de expandir a capacidade produtiva da Companhia Vale do Rio Doce (CVRD).[5] Em outras palavras, em apenas oito meses, o BID aprovou para o governo federal brasileiro nada menos do que 48,3% do valor total de recursos que havia sido concedido ao país todo – isto é, para organismos regionais e unidades estaduais – durante os quase três anos de administração Goulart (1961-1964). Diante disso, fica difícil argumentar que o BID teria formulado políticas de empréstimo com base em questões puramente técnicas: nenhum novo governo, por mais eficiente que fosse do ponto de vista técnico em comparação a um governo anterior, conseguiria imprimir sua marca na administração federal tão rapidamente, até porque grande parte da burocracia com estabilidade funcional do período Goulart foi mantida, pelo menos em curto prazo, durante o governo Castelo Branco. Tudo indica, evidentemente, que a questão motivadora foi em grande parte política.

Se a discriminação do BID com relação ao governo federal durante a administração Goulart parece evidente, como fica a questão da alocação de recursos do Banco para as unidades federativas brasileiras nesse período? Quais foram os estados mais privilegiados? Antes de qualquer coisa, vale reforçar que estamos lidando aqui com uma instituição multilateral, e não com um órgão do governo norte-americano. Apesar disso, como já assinalamos anteriormente, diante do peso de Washington como acionista majoritário do BID e da dependência de vários países (menores) da América Latina de políticas estadunidenses, e tendo em vista a própria história recente do

---

5 Para a listagem de todos os empréstimos do BID ao Brasil no período 1961-1969, ver Tabela A.2, no Apêndice.

A Aliança para o Progresso e o governo João Goulart (1961-1964)

Tabela 3.1 – Empréstimos do BID ao Brasil discriminados por recipiente, governo federal e estados, 1961-1969 (em US$)

Estados	Empréstimos		Empréstimos (percentual)	
	Número	Quantidade	Número	Quantidade
Janeiro 1961-março 1964				
Nacional	0	0	0	0
Agências nordestinas*	4	41.810.000	19,0	32,2
Bahia	3	5.000.000	14,3	3,8
Espírito Santo	1	2.000.000	4,8	1,5
Guanabara	3	35.000.000	14,3	26,9
Minas Gerais	2	11.400.000	9,5	8,8
Pará	1	2.500.000	4,8	1,9
Paraná	1	4.700.000	4,8	3,6
Pernambuco	1	3.615.000	4,8	2,8
São Paulo	3	18.377.906	14,3	14,1
Santa Catarina	2	5.560.000	9,5	4,3
Rio de Janeiro	0	0	0,0	0,0
Rio Grande do Sul	0	0	0,0	0,0
Total	21	129.962.906	100,0	100,0
Abril 1964-dezembro 1969				
Nacional	21	342.910.000	53,8	73,2
Agências nordestinas*	6	58.650.000	15,4	12,5
Bahia	2	3.400.000	5,1	0,7
Espírito Santo	0	0	0,0	0,0
Guanabara	2	12.000.000	5,1	2,6
Minas Gerais	2	16.000.000	5,1	3,4
Pará	0	0	0,0	0,0
Paraná	1	9.450.000	2,6	2,0
Pernambuco	0	0	0,0	0,0
São Paulo	2	14.700.000	5,1	3,1
Santa Catarina	1	3.500.000	2,6	0,7
Rio de Janeiro	1	4.650.000	2,6	1,0
Rio Grande do Sul	1	3.150.000	2,6	0,7
Total	39	168.410.000	100,0	100,0

* Empresas, companhias e/ou agências de abrangência regional no Nordeste brasileiro. Nenhum outro empréstimo foi feito a agências de outras regiões do Brasil.

Fontes: BID, relatórios anuais, disponíveis em Felipe Herrera Library (FHL), Washington, D.C.

Banco, que havia acabado de ser criado após insistentes demandas latino--americanas, é evidente que o peso do governo Kennedy sobre decisões de alocação de recursos da instituição era enorme. Nesse sentido, considera-mos plausível interpretar a ajuda do BID como uma *proxy* da ajuda norte--americana ao Brasil do início dos anos 1960.

Feita essa consideração, parte-se para a análise da Tabela 3.1, com foco na distribuição de recursos aos estados brasileiros. Conforme já assinalamos, empréstimos regionais receberam a maior quantidade de recursos (32,2% do total). Esses empréstimos destinaram-se ao Nordeste, sobretudo via Banco do Nordeste como contratante, que ficou com três dos quatro empréstimos concedidos, tendo como objetivo a oferta de créditos industriais, o apoio a municípios nordestinos na expansão do sistema de água e esgoto, e a construção de unidades habitacionais em estados da região (Tabela A.2). O apoio à melhoria da infraestrutura de saneamento, energia e habitação encaixava-se bem na proposta da Aliança de financiar projetos que produzissem melhorias no padrão de vida das populações mais pobres do continente. Como assinalamos no Capítulo 1, "casa" e "saúde" estavam entre as cinco palavras que Kennedy pronunciou em espanhol no discurso de lançamento da Aliança em Washington em março de 1961, como forma de ressaltar os elementos vistos como cruciais para receber financiamento no esforço conjunto de desenvolvimento latino-americano.

Com exceção do Nordeste, os demais empréstimos do BID aprovados durante o governo Goulart foram concedidos de forma bilateral em prol de determinados estados. De longe, o mais beneficiado foi o estado da Guanabara, que obteve mais de 26,9% do total de recursos emprestados para o Brasil entre 1961 e março de 1964 (Tabela 3.1). Somando-se os empréstimos regionais destinados ao Nordeste com aqueles aprovados para estados nordestinos específicos (Bahia e Pernambuco), tem-se que a Guanabara de Carlos Lacerda recebeu 69,4% dos recursos correspondentes a todo o Nordeste. Outros estados relativamente mais beneficiados foram São Paulo (Carvalho Pinto e Ademar de Barros), Minas Gerais (Magalhães Pinto) e, em menor grau, a Bahia (Juraci Magalhães e Antônio Lomanto Júnior) (Tabela 3.1) – todos estados com governantes de perfis centrista e/ou conservador, com posição pública favorável aos Estados Unidos e que apresentavam, em graus variados, uma perspectiva crítica à administração Goulart. Nenhum governador do PTB, próximo a Goulart ou que pudesse ser considerado de esquerda pelos padrões da época foi contemplado com recursos do BID: os empréstimos para Pernambuco e para o Rio Grande do Sul, por exemplo, ocorreram durante as administrações Cid Sampaio e Ildo Meneghetti, respectivamente – e não sob os governos de Miguel Arraes e Leonel Brizola.

Tal como se deu com o caso dos empréstimos regionais ao Nordeste, grande parte dos recursos do BID para estados destinou-se à expansão da rede de infraestrutura de água, esgoto e energia. Na medida em que obras de infraestrutura requeriam uma quantidade de equipamentos importados, a obtenção de recursos em dólares era pré-requisito para a sua realização, ainda mais no contexto de forte restrição de liquidez externa que o país vivia no início dos anos 1960. No caso da Guanabara, por exemplo, 100% dos recursos destinaram-se à expansão do sistema de distribuição de água e esgoto. O problema da oferta de água na Guanabara nesse período era crítico, sobretudo para as pessoas que viviam em favelas, muitas das quais obrigadas a se abastecer em fontes públicas. Mesmo em áreas nobres a escassez era uma constante.[6] Em março de 1961, com poucos meses no cargo, Lacerda experienciaria uma crise de abastecimento de água no estado de proporções gigantescas: por causa da inundação de uma tromba d'água, todas as turbinas da velha estação de tratamento do Guandu foram paralisadas, deixando a Guanabara praticamente sem água por dias. Lacerda decretou estado de calamidade pública e demitiu o diretor estadual do Departamento de Águas.[7] Apesar disso, mesmo em condições normais, havia um déficit de 320 milhões de litros de água por dia no estado.[8] Lacerda havia sido eleito governador em 1960 com a promessa de que resolveria esse problema. Dadas suas pretensões presidenciais, Lacerda sabia que a realização de uma administração estadual de impacto – o que envolvia a realização de obras de grande visibilidade e efeito, como no caso da questão da água – era condição fundamental para viabilizar suas chances de ser escolhido presidente da República nas eleições federais de outubro de 1965.[9]

Os financiamentos do BID à Guanabara para a área de infraestrutura visavam não apenas melhorar e expandir o sistema de distribuição de água já existente, mas abrir novas fontes de suprimento no estado. A meta era aumentar em 38% a oferta de água potável *per capita* até o final da administração Lacerda. Para isso, seria necessário realizar uma obra de engenharia de dificílima implementação: a construção de um túnel de dez quilômetros de extensão ligando o rio Guandu até a área urbana da Guanabara. Na cerimônia de inauguração do que hoje é a Estação de Tratamento de Água do Guandu, em abril de 1966, o presidente do BID, Felipe Herrera, afirmou que o novo sistema Guandu constituiria uma das "maiores obras do mundo" de adução de água potável e lembrou que esse teria sido o maior projeto individual já financiado pelo BID até aquele momento.[10] De fato, a grandiosidade da obra não só reforça o fato de a Guanabara de Lacerda ter sido o estado mais privilegiado em termos de distribuição de recursos do BID, mas também mostra que essa ajuda foi utilizada em projetos com forte impacto potencial no que se refere à percepção de bem-estar social da população.

---

6 Report DED/64/143, IDB Secretary to IDB Board of Executive Directors, 9 dez. 1964, Files Relating to Loans Issued by the Inter-American Development Bank, compiled 1960-2046 (a seguir, FRL-IDB), folder Brazil 1964 – 3 of 3, box 20, RG 56, Nara, p.18-9.

7 Dulles, *Carlos Lacerda: a vida de um lutador*, v.2: *1960-1977*, p.30-1.

8 *Correio da Manhã* (a seguir, *CM*), Negrão inaugura Guandu e Miranda manda gastar muita água, 5 abr. 1966, p.15.

9 Perez, *Estado da Guanabara: gestão e estrutura administrativa do governo Carlos Lacerda*, p.81-5.

10 Report DED/64/143, IDB Secretary to IDB Board of Executive Directors, 9 dez. 1964, RG 56, Nara; *CM*, Negrão inaugura Guandu, 5 abr. 1966, p.15.

O estudo do auxílio econômico regional implementado por agências norte-americanas (Usaid) no Brasil de João Goulart apresenta várias semelhanças com o padrão alocativo que encontramos no caso do BID, apesar de verificarmos algumas diferenças na aplicação de recursos, principalmente quando se trata de doações em cruzeiros. Essa discussão será feita na próxima seção.

3.2. Ajuda regional norte-americana ao Brasil

Ao analisarmos a ajuda econômica norte-americana a estados brasileiros durante o governo Goulart, à primeira vista observamos padrões semelhantes àqueles apresentados pelo BID: concentração de recursos em alguns poucos estados, sobretudo naqueles cujos governantes tinham perfil político mais conservador. Antes de apresentar os dados, porém, vale lembrar que os recursos da Usaid ao Brasil devem ser discriminados em quatro tipos de ajuda: empréstimos em dólares, doações em dólares, empréstimos em cruzeiros e doações em cruzeiros – sendo os dois últimos provenientes de recursos autorizados pela PL 480. Apresentaremos inicialmente dados referentes a empréstimos em dólares e doações em cruzeiros – sobre os quais, conforme já discutimos anteriormente, obtivemos informações consolidadas em todos os casos – para, posteriormente, mostrar evidências sobre a distribuição dos empréstimos em cruzeiros e das doações em dólares, a respeito dos quais nossa base de dados restringe-se apenas aos estados do Nordeste.

No que se refere, primeiramente, aos empréstimos em dólares, pode-se observar um padrão bastante parecido com o do BID. Entre os anos fiscais norte-americanos de 1962 e 1964, ou seja, entre julho de 1961 e junho de 1964, empréstimos em dólares aprovados pela Usaid ao Brasil totalizaram US$ 302,8 milhões, valor apresentado pelo orçamento global da Usaid para o país.[11] No entanto, mais da metade dessas aprovações (US$ 165,4 milhões) deu-se depois do golpe de 1964, isto é, entre abril e junho de 1964. Dos US$ 137,4 milhões restantes, US$ 100 milhões destinaram-se ao governo federal brasileiro, referindo-se ao empréstimo acordado com o governo Quadros em maio de 1961 para fins de regularização da balança de pagamentos. Logo, não eram recursos destinados a projetos específicos, e nem tinham sido negociados por Jango. Mesmo assim, como vimos no Capítulo 1, a liberação desse dinheiro foi feita de modo parcelado e condicional, tendo sido motivo de inúmeras disputas e tensões entre as administrações Kennedy e Goulart.

---

11 Para os valores globais de ajuda econômica norte-americanos ao Brasil entre 1946 e 1966, ver Tabela A.3, no Apêndice.

A Aliança para o Progresso e o governo João Goulart (1961-1964)

Dos US$ 37,4 milhões de empréstimos aprovados pela Usaid referentes a projetos, US$ 32,6 milhões destinaram-se a estados. Não foi possível saber o destino dos US$ 4,8 milhões restantes. Independentemente de terem sido direcionados ao governo federal, a unidades da federação ou de não terem sido desembolsados no período desses anos fiscais, tendo constado apenas no orçamento global da Usaid, podemos extrair duas conclusões principais desses dados: em primeiro lugar, o montante de recursos em dólares aprovado pela Usaid para o Brasil para fins de investimentos em projetos foi muito menor do que aquele concedido pelo BID (US$ 37,4 milhões contra US$ 137,6 milhões, respectivamente; ou seja, a Usaid emprestou em dólares ao Brasil, para fins de projetos, apenas 27,1% do valor concedido pelo BID durante o governo Goulart). Além disso, tal como o BID, mesmo que em montantes muito mais modestos, a grande maioria dos recursos em dólares aprovados para o Brasil destinou-se a estados, e não ao governo federal – excetuando-se, obviamente, divisas para fins de regularização do déficit da balança de pagamentos, conforme previamente assinalado. Seria somente após o golpe de 1964 que recursos da Usaid voltados a projetos do governo federal ganhariam inconteste proeminência. Dos US$ 115,4 milhões em projetos aprovados para o Brasil entre abril e junho de 1964, apenas 12,8% se destinariam a estados. O restante teria o governo federal, ou agências subordinadas ao governo federal, sobretudo a Sudene, como contratante.[12] Mais uma vez, nota-se uma clara discriminação por parte dos governos Kennedy-Johnson contra a administração Goulart em termos de alocação de recursos para fins de ajuda econômica.

No que se refere aos estados que receberam empréstimos em dólares da Usaid durante o período Jango, nota-se uma clara predominância de unidades do Sudeste (Tabela 3.2). Apesar de Sudeste e Nordeste terem sido contemplados com três empréstimos cada, os recursos direcionados ao Sudeste representaram 76,1% do total. Nesse sentido, o relativo equilíbrio de empréstimos em dólares aprovados pelo BID para essas duas regiões (49,8% e 38,8% do total, respectivamente; ver Tabela 3.1) não se repetiu com a Usaid. Por outro lado, há duas semelhanças extremamente importantes na política de alocação de divisas por parte de BID e Usaid: com exceção do Ceará, que recebeu empréstimo da Usaid mas não do BID, todos

---

12 Para os empréstimos em dólares da Usaid para o governo federal aprovados após o golpe de 1964, ver Telegram A-1712, Rio de Janeiro to Usaid/W, Monthly Progress Report U 098, 28 maio 1964; Telegram A-1, Rio de Janeiro to Usaid/W, Monthly Progress Report U 098, 1 jul. 1964, folder PRM 1 – Monthly Progress Reports FY 63-65; Telegram A-173, Rio de Janeiro to Usaid/W, Goal and Activity Progress Report U-310, 10 ago. 1964; Telegram A-1360, Rio de Janeiro to Usaid/W, Goal and Activity Progress Report U-310, July-December 1963, 3 dez. 1964, folder PRM 1 – Goal and Activity Progress Reports FY 63-65, box 19, CSF, RG 286, Nara.

Felipe Pereira Loureiro

os estados que aparecem na lista da Usaid (Guanabara, de Carlos Lacerda; Minas Gerais, de Magalhães Pinto; Bahia, de Juraci Magalhães; e Pernambuco, de Cid Sampaio) também constam da lista do BID. Nesse sentido, apenas por meio da observação dos dados de distribuição de ajuda econômica regional, reforça-se a impressão de que estados administrados por governadores de esquerda e mais próximos a Goulart, como o Rio Grande do Sul de Leonel Brizola, Pernambuco de Miguel Arraes, Rio de Janeiro de Badger da Silveira e Goiás de Mauro Borges, teriam sido discriminados pela Aliança para o Progresso.

Tabela 3.2 – Empréstimos da Usaid ao Brasil para projetos discriminados por estados, julho de 1962 a março de 1964 (em milhões US$)

Estados	Empréstimos (US$)		Empréstimos (%)	
	Número	Valor	Número	Valor
Guanabara	2	19,5	33,3	59,8
Minas Gerais	1	5,3	16,7	16,3
Pernambuco	1	3,4	16,7	10,4
Ceará	1	2,4	16,7	7,4
Bahia	1	2,0	16,7	6,1
Total	6	32,6	100,0	100,0

Fontes: Report, Agency for International Development and Alliance for Progress, [s.d.], AF, LBJL, p.85-92; Telegram 1707, Rio de Janeiro to Secretary of State, 28 jun. 1963; Telegram A-176, Rio de Janeiro to AID/W, 26 jul. 1963; Telegram A-231, Rio de Janeiro to AID/W, 2 ago. 1963; Telegram A-1360, Rio de Janeiro to AID/W, 12 mar. 1964; Telegram A-1579, Rio de Janeiro to AID/W, 28 abr. 1964; Telegram A-173, Rio de Janeiro to AID/W, 10 ago. 1964, CSF, folder PRM 1 – Goal and Activity Progress Reports FY 63-65, box 19, RG 286, Nara; Report, Summary Report on the Alliance for Progress, n.41, attached to Memo, Teodoro Moscoso to President Kennedy, 6 ago. 1963, Arthur M. Schlesinger Personal Papers (AMSPP), folder Alliance for Progress, 7/8/63-8/16/63, box WH02, PP, John F. Kennedy Presidential Library and Museum (a seguir, JFKL).

Uma segunda semelhança de relevo entre os empréstimos em dólares concedidos pelo BID e pela Usaid a estados brasileiros durante o governo Jango está na hegemonia do estado da Guanabara como receptor individual de recursos. A Guanabara recebeu 26,9% do total dos empréstimos do BID (US$ 35 milhões) e quase 60% dos da Usaid (US$ 19,5 milhões) destinados ao Brasil de Goulart para projetos específicos (tabelas 3.1 e 3.2). Em termos globais, portanto, um terço de todas as divisas do BID e da Usaid para projetos tiveram como contratante uma cidade-estado que representava menos de 5% da população brasileira. Tem-se aqui um forte indício de que a conclusão geral de estudiosos acerca da parcialidade da Aliança para o Progresso no tocante à alocação de recursos para estados brasileiros, sobretudo no que se refere à Guanabara de Carlos Lacerda, parece ter sólido embasamento empírico.

Do ponto de vista da forma pela qual os empréstimos em dólares da Usaid foram investidos, novas semelhanças com o BID emergem. Grande parcela dos recursos foi utilizada para financiar obras de infraestrutura, particularmente infraestrutura energética. O maior contrato assinado pela Guanabara com a Usaid, por exemplo, referente a um empréstimo de US$ 15,5 milhões sob responsabilidade da Companhia Hidrelétrica do Vale do Paraíba (Chevap), destinou-se à construção de uma planta termoelétrica no distrito de Santa Cruz com capacidade para gerar 150 mil quilowatts.[13] O empréstimo de US$ 5,3 milhões para Minas Gerais também foi usado para fins semelhantes: expandir a rede de distribuição da hidroelétrica de Três Marias, sob responsabilidade das Centrais Elétricas de Minas Gerais (Cemig).[14]

A Usaid também canalizou seus empréstimos para o setor manufatureiro de determinados estados. Em alguns casos, recursos foram providos para a montagem de plantas industriais específicas, como na Bahia e no Ceará, via fomento à importação de bens necessários para a criação de uma indústria química (Companhia de Carbonos Coloidais) e para a produção de borracha sintética (Companhia Pernambucana de Borracha Sintética, Coperbo), respectivamente.[15] Em outros casos, porém, a Usaid forneceu empréstimos a bancos de desenvolvimento regionais, para fins de apoio a empresas manufatureiras. Esse foi o caso do banco de desenvolvimento da Guanabara (Copeg Crédito e Financiamento S.A.), subsidiário da Companhia Progresso do Estado da Guanabara (Copeg), uma companhia estatal mista que tinha como principal finalidade dar suporte a pequenas e médias empresas industriais por meio de empréstimos subsidiados e subscrição de capital acionário.[16] O caso da Copeg na Guanabara, por ser bastante

---

13 Telegram A-173, Rio de Janeiro to Usaid/W, 10 ago. 1964, RG 286, Nara; Telegram A-500, Rio de Janeiro to Usaid/W, Monthly Progress Report U 098, 10 out. 1963, folder PRM 1 – Monthly Progress Reports FY 63-65, box 19, RG 286, Nara; Brochure, Agency for International Development and Alliance for Progress, Program and Project Data Related to Proposed Programs, FY 1965, Region: Latin America, [jun. 1966,] folder AID and Alliance for Progress: Program and Project Data Related to Proposed Programs (1 of 2), box 3, Agency Files, NSF, LBJL.

14 Telegram A-173, Rio de Janeiro to Usaid/W, 10 ago. 1964; Telegram A-1360, Rio de Janeiro to Usaid/W, 3 dez. 1964, RG 286, Nara.

15 Id., Telegram A-176, Rio de Janeiro to Usaid/W, 26 jul. 1963, folder PRM 1 – Goal and Activity Progress Reports FY 63-65, CSF, RG 286, Nara; Brochure, Agency for International Development and Alliance for Progress, FY 1965, Region: Latin America, jun. 1966, NSF, LBJL.

16 A Copeg foi inspirada na Companhia de Desenvolvimento Industrial de Porto Rico (CDIPR), então liderada por Teodoro Moscoso, que se tornaria, no governo Kennedy, coordenador da Aliança para o Progresso. Para maiores informações sobre a CDIRP, ver Maldonado, *Teodoro Moscoso and Puerto Rico's Operation Bootstrap*; Benmergui, *Housing Development: Housing Policy, Slums, and Squatter Settlements in Rio de Janeiro, Brazil and Buenos Aires, Argentina, 1948-1973*.

exemplar do tipo de ajuda que o governo Kennedy valorizava em nível local, merece ser analisado com maior cuidado.

A Copeg tinha dois objetivos fundamentais: primeiro, estimular um processo de reindustrialização nos distritos que hoje formam a região metropolitana do Rio de Janeiro, com o intuito de criar uma base econômica sólida nos médio e longo prazos que pudesse amenizar os efeitos econômicos da transferência da capital federal para Brasília. A construção da mencionada planta termoelétrica no distrito de Santa Cruz (inaugurada em maio de 1968), também financiada por empréstimo da Usaid, visava exatamente prover infraestrutura energética para as fábricas que ali se instalariam sob estímulo da Copeg. Além desse aspecto, a Copeg objetivava fortalecer um processo de modernização liberal-capitalista no estado, estimulando a formação de empresas de capital aberto (algo ainda muito incipiente no Brasil na época), permitindo não apenas que vários atores sociais participassem como proprietários acionários de empresas industriais, mas também que poupanças de agentes privados fossem canalizadas para empreendimentos produtivos. Ações de estímulo à livre-iniciativa empresarial e ao mercado acionário por meio de companhias abertas já tinham sido realizadas por agentes norte-americanos no Brasil nos anos 1950. O maior exemplo nessa direção foi a criação do Fundo Crescinco por Nelson Rockefeller em 1957.[17] A perspectiva da Copeg, portanto, era a de fazer a mesma coisa, porém de modo muito mais amplo e viabilizado por meio da ajuda econômica norte-americana.

Vale ressaltar que, conforme abordamos no Capítulo 1, o início dos anos 1960 foi marcado por uma forte competitividade entre os modelos liberal-capitalista e comunista em termos de eficiência e produtividade de empresas. O premiê soviético Nikita Khrushchev argumentava com frequência que o sistema comunista já estaria apresentando resultados concretos superiores ao sistema capitalista no que se referia a rendimento e habilidade empresariais. As impressionantes conquistas soviéticas no campo aeroespacial pareciam confirmar essas afirmações. O governo Kennedy, por sua vez, respondia apoiando iniciativas globais capazes de mostrar a superioridade da "livre empresa" frente a empreendimentos de economias centralizadas.[18]

O empréstimo da Usaid à Copeg encaixou-se claramente nessa perspectiva. Na realidade, a própria fundação da companhia deveu-se aos trabalhos de uma firma de consultoria norte-americana (Howard Chase Associates) contratada pelo governo da Guanabara em 1961 com apoio da Usaid que

---

17 Cobbs, Entrepreneurship as Diplomacy: Nelson Rockefeller and the Development of the Brazilian Capital Market, *Business History Review*, v.63, n.1.

18 Miroff, *Presidents on Political Ground: Leaders in Action and What They Face*, p.58; Id., *Pragmatic Illusions: the Presidential Politics of John F. Kennedy*, p.167-222.

passou quatro meses no estado para estudar formas de promover o desenvolvimento econômico (e, em particular, industrial) da região. O principal resultado desse trabalho foi, exatamente, a fundação da Copeg, que teria como foco estimular "a livre empresa como o mais importante meio para o desenvolvimento econômico". O próprio diretor da Companhia, Guilherme Borghoff, chegou a afirmar no início de 1962 que o apoio da Copeg a indústrias na Guanabara representaria "uma chance para provar que o nosso sistema, livre empresa, [seria] melhor do que o socialismo".[19] Apesar de um dos distritos industriais planejados pela Copeg (o distrito de Bandeiras) não ter sido concretizado, e de o distrito de Santa Cruz ter sido inaugurado bem depois do previsto (em 1973, e não no final da administração Lacerda), a Copeg tornou-se modelo para outros estados brasileiros, provendo mais de US$ 4,2 milhões em empréstimos subsidiados, e subscrevendo capital para mais de 140 empresas industriais em expansão ou com planos de se mudar para o estado da Guanabara.[20]

Em termos gerais, portanto, pode-se observar que, além de determinados estados brasileiros terem sido privilegiados na alocação de recursos da Usaid em dólares durante o governo Goulart, a forma pela qual esses recursos foram empregados também representou um importante meio, na visão de formuladores políticos norte-americanos, para criar condições estruturais de combate ao comunismo na região.

No que se refere às doações em cruzeiros destinadas a unidades federativas pelo programa Alimentos para a Paz (PL 480), observam-se diferenças importantes com relação aos empréstimos em dólares da Usaid. De certa maneira, os dados de abrangência nacional que conseguimos recolher sobre esses desembolsos apontam para semelhanças com o padrão de alocação de recursos do BID para o Brasil. Como se pode observar na Tabela 3.3, a distribuição de doações norte-americanas em cruzeiros para as unidades da federação brasileira entre janeiro de 1962 e junho de 1963 pendeu fortemente para os estados do Nordeste, que receberam quase 73% dos recursos. Nesse sentido, foi um percentual bem superior às divisas alocadas pelo BID para a mesma região (38,8%) durante o governo Jango. De qualquer modo, a proeminência do Nordeste no recebimento de doações em moeda local da Usaid não surpreende. Isso porque, conforme já assinalamos no Capítulo 1, a região havia sido objeto de um acordo bilateral entre os governos

---

19 Airgram A-1330, Rio de Janeiro to Usaid/W, 4 mar. 1964, folder Brazil – Copeg Bulk File # 1, Closed Project Loan Bulk Files, compiled 1961-1967 (a seguir, CPLBF), box 8, RG 286, Nara.

20 Damas, *Distritos industriais da cidade do Rio de Janeiro: gênese e desenvolvimento no bojo do espaço industrial carioca*, p.90-8. Ver também Airgram A-1330, Rio de Janeiro to Usaid/W, 4 mar. 1964, RG 286, Nara.

Felipe Pereira Loureiro

brasileiro e norte-americano em abril de 1962 no valor de US$ 131 milhões, os quais foram despendidos, em grande parte, por meio de recursos em cruzeiros.[21]

Tabela 3.3 – Doações da Usaid ao Brasil discriminadas por estados, janeiro de 1962 a julho de 1963 (em milhões Cr$)

Estados	Cr$	%
Rio Grande do Norte	1.981,00	24,9
Guanabara	1.946,00	24,5
Pernambuco	1.109,00	14,0
Agências nordestinas*	960,76	12,1
Bahia	540,00	6,8
Alagoas	370,00	4,7
Maranhão	280,00	3,5
Rio de Janeiro	200,00	2,5
Paraíba	188,00	2,4
Ceará	150,00	1,9
Piauí	120,00	1,5
Sergipe	100,00	1,3
Total	7.944,76	100,0

* Agências federais ou instituições e empresas interestaduais cujas atividades se dão na região Nordeste.

Fontes: Telegram 1707, 28 jun. 1963, RG 286, Nara, p.2-4; Airgram A-1332, Rio de Janeiro to AID/W, 6 mar. 1964, CSF, folder PRM 1 – Monthly Progress Reports FY 63-65, box 18, RG 286, Nara; Telegram 1540, Rio de Janeiro to Secretary of State, 3 jun. 1963, CSF, folder PRM 1 – Monthly Progress Reports FY 63-65, box 18, RG 286, Nara; Airgram A-1154, Rio de Janeiro to AID/W, 22 jan. 1964, CSF, folder PRM 1 – Monthly Progress Reports FY 63-65, box 18, RG 286, Nara.

Entre os estados nordestinos mais favorecidos por doações em cruzeiros entre janeiro de 1962 e junho de 1963, destaca-se o Rio Grande do Norte, que ficou em primeiro lugar, representando 24,9% do total dos recursos dessa natureza alocados para unidades da federação. O Rio Grande do Norte era governado à época por Aluísio Alves (UDN), um político conservador, porém defensor de uma abordagem modernizante para o estado, e que vinha despontando no período como uma importante liderança regional (e até mesmo nacional). Alves já havia se destacado como deputado federal pela defesa de uma Previdência Social pública (havia sido dele, por exemplo, o projeto da Lei Orgânica da Previdência Social, aprovado no governo Vargas, 1951-1954). Defensor de reformas sociais moderadas, sobretudo no sentido de propiciar maior acesso a serviços de saúde e educação a populações

21 Roett, *Brazil: Politics in a Patrimonial Society*, p.82-6.

instaladas nos rincões mais carentes do Rio Grande do Norte, Aluísio Alves tornou-se um político extremamente popular, mantendo, ao mesmo tempo, uma postura crítica diante das propostas reformistas do governo Goulart, por ele caracterizadas como radicais. Não à toa, Alves apoiaria o golpe de 1964 e se filiaria à Arena, tornando-se deputado federal em 1967 pelo partido.[22]

Além do caso do Rio Grande do Norte, chama a atenção o fato de a Guanabara de Carlos Lacerda ter ficado em segundo lugar no recebimento de doações em cruzeiros da Usaid entre janeiro de 1962 e junho de 1963, totalizando 24,5% dos recursos globais, quase o mesmo montante recebido pelo estado de Aluísio Alves (Tabela 3.3). Ou seja, das doações em moeda local destinadas ao Sudeste, a Guanabara obteve mais de 90% do total (o restante destinou-se ao Rio de Janeiro de Celso Peçanha). Isso significa que, mesmo em um tipo de ajuda econômica na qual estados nordestinos tenderam a ser privilegiados, a Guanabara manteve sua posição de absoluto destaque. Por fim, das demais unidades do Nordeste que foram objeto de doações em cruzeiros no período, destacaram-se Pernambuco, de Cid Sampaio (14% do total), e a Bahia, de Juraci Magalhães (6,2%), duas administrações estaduais que também apareceram nas listas de ajuda do BID e da Usaid em dólares (tabelas 3.1 e 3.2). Em suma, tal como nos casos anteriores, as doações em cruzeiros da Usaid a estados brasileiros parecem confirmar o padrão de exclusão a unidades federativas governadas por políticos de esquerda e identificados com a administração Goulart.

Do ponto de vista da forma pela qual doações em cruzeiros da Usaid foram alocadas, a maioria absoluta dos recursos destinou-se, como era de se esperar, a obras e atividades que podiam ser abastecidas e realizadas por fontes domésticas, sem depender significativamente de importações de bens e serviços do exterior. Incluem-se aqui projetos educacionais, de saúde e de habitação. Do total de recursos despendidos entre janeiro de 1962 e junho de 1963, 33,5% destinaram-se a apenas dois projetos: um deles desenvolvido no Rio Grande do Norte e o outro, na Guanabara.

O projeto potiguar referiu-se a um programa de educação primária com foco na alfabetização de crianças e adultos. Previa-se a construção de salas de aula e centros de treinamento de professores, e o desenvolvimento de materiais de instrução escolar. A questão da alfabetização de adultos havia se tornado um dos temas mais importantes para a esquerda brasileira do início dos anos 1960. Isso em razão tanto do desenvolvimento do método de ensino freiriano (isto é, baseado na metodologia do educador pernambucano Paulo Freire), como do papel político que alfabetizados exerciam na república brasileira do pós-guerra. Como já assinalamos, de acordo com a Constituição de 1946, analfabetos não tinham direito a voto. Logo, um processo de

---

22 Alves (Coord.), *Dicionário histórico-biográfico brasileiro pós-1930*, p.160-1.

Felipe Pereira Loureiro

alfabetização que prometia não somente uma alfabetização rápida e eficaz mas também uma conscientização política das pessoas recém-alfabetizadas, como era o caso da abordagem freiriana, era considerado por muitos segmentos da esquerda brasileira um elemento central capaz de alterar o equilíbrio eleitoral e as disputas políticas no país em médio prazo. A administração municipal (e, depois, estadual) de Miguel Arraes em Recife (Pernambuco) lançaria mão dos Centros de Cultura Popular (CPC), por exemplo, como forma de institucionalizar o método freiriano de alfabetização.[23]

Por outro lado, segmentos das elites brasileiras mais tradicionais, sobretudo no Nordeste, viam esse tipo de iniciativa com extremo ceticismo. Washington compartilhava de apreensões semelhantes, deixando claro que o interesse norte-americano em financiar projetos que viabilizassem a alfabetização de crianças e adultos no Rio Grande do Norte de Aluísio Alves tinha a ver não somente com o desenvolvimento de capital humano no estado, mas também com o objetivo de combater metodologias de ensino consideradas impróprias. Apesar disso, é de se notar que o programa educacional financiado pela Usaid no Rio Grande do Norte lançou mão da metodologia freireana de alfabetização, o que mostra as nuances e contradições da ajuda regional norte-americana no Brasil de Goulart. Com o tempo, porém, as autoridades estadunidenses passaram a ser críticas das consequências políticas do método.[24] Em telegrama de fevereiro de 1964, por exemplo, o embaixador norte-americano no Brasil Lincoln Gordon reclamaria para a Usaid em Washington sobre a falta de "material de acompanhamento" (*follow-up materials*) para alfabetização de adultos no Nordeste em áreas financiadas com recursos da Usaid (como o Rio Grande do Norte) – problema esse, segundo ele, que traria graves consequências caso não fosse sanado. Gordon argumentou que a Usaid não poderia permitir que "interesses alheios aos interesses norte-americanos" preenchessem esse "vácuo".[25]

O projeto da Guanabara financiado com doações em cruzeiros da Usaid foi tão importante para os interesses estratégicos da administração Kennedy no Brasil quanto o programa educacional no Rio Grande do Norte. Nesse caso, porém, o foco do auxílio recaiu em um ambicioso projeto habitacional, que incluía a remoção de várias favelas de áreas centrais da atual cidade do Rio de Janeiro e a transferência dessas populações carentes para conjuntos habitacionais localizados na periferia carioca. A concretização formal da ajuda norte-americana a esse programa do governo Lacerda foi oficializada

---

23 Para uma discussão da aplicação do método freiriano e de suas implicações políticas para o Nordeste brasileiro e para o país como um todo no início dos anos 1960, ver Kirkendall, *Paulo Freire & the Cold War Politics of Literacy*, cap.1.

24 Kirkendall, *Paulo Freire and the Cold War Politics of Literacy*, p.35-42.

25 Airgram A-1258, Rio de Janeiro to Usaid/W, 18 fev. 1964, folder PRM 1-4 Program Approval FY 63-65, box 20, CSF, RG 286, Nara.

A Aliança para o Progresso e o governo João Goulart (1961-1964)

em um evento na Guanabara em 17 de agosto de 1962, primeiro aniversário do programa Aliança para o Progresso (a Carta de Punta del Este havia sido assinada formalmente em 17 de agosto de 1961), que contou com a presença do próprio coordenador da Aliança, Teodoro Moscoso. Lacerda e Moscoso visitaram uma das favelas que estavam sendo removidas (a favela do Bom Jesus) e, depois, partiram para o local onde estava sendo construído o primeiro conjunto habitacional do programa. Nomeado Vila Aliança, esse conjunto previa a construção de 2.183 casas de cômodo único, com potencial para serem expandidas para até três cômodos, construídas em terrenos de 118 metros quadrados (7,92 por 14,93 metros quadrados). Além da Vila Aliança, três outros complexos habitacionais seriam construídos com recursos da Usaid: Vila Kennedy (5.069 unidades), Vila Esperança (464 unidades) e Cidade de Deus (6.658 unidades). Grande parte das obras seria concluída até o final da administração Lacerda, em janeiro de 1966.

Tal como no caso do programa educacional financiado pela Usaid no Rio Grande do Norte, o projeto habitacional da Guanabara tinha em vista mais do que mitigar o grave problema de moradia das populações pobres e marginalizadas do Rio de Janeiro. Havia nele toda uma perspectiva de sociedade e concepção de modernização capitalista a serem fomentadas na região-alvo da ajuda. Isso se daria seja diretamente pelo próprio projeto, seja em razão da função que ele exerceria para outras iniciativas que estavam sendo implementadas na região. Para além de garantir oferta de mão de obra para os distritos industriais apoiados pela Copeg (as vilas financiadas pela Aliança ficavam próximo aos distritos industriais de Bandeiras e Santa Cruz, que estavam sendo desenvolvidos com recursos da Aliança também), a concepção por detrás desses conjuntos habitacionais, conforme Leandro Benmergui, teria sido a de fazer com que ex-favelados se tornassem donos de casas individuais suburbanas por meio de seus próprios esforços – uma política que, para o autor, apresentaria claras "conotações políticas e ideológicas".[26]

As casas viabilizadas pela Aliança para o Progresso na Guanabara não seriam doadas; ao contrário, dentro da perspectiva de "autoajuda" e de repartição de esforços entre Estados Unidos e América Latina em prol do desenvolvimento da região, os cidadãos beneficiados deveriam pagar mensalidades, o que fazia com que apenas uma parcela de famílias "faveladas" fosse considerada apta a integrar os novos conjuntos habitacionais. Os recursos obtidos com as mensalidades, por sua vez, administrados pela Companhia de Habitação Popular do Estado da Guanabara (Cohab-GB), serviriam para a construção de novas casas populares, dando ao empréstimo original da Usaid um caráter de "capital semente" (*seed capital*). A seleção de

---

26 Benmergui, *Housing Development: Housing Policy, Slums, and Squatter Settlements in Rio de Janeiro, Brazil and Buenos Aires, Argentina, 1948-1973*, p.191, 200-5.

beneficiados com base em uma renda mínima teria criado, nas palavras de Benmergui, "uma segregação espacial" no novo estado da Guanabara, já que as famílias que não podiam pagar pelas casas foram transferidas para "zonas de triagem" na periferia, muitas das quais, sem nenhuma infraestrutura, logo se tornariam áreas de moradia permanente, favelizando-se – as favelas do Complexo da Maré, por exemplo, originalmente surgiram como essas "zonas de triagem".[27]

Outro aspecto que denota o quanto esse projeto habitacional da Usaid visava muito mais do que resolver problemas de moradia no Rio, identificando-se com uma determinada perspectiva de modernização capitalista para a cidade, foi o fato de esses complexos de casas nos subúrbios serem vistos por técnicos norte-americanos da Usaid, segundo Benmergui, como o ambiente "mais adequado para a vida familiar", em contraste com prédios residenciais, nos quais privacidade e liberdade individuais seriam maculadas por uma excessiva socialização entre moradores. Caso a opção por prédios tivesse sido feita, os conjuntos habitacionais da Guanabara poderiam ter sido construídos mais próximo ao centro do Rio de Janeiro, já que seriam necessários terrenos menores para a edificação de igual número de unidades habitacionais – aliás, essa era a perspectiva que estava por detrás de tentativas anteriores de melhoria de habitação popular no Rio de Janeiro, como a Operação Mutirão, organizada pelo Serviço Especial de Recuperação de Favelas e Habitações Anti-higiênicas (Serpha), focadas na integração do "favelado" ao espaço da cidade, e não em seu isolamento na periferia.[28]

No entanto, a decisão em prol de conjuntos individuais, que significou a necessidade de terrenos muito maiores, empurrou necessariamente as vilas financiadas pela Aliança para o Progresso para a periferia do Rio. Durante a cerimônia com Teodoro Moscoso na Vila Aliança em agosto de 1962, Carlos Lacerda deixou clara a conexão entre casas individuais e garantia de liberdade para os novos proprietários. Segundo o governador da Guanabara, seriam os "verdadeiros trabalhadores que iriam se beneficiar da Aliança, mudando-se para novas casas onde poderiam ser donos de seu destino, como homens livres que são".[29] No entanto, em médio prazo o projeto malogrou. Distantes do centro da Guanabara e prejudicadas pela demora na concretização do programa de distritos industriais (que, mesmo quando iniciado, no início dos anos 1970, gerou uma demanda por mão de obra não qualificada nos arredores bem menor do que a originalmente esperada), as vilas habitacionais de Lacerda, tal como as "zonas de triagem", também se favelizariam, e com notória rapidez. Inclusive, o maior desses complexos

---

27 Ibid., p.182-4, 187.
28 Ibid., p.166-8.
29 *CM*, Bairro da Aliança teve o seu projeto inaugurado, 18 ago. 1962, p.3.

habitacionais, Cidade de Deus, transformou-se em uma das maiores e mais violentas favelas do Rio de Janeiro, imortalizada em 1997 pelo romance de Paulo Lins (*Cidade de Deus*), adaptado para o cinema por Fernando Meirelles em 2002.[30]

Finalmente, ao analisarmos dados sobre doações em dólares e empréstimos em cruzeiros oferecidos pela Usaid para os estados do Nordeste durante o governo Goulart (já que, para esses dois tipos de ajuda, não temos informações sistemáticas para os demais estados da federação), percebe-se que o estado do Rio Grande do Norte, governado por Aluísio Alves, destacou-se no recebimento de doações em dólares, angariando 26,7% do total desse tipo de recurso – atrás apenas das agências federais sediadas no Nordeste (Tabela 3.4). Ceará e Pernambuco (de Cid Sampaio) também receberam substanciais doações em divisa forte. Esses três estados concentraram mais de 65% de todas as doações em dólares feitas pela Usaid a estados nordestinos no período Goulart.

Em termos de empréstimos em cruzeiros, percebe-se uma distribuição menos concentrada. Ainda assim, os estados do Maranhão, do Ceará e da Bahia receberam da Usaid, de forma conjunta, mais de 50% dos empréstimos em moeda brasileira durante a administração Jango. À época, as três unidades eram governadas por lideranças conservadoras: Newton de Barros Belo, do PSD, no caso do Maranhão; José Parsifal Barroso, do PSD, e Virgílio Távora, da UDN, no Ceará; e Juraci Magalhães e Antônio Lomanto Jr., ambos da UDN, na Bahia. A maior parte dos empréstimos em cruzeiros destinou-se a projetos educacionais – construção de salas de aula, material didático e centros de treinamento de professores –, enquanto as doações em dólares tiveram uma distribuição mais heterogênea, destinando-se a projetos de saneamento, saúde, educação e fomento agrícola.

A apreciação agregada da ajuda norte-americana para estados brasileiros durante o governo Goulart – juntando-se os quatro tipos de auxílio possíveis (empréstimos em dólares, empréstimos em cruzeiros, doações em dólares e doações em cruzeiros) –, conjuntamente ao padrão de alocação de empréstimos do BID, apresenta inúmeras sobreposições e similitudes. Uma análise puramente descritiva e pouco sistemática dessa ajuda, como fizemos até aqui, sugere que recursos teriam sido destinados prioritariamente a estados governados por políticos de cunho centrista e/ou conservador e, em graus diversos, antigoulartistas. No que se refere às espécies de

---

30 Benmergui, *Housing Development: Housing Policy, Slums, and Squatter Settlements in Rio de Janeiro, Brazil and Buenos Aires, Argentina, 1948-1973*, p.214-9; Schwarz, City of God, *New Left Review*, n.12. No início dos anos 1970, o antropólogo estadunidense Lawrence Salmen fez um estudo etnográfico na Vila Kennedy. Os resultados de sua tese de doutorado mostraram, em geral, a insatisfação dos moradores com as condições habitacionais da Vila. Ver Salmen, *The Casas de Cômodos of Rio de Janeiro: a Study of the Occupants and Accommodations of Inner-City Slums and a Comparison of Their Characteristics with the Favelas.*

Felipe Pereira Loureiro

ajuda sobre as quais obtivemos dados para todos os estados (empréstimos em dólares da Usaid e do BID, doações em cruzeiros da Usaid), percebe-se que as unidades administradas por atores políticos de esquerda e mais próximos a Goulart não foram contempladas com nenhum recurso entre

Tabela 3.4 – Empréstimos em cruzeiros e doações em dólares da Usaid para os estados do Nordeste do Brasil, janeiro de 1962 a março de 1964

Estados	Empréstimos em cruzeiros (milhões)	
	Quantidade	Percentual
Maranhão	3.343	17,8
Ceará	3.317	17,6
Bahia	3.133	16,7
Piauí	2.255	12,0
Paraíba	2.345	12,5
Pernambuco	2.000	10,6
Alagoas	1.146	6,1
Sergipe	1.275	6,8
Total	18.814	100,0
Estados	Doações em dólar (milhares)	
	Quantidade	Percentual
Agências nordestinas*	1.588	28,2
Rio Grande do Norte	1.501	26,7
Ceará	1.178	21,0
Pernambuco	1.009	17,9
Destino desconhecido	240	4,3
Bahia	106	1,9
Total	5.622	100,0

* Agências federais ou instituições e empresas interestaduais cujas atividades se dão na região Nordeste.

Fontes: Project Summaries, Usaid/Northeast Brazil, [s.d.]., folder PRM reports 1962-1967; Status Summary of FY 64 Program Documents as of April 1, 1964, Project Agreements, [s.d.]., Nara, RG 286, Usaid/Brazil, NE Area Office/Office of the Director Subject Files 1962-1967 (Neaosf), folder PRM 1-2 Assistance Plans CY 63-71, box 8; Airgram A-362, Recife to AID, 2 abr. 1963, Nara, RG 286, Neaosf, folder PRC 3-3 Contractors FY 62-67, box 7; Telegram 1707, Rio de Janeiro to AID, 28 jun. 1963, Nara; Airgram CA-919, AID to Salvador, 23 jul. 1963, folder AID (Alliance for Progress) 3/1/63; Report on the Alliance for Progress n. 38, attached to Memo for the President, Teodoro Moscoso, 25 jun. 1963, Nara, RG 59, Central Foreign Policy File (CFPF) 1963, folder AID (Alliance for Progress) 7/1/63, box 3294; Telegram 231, Rio de Janeiro to AID, 2 ago. 1963; Telegram A-173, Rio de Janeiro to AID, 10 ago. 1964, Nara, RG 286, Central Subject Files, compiled 08/1962 – 1985 (CSF), folder PRM 1 – Goal and Activity Progress Reports FY 63-65, box 19; Telegram 512, Nara, RG 59, CFPF 1964-1966, Recife to AID, 7 mar. 1964, folder AID (AFP) 1/2/64, box 489.

setembro de 1961 e março de 1964, com exceção de modestas doações em cruzeiros.[31]

Colocando-se esses três tipos de auxílio em uma só base de dados e dividindo-os por administrações estaduais (e não por estados), como na Figura 3.1, essas características se tornam ainda mais salientes. Apenas a administração Lacerda, sozinha, ficou com mais de 40% do auxílio norte-americano e do BID – lembrando que isso não inclui empréstimos em cruzeiros e doações em dólares da Usaid nem doações em cruzeiros do período de julho de 1963 a março de 1964. A Guanabara foi seguida, de muito longe, pelos governos Magalhães Pinto (11%), Ademar de Barros (9%) e Cid Sampaio (7%) – com o importante adendo de que os dois últimos se caracterizaram por administrações não coincidentes com o período do mandato de Jango.

Quanto aos tipos de auxílio para os quais obtivemos dados sistemáticos exclusivamente para estados nordestinos (empréstimos em cruzeiros e doações em dólares), o mesmo padrão se repetiu: governadores conservadores privilegiados em detrimento de líderes de esquerda. Os estados do Rio Grande do Norte, do Maranhão, do Ceará e de Pernambuco, todos governados por administrações de cunho conservador e, em vários matizes, antigoularistas, foram os que mais receberam esses dois tipos de ajuda no período do governo Jango (Tabela 3.4). Vale destacar que os recursos destinados a Pernambuco – Cr$ 2 bilhões em empréstimos e um pouco mais de US$ 1 milhão em doações – concentraram-se quase que integralmente no período da administração Cid Sampaio. A única exceção referiu-se à uma minúscula doação de US$ 9 mil assinada durante a gestão Miguel Arraes com objetivo de apoiar projetos de extensão rural realizados pela Universidade Federal Rural de Pernambuco.

Por fim, a forma como essa ajuda foi empregada nos estados selecionados aponta para o fato de que o destino de tais recursos teve conotações políticas mais profundas, sobretudo no que se referiu à promoção de um tipo de modernização capitalista liberal capaz de fortalecer nas regiões auxiliadas um *éthos* contrário à modernização comunista ou que nela fosse inspirado. Essa segunda conclusão, pouco salientada pela literatura, tem grande significância para refletirmos sobre os impactos da Aliança para o Progresso nos rumos do desenvolvimento socioeconômico e político brasileiro do pós-guerra.

---

31 As administrações Miguel Arraes (PE) e Francisco Rodrigues (PI), de viés de esquerda e mais próximas à administração Jango, receberiam doações em cruzeiros da Usaid no valor de US$ 250 mil cada (seguindo-se conversão por meio da taxa de câmbio livre) – em fevereiro de 1963 e dezembro de 1962, respectivamente. Essas doações foram feitas, porém, no caso de Pernambuco, com base em compromissos pretéritos (assumidos durante a gestão Cid Sampaio) e, no caso do Piauí, tendo em vista que uma administração amigável (Petrônio Portela, PSD) se iniciaria no estado em janeiro de 1963.

Figura 3.1 – Participação das administrações estaduais no recebimento de ajuda econômica norte-americana e do BID, em dólares, 1961-1964 (%)

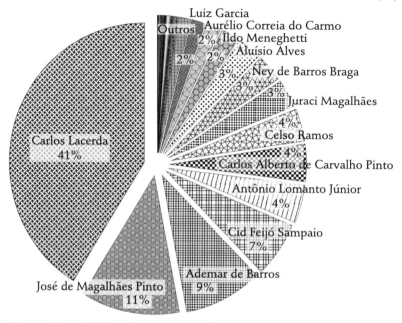

Nota: A conversão cambial dos valores em cruzeiros baseou-se na taxa de câmbio do mercado livre, que era aquela utilizada nos contratos dos Acordos do Trigo, base dos recursos em moeda local da Usaid. Como essa taxa mudou bastante no início dos anos 1960, os valores totais aqui apresentados devem ser interpretados com cautela, tendo valor aproximativo. Ver Mesquita, *1961-1964: a política econômica sob Quadros e Goulart*, Apêndice. Agradeço a Marislei Nishijima pela ajuda na confecção desta figura.

Fontes: BID, relatórios anuais, disponíveis em FHL, Washington, D.C.; Report, Agency for International Development and Alliance for Progress, [s.d.], AF, LBJL, p.85-92; Telegram 1707, Rio de Janeiro to Secretary of State, 28 jun. 1963; Telegram A-176, Rio de Janeiro to AID/W, 26 jul. 1963; Telegram A-231, Rio de Janeiro to AID/W, 2 ago. 1963; Telegram A-1360, Rio de Janeiro to AID/W, 12 mar. 1964; Telegram A-1579, Rio de Janeiro to AID/W, 28 abr. 1964; Telegram A-173, Rio de Janeiro to AID/W, 10 ago. 1964, CSF, folder PRM 1 – Goal and Activity Progress Reports FY 63-65, box 19, RG 286, Nara; Report, Summary Report on the Alliance for Progress, n.41, attached to Memo, Teodoro Moscoso to President Kennedy, 6 ago. 1963, Arthur M. Schlesinger Personal Papers (AMSPP), folder Alliance for Progress, 7/8/63-8/16/63, box WH02, PP, JFKL; Telegram 1540, Rio de Janeiro to Secretary of State, 3 jun. 1963, CSF, folder PRM 1 – Monthly Progress Reports FY 63-65, box 18, RG 286, Nara; Airgram A-1154, Rio de Janeiro to AID/W, 22 jan. 1964, CSF, folder PRM 1 – Monthly Progress Reports FY 63-65, box 18, RG 286, Nara.

A seção seguinte apresenta uma abordagem quantitativa mais sistemática, porém simples, para testar a plausibilidade da nossa conclusão preliminar de que a alocação de recursos aos estados brasileiros no governo Goulart teria tido claro viés político. Essa abordagem é complementada por evidências qualitativas, sobretudo pelo cruzamento de fontes primárias oficiais norte-americanas produzidas no período sobre ajuda econômica regional.

3.3. Determinantes da ajuda regional norte-americana ao Brasil

Afirmar que a ajuda regional norte-americana ao Brasil de Goulart teria seguido critérios políticos apenas porque estados beneficiados foram governados por políticos conservadores e antigoularistas não constitui evidência suficiente. Pelo menos dois tipos de problemas persistem: primeiro, por que esses governadores foram particularmente privilegiados? A não ser que eles tivessem sido os únicos governadores conservadores e antigoularistas do país no período (o que não era o caso, claramente), seria necessário avaliar o grau de conservadorismo e de aproximação com Washington de cada um dos governadores brasileiros e verificar até que ponto aqueles que foram mais beneficiados poderiam, de fato, ter sido caracterizados como os mais alinhados com a política do governo Kennedy para o Brasil. Em segundo lugar, mesmo se fosse possível criar um índice capaz de medir o grau de conservadorismo dos governadores e seu alinhamento às diretrizes norte-americanas, ainda assim não teríamos como saber até que ponto tal índice teria sido percebido como relevante por formuladores políticos em Washington, isto é, por aqueles que efetivamente tomavam decisões sobre alocação de recursos para os estados brasileiros, que é o que nos interessa aqui. Afortunadamente, porém, ambos os problemas são atacáveis. Isso porque o governo Kennedy aplicou uma sistemática categorização ideológica para os principais políticos brasileiros no final de 1962, tomando-a como base para decisões políticas. Essa decisão relacionou-se diretamente com o contexto eleitoral do país no período.

Em outubro de 1962, a população brasileira alfabetizada foi às urnas para escolher representantes para a Câmara dos Deputados, para dois terços do Senado, e para os poderes Executivo e Legislativo de 11 dos 22 estados da federação.[32] Estudiosos enfatizam que o governo Kennedy teria interpretado essas eleições como um episódio fundamental para o futuro político brasileiro, utilizando-se de inúmeros instrumentos e recursos para garantir que representantes favoráveis às posições norte-americanas saíssem vitoriosos.[33] De fato, o teor da conversa entre o presidente Kennedy e o

---

32 *O Estado de S. Paulo*, Para as 45 vagas no Senado há 109 candidatos, 7 out. 1962, p.26; Os resultados das apurações para a Câmara em 11 Estados favorecem a UDN e o PSD, 18 out. 1962, p.2.

33 Entre os vários trabalhos que analisam a interferência norte-americana nas eleições brasileiras de outubro de 1962, ver Bandeira, *O governo João Goulart: as lutas sociais no Brasil (1961-1964)*, p.174-83; Dreifuss, *1964: a conquista do Estado – ação política, poder e golpe de classe*, p.102-3, 184, 207-10; Green, *We Cannot Remain Silent: Opposition to the Brazilian Military Dictatorship in the United States*, p.30; Leacock, *Requiem for Revolution: the United States and Brazil, 1961-1969*, p.122; O'Brien, *Making the Americas: the United States and Latin America – from the Age of Revolutions to the Era of Globalization*, p.224-6. Gomes Jr. (As eleições pernambucanas

embaixador norte-americano Lincoln Gordon na Casa Branca em 30 de julho de 1962 – a primeira de muitas conversas entre Kennedy e altas autoridades políticas do país que seria gravada pelo sistema de segurança do presidente estadunidense – mostra claramente a centralidade que a elite política de Washington dava ao pleito eleitoral brasileiro. Nesse encontro, Gordon classificou as eleições de 1962 como um verdadeiro "ponto de virada" (*turning point*) para a história brasileira, semelhante às eleições legislativas italianas de 1948, nas quais os EUA também intervieram por meio de operações secretas.[34] No segundo semestre de 1962, conforme já relatamos, as relações Brasil-Estados Unidos passavam por crescente esfriamento, algo que culminaria com um ultimato político apresentado a Goulart pelo irmão do presidente Kennedy, Robert Kennedy, em meados de dezembro de 1962 em Brasília.[35] Nesse quadro, garantir que membros do Congresso brasileiro e de onze governos estaduais fossem pró-EUA havia se tornado crucial para Washington, tanto como instrumento de contenção de Goulart, quanto, na pior das hipóteses, como salvaguarda na eventualidade de que rupturas institucionais pró-EUA no Brasil se mostrassem necessárias.[36]

Para racionalizar o processo de ajuda norte-americana a candidatos ao Congresso Nacional e a governos estaduais, a Embaixada dos Estados Unidos elaborou, em maio de 1962, um índice ideológico discriminado em oito categorias. A Embaixada solicitou a todos os consulados norte-americanos no Brasil que colocassem cada postulante a cargos federais e estaduais em uma determinada categoria ideológica. Imaginava-se que esse índice poderia oferecer parâmetros mais objetivos para que Washington decidisse sobre quem apoiar nos diversos pleitos do país. Em justificativa de julho de 1962 sobre os procedimentos que estavam sendo adotados no contexto eleitoral, a Embaixada admitiu ao Departamento de Estado, em documento assinado pelo seu primeiro secretário (*chargé d'affaires*) e aprovado pelo diretor executivo, Robert W. Dean e Niles W. Bond, respectivamente, que o "sistema de classificação" elaborado era "imperfeito" e que as "categorias de alguma forma se sobrepunham", não sendo "necessariamente mutuamente excludentes". Apesar disso, argumentaram as autoridades norte-americanas da Embaixada no Rio de Janeiro:

---

de 1962 e a violação da soberania brasileira, *Fronteira*, v.14, n.27-8) e Betfuer (*Pernambuco e a Aliança para o Progresso: ajuda econômica regional no Brasil de João Goulart*), por sua vez, apresentam análises focadas no caso de Pernambuco.

34 A transcrição da conversa entre Kennedy e Gordon está em Naftali (Org.), *The Presidential Recordings: John F. Kennedy – the Great Crises*, v.1. Para o comentário específico de Gordon, ver p.16.

35 Loureiro, *Empresários, trabalhadores e grupos de interesse: a política econômica nos governos Jânio Quadros e João Goulart (1961-1964)*, cap.8.

36 Naftali, op. cit., p.17.

A Aliança para o Progresso e o governo João Goulart (1961-1964)

Essas categorias têm aplicação no Brasil e são úteis do ponto de vista dos Estados Unidos. Caso aplicadas com razoável uniformidade pelos postos de observação norte-americanos espalhados pelo Brasil, elas podem prover um padrão mais útil para a análise do que rótulos partidários, que frequentemente significam pouco ou nada, tendo em vista a grande variação regional e ideológica no interior dos partidos políticos brasileiros.[37]

As oito categorias contidas no índice ideológico elaborado pela Embaixada abarcavam desde a extrema esquerda ("comunistas", categoria 1) até reacionários e golpistas ("extremistas de direita", categoria 7), como pode ser visto na Figura 3.2. Em termos gerais, tanto a Embaixada quanto os consulados norte-americanos tendiam a ver como esquerdistas políticos que fossem anti-EUA e defendessem reformas de base radicais, colocando-os nas categorias 1, 2 e 3, ao passo que políticos que apresentassem resistência a quaisquer tipos de reforma e fossem pró-Washington tendiam a ser interpretados como direitistas, sendo inseridos nas categorias 6 e 7. No meio, encontravam-se as figuras mais elogiadas por autoridades do governo Kennedy: políticos que, apesar de serem pró-EUA e fortemente anticomunistas, supostamente se notabilizariam por defender graus distintos de "reformas democráticas", indo desde aqueles que alegadamente o faziam de forma profunda e genuína (categoria 4) até outros que as defendiam de maneira mais retórica do que efetiva (categoria 5). A análise dos documentos confidenciais entre a Embaixada, consulados e Departamento de Estado no período não deixa dúvida de que os políticos das categorias 4 e 5 eram os preferidos para receber apoio de Washington, sendo seguidos pelos direitistas (categorias 6 e 7) e, depois, pelas lideranças de esquerda (categoria 3). Políticos colocados nas categorias 1 e 2 – ou seja, comunistas ou que seguiam a linha do Partido Comunista, mesmo que inadvertidamente – eram considerados atores com quem, de modo geral, acordos e negociações não seriam possíveis.

Por reformas esquerdistas radicais, autoridades do governo Kennedy entendiam medidas que envolvessem, entre outras coisas, desrespeito ao princípio de inviolabilidade da propriedade privada, tais como desapropriação sem pagamento de "justa e efetiva" indenização – em outras palavras, indenização que destoasse do valor de mercado e que não fosse paga em dinheiro. As desapropriações levadas a cabo pelo governador Leonel Brizola, do Rio Grande do Sul, contra subsidiárias norte-americanas dos ramos de energia e telefonia (Amforp e ITT, respectivamente), por exemplo,

---

37 Report A-891, Rio de Janeiro to Department of State, 14 maio 1962, folder Subj.: Elections, 1962, box 2, Classified Special Election Files, compiled 01/01/1962 (a seguir, CSEF), RG 84, Nara.

Figura 3.2 – Índice ideológico elaborado pela Embaixada norte-americana no Brasil para categorização de políticos brasileiros, maio de 1962

Categoria	Denominação*	Descrição**
1	Comunista ou criptocomunista (*communist or crypto-communist*)	Aqueles que forem identificados como comunistas com alto grau de certeza (>90%), seja como filiados ao Partido Comunista Brasileiro, seja como seguidores consistentes da ideologia marxista-leninista.
2	Companheiro de viagem ou inocentes úteis (*fellow traveler or useful innocents*)	Esquerdistas radicais ou esquerdistas ingênuos (*dupes*) que, na prática, seguem a linha do Partido Comunista.
3	Esquerdista ultranacionalista (*leftist ultra-nationalist*)	Esquerdistas ultranacionalistas que são consistentemente anti-EUA, mas que não seguem a linha do Partido Comunista de forma consistente.
4	Reformistas radicais não comunistas (*non-communist radical reformers*)	Defensores de reformas socioeconômicas democráticas, sem serem críticos aos EUA nem seguirem os comunistas.
5	Centristas (*centrists*)	Liberais e reformistas moderados que, apesar de adotarem uma retórica pró-reformas de base, na prática não estão engajados em executá-las.
6	Conservadores (*conservatives*)	Aqueles que resistem a mudanças, incluindo grande parte da elite econômica nacional (industriais, grandes latifundiários, chefes políticos tradicionais).
7	Extremistas de direita (*rightist extremists*)	Reacionários que pretendem liderar uma ditadura militar de direita no Brasil ou que não se oporiam a ela.
8	Outros (*others*)	Todos os que não se encaixam nas categorias anteriores.

* Denominação em inglês entre parêntesis tal como se encontra no documento.
** As descrições aqui apresentadas são citações quase literais daquelas que aparecem no documento. Fizemos apenas algumas alterações para fins de sumarização e adaptação linguística.

Fonte: Report A-891, Rio de Janeiro to Department of State, 14 maio 1962, RG 84, Nara.

ou a proposta de emenda constitucional apresentada pelo líder do PTB na Câmara dos Deputados, Bocaiúva Cunha, em abril de 1963, em nome do governo Jango, alterando o dispositivo que previa o pagamento prévio em dinheiro para desapropriação de terras no Brasil, constituíram exemplos de reformas consideradas radicais pelo governo Kennedy. Ou seja, elas estariam fora do espírito reformista democrático da Aliança para o Progresso.[38] De fato, a preocupação com a dualidade "reformas democráticas" e "reformas radicais" em Washington era tamanha que, no final de 1962, o governo Kennedy patrocinou uma ampla pesquisa de opinião no Brasil e em outros seis países da América Latina explorando primordialmente essa questão.[39] Em geral, à luz dos interesses norte-americanos, os resultados foram ambíguos: entre aqueles que favoreciam desapropriações no Brasil, somente metade defendia o pagamento de "indenizações justas", enquanto o resto era favorável ou a pagamento de indenizações parciais ou a nenhum pagamento.[40]

E com relação aos governadores de estado? Quantos foram considerados por Washington defensores de reformas radicais ou membros da esquerda em geral (categorias 1, 2 e 3)? Observando-se a proporção de mandatários de acordo com as categorias ideológicas elaboradas pela Embaixada norte-americana, percebe-se que a maioria absoluta dos governadores foi percebida ou como moderada (categoria 5 – 45,2% do total) ou como conservadora (categoria 6 – 22,6% do total) (Tabela 3.5).

Tendo em vista que as categorias 4 e 5 eram as preferidas por Washington (sobretudo a primeira, por congregar políticos que supostamente aliavam desejos reformistas "radicais, porém democráticos", com uma posição

---

38 Ferreira, *João Goulart: uma biografia*, p.341-2; Saes e Loureiro, What Developing Countries' Past Energy Policies Can Tell Us about Energy Issues Today? Lessons from the Expropriation of American Foreign and Power in Brazil (1959-1965), *Utilities Policy*, v.29. Esse apego ao respeito à propriedade privada, inclusive (e, talvez, sobretudo) quando subsidiárias norte-americanas estavam em jogo, constitui um dos elementos centrais que levaram estudiosos a argumentar que interesses empresariais teriam sido as principais causas do desvirtuamento dos princípios da Aliança para o Progresso no Brasil. Para um exemplo dessa linha argumentativa, ver Leacock, *Requiem for Revolution: the United States and Brazil, 1961-1969*, cap.5.

39 É interessante que a categoria ideológica preferida pelas autoridades norte-americanas no Brasil (categoria 4) é denominada exatamente como "reformista radical não comunista". O sentido aqui de reformas radicais, no entanto, ao que pudemos perceber, aparece como sinônimo de "reformas democráticas", e não como parte das "reformas radicais de esquerda". O fato de Carlos Lacerda ter sido considerado o maior exemplo de político integrante dessa categoria, como assinalaremos adiante, comprova que o sentido de "radical" aqui não se identificava com radicalismo de esquerda.

40 Report, The Economic and Political Climate of Opinion in Latin America and Attitudes Toward the Alliance for Progress, jun. 1963, folder Latin America, General, 7/63-11/63, box 216, NSF, JFKL, p.30-6. Esse é um *survey* recentemente liberado pela Biblioteca John F. Kennedy. Para maiores informações, ver Loureiro, Guimarães e Schor, Public Opinion and Foreign Policy in João Goulart's Brazil (1961-1964): Coherence between National and Foreign Policy Perceptions?, *Revista Brasileira de Política Internacional*, v.58, n.2.

Felipe Pereira Loureiro

Tabela 3.5 – Número e proporção de governadores estaduais brasileiros conforme índice ideológico da Embaixada dos Estados Unidos no Brasil, agosto 1962

Categorias	Denominação	Governadores*	Proporção (%)
1	Comunista	0	0,0
2	Inocentes úteis	3	9,7
3	Esquerdista ultranacionalista	4	12,9
4	Reformistas radicais não comunistas	3	9,7
5	Centristas	14	45,2
6	Conservadores	7	22,6
7	Extremistas de direita	0	0,0
8	Outros	0	0,0
Total	–	31	100

* O número total de governadores ultrapassa o número de estados porque todos os governadores foram classificados, inclusive aqueles com tempos de mandato distintos.

Fonte: Report A-236, Rio de Janeiro to Secretary of State, 23 ago. 1962, folder Elections: Governors, box 2, CSEF, RG 84, Nara.

anticomunista e pró-EUA), percebe-se que mais da metade dos governadores brasileiros encaixava-se em perfis considerados desejáveis, enquanto apenas uma minoria (22,6%) representava segmentos políticos com os quais o diálogo seria difícil (categoria 3 – 12,9% do total), ou mesmo quase impossível (categoria 2 – 9,7% do total). Nenhum governador foi alocado nas categorias "comunista" (categoria 1) ou "extremistas de direita" (categoria 7). Entre exemplos de governadores da categoria 2 ("inocentes úteis", na medida em que seguiam a linha dos comunistas, mesmo que não fossem oficialmente filiados ao Partido Comunista), estavam Badger da Silveira (PTB, Rio de Janeiro), Leonel Brizola (PTB, Rio Grande do Sul) e Miguel Arraes (PST, Pernambuco). No caso da categoria 3 ("esquerdista ultranacionalista"), destacavam-se Francisco Rodrigues (PTB, Piauí), João Seixas Dória (UDN, Sergipe) e Mauro Borges (PSD, Goiás) (Tabela A.1).

É interessante notar que nenhum dos governadores considerados de esquerda pela Embaixada e pelos consulados norte-americanos no Brasil, mesmo aqueles pertencentes à categoria 3, recebeu um único empréstimo em dólares durante toda a administração Goulart, seja do BID, seja da Usaid (Tabela 3.6). Em termos de doação em cruzeiros, os estados de Pernambuco, de Miguel Arraes, e do Piauí, de Francisco Rodrigues, chegaram a ser contemplados, porém com valores ínfimos em comparação às demais unidades da federação. Isso fica claro quando comparamos as médias das doações em cruzeiros das categorias 2 e 3 (Cr$ 39,6 milhões e Cr$ 30 milhões, respectivamente) com as médias das outras categorias, sobretudo a categoria 4

(Cr$ 648,6 milhões), cujo montante representou uma soma 16 e 21 vezes maior do que as doações recebidas pelas categorias 2 e 3, respectivamente (Tabela 3.6).

A impressão de que critérios políticos tenham tido peso crucial na alocação da ajuda regional norte-americana reforça-se quando analisamos a distribuição de recursos para governadores identificados com os grupos ideológicos preferidos por Washington – categorias 4 e 5, nessa ordem. Dos dezessete governadores classificados nessas duas categorias, sete (ou seja, 41,2%) foram contemplados com empréstimos em dólares do BID ou da Usaid durante o governo Goulart – uma diferença marcante com a ausência total desse tipo de ajuda para os mandatários estaduais de esquerda (categorias 2 e 3). Se incluirmos aqueles que receberam doações em cruzeiros, para além de empréstimos em dólares, o número de governadores das categorias 4 e 5 beneficiados com ajuda econômica salta de sete para quinze (isto é, 88,2% dos dezessete possíveis). No caso dos mandatários considerados "conservadores" (categoria 6), as taxas de sucesso para essas mesmas variáveis diminuem (37,5% e 75%, respectivamente), mas, ainda assim, mostraram-se muito superiores àquelas apresentadas por governantes de esquerda (Tabela 3.6).

Tabela 3.6 – Média de empréstimos em dólares (BID e Usaid) e de doações em cruzeiros recebidos por governadores estaduais discriminada por categoria ideológica, janeiro 1962 a março 1964

Categorias	Empréstimos em US$ (BID e Usaid)	Doações em Cr$ (Usaid)	Número de administrações estaduais
2	0	39.666.667	3
3	0	30.000.000	4
4	20.950.000	648.666.667	3
5	3.422.208	320.785.714	14
6	2.521.429	42.857.143	7

Fontes: Report, Agency for International Development and Alliance for Progress, [s.d.], AF, LBJL, p.85-92; Telegram 1707, Rio de Janeiro to Secretary of State, 28 jun. 1963; Telegram A-176, Rio de Janeiro to AID/W, 26 jul. 1963; Telegram A-231, Rio de Janeiro to AID/W, 2 ago. 1963; Telegram A-1360, Rio de Janeiro to AID/W, 12 mar. 1964; Telegram A-1579, Rio de Janeiro to AID/W, 28 abr. 1964; Telegram A-173, Rio de Janeiro to AID/W, 10 ago. 1964, CSF, folder PRM 1 – Goal and Activity Progress Reports FY 63-65, box 19, RG 286, Nara; Report, Summary Report on the Alliance for Progress, n.41, attached to Memo, Teodoro Moscoso to President Kennedy, 6 ago. 1963, Arthur M. Schlesinger Personal Papers (AMSPP), folder Alliance for Progress, 7/8/63-8/16/63, box WH02, PP, JFKL; Airgram A-1332, Rio de Janeiro to AID/W, 6 mar. 1964, CSF, folder PRM 1 – Monthly Progress Reports FY 63-65, box 18, RG 286, Nara; Telegram 1540, Rio de Janeiro to Secretary of State, 3 jun. 1963, CSF, folder PRM 1 – Monthly Progress Reports FY 63-65, box 18, RG 286, Nara; Airgram A-1154, Rio de Janeiro to AID/W, 22 jan. 1964, CSF, folder PRM 1 – Monthly Progress Reports FY 63-65, box 18, RG 286, Nara; Report A-236, Rio de Janeiro to Secretary of State, 23 ago. 1962, folder Elections: Governors, box 2, CSEF, RG 84, Nara.

Nesse sentido, a partir da média dos valores recebidos em empréstimos em dólares e doações em cruzeiros por governadores estaduais distribuídos pelos cinco grupos ideológicos (categorias 2 a 6), é incontestável que os governadores das categorias 2 e 3 (identificados com posições mais à esquerda do espectro político) receberam bem menos recursos do que aqueles das categorias 4, 5 e 6 (identificados com posições mais à direita).[41] Além disso, analisando-se a distribuição apenas entre as categorias 4, 5 e 6, vê-se que a categoria 4 foi a mais privilegiada quanto à alocação desses dois tipos de recursos, tendo recebido seis e duas vezes mais empréstimos em dólares e doações em cruzeiros, respectivamente, do que a categoria subsequente (categoria 5, "centristas") (Tabela 3.6). Apenas três governadores seriam identificados pela Embaixada norte-americana como integrantes da categoria 4 ("reformistas radicais não comunistas"): Ildo Meneghetti, do Rio Grande do Sul, Antônio Lomanto Júnior, da Bahia, e Carlos Lacerda, da Guanabara (Tabela A.1). De longe, Lacerda foi o mais agraciado com essas duas espécies de recursos: o estado da Guanabara receberia 100% das doações em cruzeiros e 86% dos empréstimos em dólares da Usaid e do BID destinados à categoria 4 durante todo o período Goulart. Mesmo levando em conta o fato de que as administrações Meneghetti e Lomanto Júnior começaram no início de 1963 (ambos foram eleitos no pleito de outubro de 1962), enquanto a de Lacerda havia começado em janeiro de 1961, ainda assim a diferença entre esses três governadores permanece muito significativa.

Fazendo o mesmo tipo de exercício para os dados referentes aos outros dois modelos de ajuda da Usaid, isto é, empréstimos em cruzeiros e doações em dólares – para os quais, como se sabe, temos informações sistemáticas somente para os estados do Nordeste –, observa-se o mesmo padrão. Administrações pertencentes às categorias 2 e 3 foram claramente discriminadas na alocação desses recursos quando comparadas às lideranças vistas como favoráveis por Washington (categorias 4 e 5). Governadores de esquerda praticamente não receberam doações em dólares – com exceção de uma modesta doação para fins de extensão rural ao estado de Pernambuco de Miguel Arraes –, enquanto apenas um estado cuja liderança havia sido etiquetada como "esquerdista ultranacionalista" (categoria 3) – Sergipe, de Seixas Dória (PSD) – foi contemplada com um empréstimo em cruzeiros da Usaid. Todos os demais casos de empréstimos em cruzeiros e doações em dólares concentraram-se em governadores de cunho conservador, notadamente as lideranças categorizadas no grupo 5 ("centristas") (Tabela 3.7).

---

41 Fala-se aqui em cinco grupos ideológicos porque as autoridades norte-americanas distribuíram os governadores brasileiros do período Goulart apenas entre as categorias 2 a 6. Nenhum governador foi identificado seja como membro da categoria 1 ("comunista"), seja como integrante das categorias 7 e 8 ("extremista de direita" e "outros", respectivamente).

A Aliança para o Progresso e o governo João Goulart (1961-1964)

Tabela 3.7 – Média dos empréstimos em cruzeiros e doações em dólares aprovados pela Usaid para governadores do Nordeste discriminada por categoria ideológica, janeiro 1962 a março 1964*

Categorias	Empréstimos em cruzeiros (milhões)	Doações em dólares (milhares)
2	0	9 (1)
3	1.275 (1)	0
4	3.133 (1)	106 (1)
5	2.217 (5)	1.250,50 (2)
6	3.317 (1)	1.178 (1)

* Entre parêntesis informa-se o número de administrações estaduais contempladas pelo auxílio em questão.

Fontes: Telegram 1707, 28 jun. 1963, RG 286, Nara, p.2-4; Airgram A-1332, Rio de Janeiro to AID/W, 6 mar. 1964, CSF, folder PRM 1 – Monthly Progress Reports FY 63-65, box 18, RG 286, Nara; Telegram 1540, Rio de Janeiro to Secretary of State, 3 jun. 1963, CSF, folder PRM 1 – Monthly Progress Reports FY 63-65, box 18, RG 286, Nara; Airgram A-1154, Rio de Janeiro to AID/W, 22 jan. 1964, CSF, folder PRM 1 – Monthly Progress Reports FY 63-65, box 18, RG 286, Nara; Report A-236, Rio de Janeiro to Secretary of State, 23 ago. 1962, folder Elections: Governors, box 2, CSEF, RG 84, Nara.

Pode-se argumentar que a grande correlação entre as médias dos recursos recebidos de Washington por estados brasileiros durante o governo Goulart e a inclinação pró-EUA e anticomunista dos mandatários desses estados ainda seja insuficiente para provar que a alocação da ajuda norte-americana tenha sido determinada, fundamentalmente, por critérios políticos. Isso porque, em teoria, outras variáveis podem ter sido cruciais para a determinação da distribuição de recursos, tais como, seguindo-se aqui os argumentos do ex-embaixador Lincoln Gordon, (1) a *expertise* técnica e o aparato institucional dos estados recipientes; ou mesmo (2) a maior necessidade por parte desses estados de receber ajuda econômica, tendo em vista precários índices sociais ou insuficiência de infraestrutura de serviços públicos.

Em outras palavras, assumindo-se aqui a hipótese de que a posição do embaixador Lincoln Gordon esteja correta (ou seja, de que a ajuda regional norte-americana não tenha sido determinada por critérios políticos), pode-se pressupor dois conjuntos de justificativas para cada uma dessas variáveis. No caso da primeira variável independente (*expertise* técnico-institucional), seria razoável imaginar que formuladores políticos norte-americanos pudessem ter levado em conta, ao escolher quais estados privilegiar com fundos da Aliança para o Progresso, a capacidade que essas unidades políticas possuíam para aplicar recursos de forma eficiente, a fim de que fossem produzidos os melhores e mais rápidos resultados para a população receptora. Ou, quanto ao segundo conjunto de variáveis independentes (índices sociais e infraestrutura estaduais), também seria plausível imaginar, dada a preocupação reformista da Aliança para o Progresso, no sentido de corrigir – ou, ao menos, de minorar – as injustiças sociais latino-americanas, que formuladores políticos em Washington pudessem ter decidido privilegiar exatamente os estados que mais precisavam de recursos, ou seja, aqueles que fossem os mais pobres e apresentassem os piores índices sociais e os mais precários resultados em termos de políticas públicas. Em ambos os casos, portanto, é plausível assumir, hipoteticamente, que estados beneficiados com a alocação de recursos norte-americanos (as chamadas "ilhas de sanidade administrativa") o teriam sido em razão de questões técnicas e/ou sociais, e não por causa de motivações políticas. Na realidade, o fato de governadores ideologicamente próximos a Washington estarem no comando desses estados quando recursos foram distribuídos teria se configurado, assumindo-se que tais hipóteses sejam verdadeiras, apenas como uma coincidência, e não como causa principal capaz de explicar o padrão de alocação de ajuda econômica norte-americana aos estados brasileiros durante o governo Goulart.

Para testar a pertinência dessas duas hipóteses, seguimos duas estratégias distintas: de um lado, fizemos alguns testes quantitativos simples – e reconhecidamente limitados – para verificar até que ponto variáveis *proxy* de *expertise* técnico-institucional dos estados e variáveis que sintetizavam índices sociais relevantes, assim como o grau de acesso de cidadãos a políticas públicas, teriam estado correlacionadas à distribuição dos dois tipos de recursos norte-americanos para os quais temos informações sistemáticas para todos os estados (empréstimos em dólares e doações em cruzeiros); por outro, analisamos evidências qualitativas confidenciais produzidas por autoridades do governo norte-americano no período, muitas das quais retiradas de sigilo recentemente, a fim de verificar a plausibilidade das hipóteses antes mencionadas.

No que se refere à primeira estratégia, inicialmente recolhemos índices sociais dos estados, disponíveis no Censo de 1960, assim como variáveis *proxy* para o grau de *expertise* técnica das unidades federativas. Entre as variáveis socioeconômicas que consideramos mais pertinentes, destacam-se dados sobre produto *per capita*, indicadores sobre abastecimento de água e capilaridade da rede de esgoto em municípios, e taxas de mortalidade e analfabetismo. Como já assinalamos, dada a preocupação social da Aliança para o Progresso, era de se esperar que os estados mais pobres e com os piores índices sociais recebessem mais ajuda. No caso das variáveis sobre *expertise* técnica, tivemos maior dificuldade, pois não há dados disponíveis capazes de captá-las de maneira minimamente precisa. Para superar essa limitação, utilizamos variáveis *proxy*, tais como a própria taxa de analfabetismo, considerada uma forma de aferir a qualidade do capital humano local, para além do percentual de pessoas empregadas na administração pública estadual sobre o total de empregados no estado.[42] Mais uma vez, essa última variável também está longe de ser ideal, já que podemos encontrar administrações públicas enxutas e eficientes. No entanto, tendo em vista a indisponibilidade de dados, consideramos melhor utilizá-la do que não recorrer a variável nenhuma. Além do mais, como já assinalamos, esse modesto exercício quantitativo deve ser interpretado à luz não somente da correlação entre índice ideológico e alocação de recursos para os estados feita anteriormente; como também, e sobretudo, à luz das evidências confidenciais do Departamento de Estado norte-americano que serão apresentadas na última seção deste capítulo.

Para verificar até que ponto essas variáveis estiveram relacionadas ao padrão alocativo de ajuda norte-americana aos estados, dividimos nossa base de dados em três grupos: auxílios em dólares, no qual foram incluídos não somente os empréstimos da Usaid mas também os do BID; doações em cruzeiros; e o total da ajuda econômica norte-americana e do BID aos estados brasileiros, inclusive àquela ofertada em forma de doações em cruzeiros pela Usaid convertidas em dólares.[43] A divisão justifica-se por dois motivos: a periodização dessas bases de dados é diferente (como assinalado, os dados sobre doações em cruzeiros que obtivemos cobrem apenas o período de janeiro de 1962 a junho de 1963); e, talvez o mais importante, o formato e o impacto de cada um desses auxílios para o desenvolvimento econômico local eram distintos. Para os propósitos desta obra, como já dissemos antes, a ajuda mais importante é aquela disponibilizada em dólares (empréstimos da Usaid e do BID em moeda forte). Assim sendo, dividir a base de dados em três grupos permitirá verificar efeitos diferentes para cada tipo de auxílio, além de considerá-los agregadamente.

Do ponto de vista metodológico, realizamos um teste de média para os estados que receberam e para os que não receberam empréstimos/doações da Usaid e do BID.[44] Em outras palavras, fez-se um teste t de Student para ambos os grupos de estados (receptores e não receptores de ajuda econômica) – teste esse que pressupõe variância constante para cada uma das variáveis selecionadas. Caso as hipóteses antes levantadas sejam verdadeiras, o que enfraqueceria, ou até anularia, a tese de determinação política

---

42 Evidentemente, taxa de analfabetismo pode ser interpretada para ambos os casos: seja como indicador da necessidade de maiores investimentos públicos em educação, seja como referência de potencial de *expertise* técnica no Estado. Dado que já contamos com vários indicadores sociais, decidimos privilegiar o segundo uso para essa variável.

43 Para a maneira pela qual convertemos valores do programa Alimentos para a Paz em dólares, ver comentário na Figura 3.1. Vale ressaltar que dois tipos de dados de auxílio – empréstimos em cruzeiros e doações em dólares – não foram incluídos nesse exercício pois não obtivemos informações sobre eles para todos os estados da federação.

44 Agradeço a Marislei Nishijima pela ajuda na construção desse teste de média. Eventuais erros e omissões são de minha responsabilidade.

do auxílio norte-americano para estados brasileiros no governo Goulart, a diferença das médias das variáveis sociais e das variáveis *proxy* para *expertise* política não deveria apresentar variância significativa entre os grupos das unidades da federação; ou, melhor ainda, a diferença das médias poderia até apresentar variância, desde que esta favorecesse os estados receptores de ajuda. Favorecer estados receptores de auxílio significaria, no caso dos indicadores sociais, que estes apresentassem indicadores piores do que as unidades não receptoras; e, no caso das variáveis *proxy* para *expertise* técnica, que revelassem indicadores melhores do que as unidades não privilegiadas com ajuda.

Os resultados dos testes de média podem ser observados nas tabelas 3.8, 3.9 e 3.10, apresentadas em sequência nas próximas páginas. Como se pode notar, os testes feitos para o banco de dados sobre doações em cruzeiros da Usaid (Tabela 3.9) e para o banco de dados que congregou todos os tipos de ajuda (Tabela 3.10) produziram resultados não significativos para todas as variáveis elencadas (isto é, p-value acima de 0,1), o que reforça a hipótese de outros determinantes (no caso, políticos, como aqui argumentamos) para explicar o padrão de alocação de auxílio aos estados brasileiros.

Por outro lado, no caso do banco de dados para empréstimos em dólares da Usaid e do BID (Tabela 3.8), apenas as variáveis taxa de mortalidade, despesa pública com as áreas de ensino e cultura, e percentual de empregados na administração pública apresentaram resultados não significativos. Os testes realizados para todos os demais indicadores caíram em intervalos de confiança menores que 10% – na realidade, para a maioria deles, o intervalo mostrou-se inferior a 5% (isto é, p-value abaixo de 0,05). No entanto, os resultados apresentados pelas variáveis com significância foram contrários à hipótese de que estados mais pobres e com maiores problemas sociais teriam sido privilegiados com recursos da Aliança.

Como se pode observar na Tabela 3.8, as unidades receptoras de ajuda apresentaram médias superiores em todos os indicadores sociais: abastecimento de água, serviço de esgoto e leitos hospitalares. No caso do único indicador em que esperávamos que estados beneficiados com ajuda apresentassem médias maiores do que os não beneficiados (taxa de mortalidade infantil), verificou-se exatamente o resultado contrário: unidades que receberam fundos norte-americanos e do BID possuíam taxas de mortalidade infantil mais baixas. Ou seja, quem recebeu mais recursos foi quem menos precisava em termos de fomento ao desenvolvimento econômico e à justiça social, o que reforça a tese de que determinantes políticos teriam sido cruciais para explicar o padrão alocativo da ajuda econômica norte-americana para os estados brasileiros durante o governo Goulart.

E com relação às variáveis *proxy* para *expertise* técnica? Como dissemos antes, dos dois indicadores utilizados com esse intuito (taxa de analfabetismo e percentual de emprego da administração pública no total de

Tabela 3.8 – Teste de média com variáveis socioeconômicas e *proxy* para eficiência técnica para estados brasileiros receptores e não receptores de ajuda econômica norte-americana (Usaid) e do BID em dólares, 1961-1964

Variáveis	Estados sem empréstimos	Estados com empréstimos	Diferença	(p-value)
PIB per capita (R$ 1.000/hab)*	152,2	289,62	–137,42	0,01
Abastecimento de água**	35,11	54,46	–19,36	0,07
Linhas adutoras de água (metros/mil hab.)	45,82	87,07	–41,25	0,05
Linhas distribuidoras de água (metros/mil hab.)	174,01	390,27	–216,26	0,02
Serviço de esgoto**	19,12	37,41	–18,29	0,04
Leitos hospitalares (mil hab.)	1,88	3,06	–1,18	0,03
Taxa de mortalidade (mil hab.)***	13,74	12,72	1,02	0,35
Taxa de mortalidade infantil (mil nascidos vivos)***	180,68	108,87	71,81	0,03
Despesa pública orçada com Ensino e Cultura (Cr$ 1.000/mil hab.)	22,24	33,67	–11,43	0,15
Taxa de alfabetização§	33,31	44,04	–10,73	0,02
Emprego na administração pública§§	0,8	1,05	-0,25	0,33

* Mil unidades monetárias a preços de 1964.

** Percentual de municípios no total de municípios do Estado.

*** Inclui apenas capitais dos estados. Medida para cada mil nascidos vivos.

§ Percentual de pessoas alfabetizadas com mais de cinco anos no total da população.

§§ Percentual do pessoal empregado na administração pública sobre total da população.

Fontes: Brasil, IBGE, *Recenseamento geral de 1960*; Id., *Estatísticas do século XX*.

Tabela 3.9 – Teste de média com variáveis socioeconômicas e *proxy* para eficiência técnica para estados brasileiros receptores e não receptores de doação em cruzeiros da Usaid, janeiro de 1962 a junho de 1963

	Estados sem empréstimos	Estados com empréstimos	Diferença	(p-value)
PIB per capita (R$ 1.000/hab)*	226,82	186,74	40,03	0,47
Abastecimento de água**	47,42	37,93	9,49	0,37
Linhas adutoras de água (metros/mil hab.)	57,46	68,37	-10,91	0,61
Linhas distribuidoras de água (metros/mil hab.)	301,24	217,24	84	0,37
Serviço de esgoto**	26,02	27,14	-1,12	0,90
Leitos hospitalares (mil hab.)	2,47	2,24	0,23	0,68
Taxa de mortalidade (mil hab.)***	12,63	14,04	-1,41	0,19
Taxa de mortalidade infantil (mil nascidos vivos)***	135,09	167,07	-31,97	0,34
Despesa pública orçada com Ensino e Cultura (Cr$ 1.000/mil hab.)	31,51	20,79	10,71	0,17
Taxa de alfabetização§	0,4	0,35	0,06	0,21
Emprego na administração pública§§	0,87	0,93	-0,06	0,82

* Mil unidades monetárias a preços de 1964.

** Percentual de municípios no total de municípios do Estado.

*** Inclui apenas capitais dos estados. Medida para cada mil nascidos vivos.

§ Percentual de pessoas alfabetizadas com mais de cinco anos no total da população.

§§ Percentual do pessoal empregado na administração pública sobre total da população.

Fontes: Brasil, IBGE, *Recenseamento geral de 1960*; Id., *Estatísticas do século XX*.

A Aliança para o Progresso e o governo João Goulart (1961-1964)

Tabela 3.10 — Teste de média com variáveis socioeconômicas e *proxy* de variável de eficiência técnica para estados brasileiros receptores e não receptores de ajuda norte-americana da Usaid (inclusive doações em cruzeiros convertidas) e do BID, dólares, 1961-1964

	Estados sem empréstimos	Estados com empréstimos	Diferença	(p-value)
PIB per capita (R$ 1.000/hab)*	177,77	221,79	-44,02	0,46
Abastecimento de água**	39,95	44,34	-4,39	0,70
Linhas adutoras de água (metros/mil hab.)	42,06	71,90	-29,84	0,18
Linhas distribuidoras de água (metros/mil hab.)	205,05	287,69	-82,64	0,42
Serviço de esgoto**	21,00	29,07	-8,07	0,40
Leitos hospitalares (mil hab.)	2,19	2,44	-0,25	0,68
Taxa de mortalidade (mil hab.)***	12,51	13,64	-1,13	0,35
Taxa de mortalidade infantil (mil nascidos vivos)***	143,73	153,36	-9,63	0,80
Despesa pública orçada com Ensino e Cultura (Cr$ 1.000/mil hab.)	24,93	27,50	-2,57	0,76
Taxa de alfabetização§	0,37	0,38	-0,01	0,83
Emprego na administração pública§§	0,86	0,92	-0,06	0,84

* Mil unidades monetárias a preços de 1964.
** Percentual de municípios no total de municípios do Estado.
*** Inclui apenas capitais dos estados. Medida para cada mil nascidos vivos.
§ Percentual de pessoas alfabetizadas com mais de cinco anos no total da população.
§§ Percentual do pessoal empregado na administração pública sobre total da população.
Fontes: Brasil, IBGE, *Recenseamento geral de 1960*; Id., *Estatísticas do século XX*.

empregados estaduais), apenas um apresentou resultados significativos (analfabetismo): estados com menor número de analfabetos foram aqueles agraciados com ajuda externa norte-americana e do BID (Tabela 3.8). *A priori*, caso interpretemos taxa de analfabetismo como uma *proxy* fidedigna para medir o potencial de *expertise* técnica de um determinado estado, esse resultado indica que recursos teriam sido distribuídos também com base na capacidade técnica das unidades federativas. No entanto, além de termos apenas uma única variável apontando nessa direção, há aqui um indicador muito tênue para medir *expertise* técnica dos estados, conforme já apontamos antes.

Sobre essa questão, portanto, parece-nos que não há alternativa a não ser analisar de modo cuidadoso as evidências qualitativas disponíveis para aferir até que ponto critérios técnicos teriam tido peso sobre a decisão da alocação de ajuda. E, realmente, dentro desse tema há uma quantidade substancial de evidências confidenciais produzidas por autoridades do governo norte-americano que deixa clara a importância de critérios políticos (e não técnicos) para a distribuição de recursos entre as unidades federativas. Apesar de governadores considerados "amigáveis" por Washington, como Aluísio Alves, do Rio Grande do Norte, e Antônio Lomanto Júnior, da Bahia, terem reclamado com frequência de "métodos incômodos e demorados" para obtenção de ajuda econômica estadunidense, o fato é que nenhum governador pró-EUA ficou sem receber recursos unicamente por causa de questões técnicas durante o período Goulart.[45] Três exemplos emblemáticos merecem ser explorados nesse sentido. O primeiro está na opinião de autoridades norte-americanas sobre a administração Miguel Arraes em Pernambuco; o segundo, em uma investigação liderada pela Controladoria-Geral norte-americana no final do governo Lyndon Johnson (1963-1969) sobre a utilização de recursos da Usaid no Brasil no início dos anos 1960; e, por fim, nos resultados de uma consultoria enviada ao Brasil em maio de 1962 sob ordens do coordenador da Aliança para o Progresso, Teodoro Moscoso.

No que se refere ao primeiro exemplo, como foi assinalado anteriormente, Pernambuco foi uma das unidades federativas mais privilegiadas em termos de alocação de ajuda da Aliança para o Progresso durante a administração Cid Sampaio (1959-1963) (Figura 3.1, Tabela 3.5). Essa ajuda intensificou-se durante 1962, exatamente para garantir que o candidato apoiado por Sampaio nas eleições do final daquele ano, João Cleofas (UDN), saísse vitorioso contra o candidato esquerdista da oposição, Miguel Arraes (PST). Nesse período, era comum que autoridades norte-americanas justificassem

---

45 Airgram A-40, Recife to Department of State, 1 nov. 1962, file 811.032/11-162, folder 811.0032/10-162, box 2261, Central Decimal Files, 1960-1963 (a seguir, CDF), RG 59, Nara.

A Aliança para o Progresso e o governo João Goulart (1961-1964)

o nível de ajuda a Pernambuco pela *expertise* técnica do estado, supostamente fundamental para garantir a eficiência no emprego dos recursos.

Coincidentemente, porém, o peso dessa *expertise* técnica para a determinação da alocação de ajuda econômica desapareceu a partir do momento em que Miguel Arraes assumiu o poder em janeiro de 1963. De um lado, como destacaremos no próximo capítulo, a responsabilidade para esse estancamento da ajuda estadunidense deve ser colocada no próprio Arraes, que se negou a receber fundos por meio de acordos diretos entre estados e Washington, passando por cima do governo federal brasileiro; do outro, porém, formuladores políticos norte-americanos deixaram mais do que claro que Arraes, em razão de sua orientação política, não poderia receber ajuda da Aliança para o Progresso, independentemente das necessidades sociais de Pernambuco ou da *expertise* técnica que o estado porventura tivesse.

Evidências que apontam para a aversão de membros do governo Kennedy com relação a Arraes são abundantes. Em uma iluminadora discussão ocorrida logo após as eleições de outubro de 1962 entre as autoridades consulares norte-americanas e membros da Usaid alocados em Recife, a opinião de todos os presentes foi unânime: não se deveria mais aprovar ajuda para Pernambuco; no máximo, e isso a depender da atitude do próprio governo Arraes, seriam mantidos compromissos já assumidos. O relatório que sintetizou as conclusões dessa reunião, e que seria enviado para o Departamento de Estado no início de novembro de 1962, enfatizou, entre outras coisas, "os perigos aos quais nós [governo Kennedy] estamos expostos quando programas de assistência econômica são desenvolvidos diretamente com governos estaduais sujeitos a mudanças políticas". Entre esses perigos, destacava-se o fato de que, "gostando [os Estados Unidos] ou não, qualquer coisa que a nossa assistência econômica trouxer de benefícios para o estado de Pernambuco nos anos subsequentes será, ao menos em algum grau, creditada ao governo Arraes". Mesmo que Washington decidisse por concentrar recursos dali por diante "em outros estados que não Pernambuco", identificando "líderes democráticos promissores em estados vizinhos, ajudando-os tanto quanto possível com um foco nas próximas eleições", concluiu o vice-cônsul em Recife, Arthur Fizzell, o estrago representado pela vitória de Arraes já estava feito.[46]

Ninguém menos do que o próprio cônsul-geral dos Estados Unidos em Recife, Eugene Delgado-Arias, faria uma defesa tão clara sobre a necessidade de cortar qualquer tipo de nova ajuda para a administração Arraes em

---

46 Enclosure 1, MemCon, Delgado-Arias, John Dieffenderfer et al., 24 out. 1962, in: Airgram A-42, Recife to Department of State, 1 nov. 1962, folder 811.0032/10-162 (Aid), box 2261, CDF, RG 59, Nara, 2-3.

Pernambuco. Ao comentar o discurso de posse de Arraes, fortemente crítico à forma pela qual a Aliança para o Progresso estava sendo implementada no Brasil, Delgado-Arias argumentou ao Departamento de Estado que continuar ajudando Pernambuco iria contra os interesses estratégicos e políticos norte-americanos no Brasil:

> Não é exagero dizer que Arraes é suspeito de ser ele próprio comunista. Se não o é, ele é certamente um extremo nacionalista-esquerdista que usou sua posição no passado para fortalecer a mão dos comunistas [...]. [Assim sendo], independentemente de ser distribuída de forma direta ou indireta, assistência econômica norte-americana para um governo liderado por Arraes irá somente fortalecer a posição do governador e, em última instância, contribuirá para o avanço da ala extremista dos esquerdistas nacionalistas, que é quase que diametralmente oposta àquilo que os Estados Unidos gostariam que se desenvolvesse no Brasil [...]. [Nesse sentido], continuar a fornecer ajuda direta para Pernambuco trabalharia contra os melhores interesses dos Estados Unidos.[47]

Diante de evidências tão fortes, fica difícil argumentar que a brusca queda da ajuda norte-americana para o estado de Pernambuco a partir de janeiro de 1963 teria decorrido de questões "técnicas". Se é verdade que Arraes possuiu papel ativo no bloqueio de auxílio dos Estados Unidos, o governo Kennedy também apresentou fortes interesses em cortar assistência econômica para o estado por razões estritamente políticas, e isso mesmo antes de Arraes iniciar sua administração.

Um segundo exemplo interessante que reforça a ideia de que questões técnicas não foram primordiais para a alocação de ajuda norte-americana para estados brasileiros durante o governo Goulart refere-se a uma investigação realizada pelo controlador-geral da República dos Estados Unidos, Elmer Staats, no final da administração Johnson, sobre o tema do embasamento técnico para empréstimos da Usaid ao Brasil. Em 1968, o controlador-geral redigiu um relatório para o Congresso norte-americano fazendo uma revisão crítica sobre a assistência econômica estadunidense para projetos no Brasil aprovados no início dos anos 1960 e no período logo após o golpe militar de 1964. Staats fez duras críticas à viabilidade econômica de muitos desses projetos, por ele considerados excessivamente frágeis do ponto de vista técnico. Um dos projetos mais criticados foi o empréstimo de US$ 15,5 milhões aprovado pela Usaid em setembro de 1963 para a construção de uma planta termoelétrica em Santa Cruz, no estado da Guanabara. Segundo a Controladoria, esse projeto teria sido aprovado sem que testes adequados sobre condições de solo tivessem sido realizados, resultando não

---

47 Airgram A-40, Recife to Department of State, 1 nov. 1962, RG 59, Nara, 1-2.

somente em atrasos na entrega da obra, mas, sobretudo, em excessivos custos adicionais.[48]

O relatório da Controladoria-Geral dos Estados Unidos obrigou o diretor-geral da Usaid no governo Johnson, William Gaud, a escrever uma resposta oficial a Staats com o intuito de justificar a importância dos empréstimos e doações aprovados para o Brasil na primeira metade dos anos 1960. Segundo Gaud, o relatório do controlador-geral não teria "levado suficientemente em conta o clima político" brasileiro do período. As considerações apresentadas pelo diretor da Usaid são tão esclarecedoras, expressando limpidamente o primado de questões políticas na determinação da alocação da ajuda econômica para estados brasileiros durante o governo Goulart, que merecem ser citadas aqui:

> Procedimentos e critérios normais da Usaid para aprovação de projetos tiveram de ser um tanto relaxados em razão de considerações políticas dos Estados Unidos que se sobrepuseram [*overriding United States political considerations*]. Isso foi feito em concordância com a política do governo dos Estados Unidos no período e, portanto, a base para avaliação [da viabilidade de] projetos não pode ser apenas o quanto eles teriam aderido a padrões costumeiros da Usaid. Caso esses fatores políticos urgentes [*urgent political factors*] tivessem recebido um peso adequado no relatório [do controlador-geral], é nossa percepção que uma avaliação mais equilibrada dos projetos em questão teria sido refletida [nas conclusões do relatório].[49]

A carta do diretor-geral da Usaid para o controlador-geral dos Estados Unidos veio acompanhada de um interessantíssimo *background paper*, apresentado como complemento aos argumentos do chefe da Usaid. Intitulado "Enquadramento político regente [da política] de empréstimos da Usaid para o Brasil, 1961-1964", esse relatório secreto constitui, a nosso ver, a evidência mais límpida do quanto empréstimos da Aliança para o Progresso a estados brasileiros durante o governo Goulart teriam sido guiados fundamentalmente por critérios políticos. De acordo com tal *background paper*, cujos autor e data não são identificados, mas que teve seu conteúdo aprovado pelo alto escalão do Departamento de Estado norte-americano, o caráter político da ajuda econômica estadunidense teria virado política oficial em todos os níveis da administração Kennedy a partir de 1963:

---

48 General Accounting Office (GAO), Published Report to the Congress on "Review of Administration of United States Assistance for Capital Development Projects in Brazil", apud Memorandum for Walt W. Rostow by John Hummon, 11 set. 1968, folder Brazil, v.7a, 8/64 – 11/68 (1 of 3), box 12, Country Files (a seguir, CF), Brazil, NSF, Lyndon B. Johnson Library (a seguir, LBJL).

49 Letter, William Gaud to Elmer B. Staats, 18 ago. 1968, folder Brazil, volume 7a, 8/64 – 11/68 (1 of 3), box 12, CF Brazil, NSF, LBJL.

Na medida em que ficou cada mais vez claro ao longo de 1963 que as políticas do presidente Goulart estavam frustrando a Aliança para o Progresso e que ele [Goulart] estava caindo mais e mais sob a influência de conselheiros políticos esquerdistas e anti-Estados Unidos [*leftist anti-American political advisors*], a política [de ajuda econômica] norte-americana com relação ao Brasil foi alterada deliberadamente para sustentar forças [*strenghtening those forces*] no Brasil que estavam preparadas para trabalhar pelo sucesso da Aliança. [Esse enquadramento] tornou-se a orientação política oficial para todas as agências norte-americanas [que trabalhavam com o Brasil] [...]. A estratégia da Usaid foi deliberadamente construída para apoiar governadores anticomunistas, como Carlos Lacerda na Guanabara e Magalhães Pinto em Minas Gerais [...]. Sem essas considerações políticas prioritárias, a Usaid teria certamente seguido um curso diferente no Brasil durante [aquele] período. Ao executar essa política [porém], a Usaid buscou encontrar os [tecnicamente] mais sólidos projetos de desenvolvimento que, ao mesmo tempo, cumprissem o critério político. O empréstimo [de US$ 5,3 milhões para a Cemig] para a expansão da oferta energética em Minas Gerais é um bom exemplo.[50]

O relatório anexado à resposta do diretor-geral da Usaid ao controlador-geral também foi enfático ao argumentar que a mudança de postura da Usaid pós-golpe de 1964, no sentido de o órgão ter passado a ser claramente favorável a empréstimos ao governo federal brasileiro, teria sido um ato deliberado de Washington para apoiar o recém-instituído governo militar. Conforme o relatório, a partir do momento em que Castelo Branco assumiu a Presidência em abril de 1964, "a resposta política dos Estados Unidos foi imediata e favorável". O embaixador Lincoln Gordon foi um dos que teriam argumentado, no governo Johnson, sobre a importância de Washington "demonstrar apoio imediato e substancial ao novo governo do Brasil por meio de um veemente aumento no ritmo de comprometimento de empréstimos". Como resposta, afirma o relatório, "a Usaid autorizou tantos projetos quanto possível nos três primeiros meses do novo governo para atingir esse importante objetivo político" por parte dos Estados Unidos. Vê-se, portanto, que a significativa quantidade de empréstimos aprovada logo após o golpe de 1964 pelo BID não foi mera coincidência (Tabela 3.1). A partir da perspectiva dos interesses estratégicos dos Estados Unidos, conclui o relatório, a política de ajuda econômica para o Brasil de Goulart seria absolutamente justificável: "As críticas do controlador-geral devem ser interpretadas a partir desse contexto, que propiciou um dos mais importantes sucessos

---

50 Report, Background paper, Policy Framework Governing AID Lending to Brazil, 1961-1964, [s.d.], anexado a Letter, William Gaud to Elmer B. Staats, 18 ago. 1968, folder Brazil, volume 7a, 8/64 – 11/68 (1 of 3), box 12, CF Brazil, NSF, LBJL.

A Aliança para o Progresso e o governo João Goulart (1961-1964)

da política externa dos Estados Unidos nos anos recentes – sucesso que não apenas ajudou o Brasil, mas toda a Aliança para o Progresso".[51]

Por fim, uma terceira evidência emblemática do quanto considerações políticas teriam sido os elementos mais importantes para determinar a alocação de ajuda norte-americana para estados brasileiros na administração Goulart encontra-se nas conclusões de uma missão (*fact-finding mission*) enviada para o Brasil em maio de 1962 sob as ordens do coordenador da Aliança para o Progresso, Teodoro Moscoso. Essa missão permaneceu 19 dias no país (de 23 de maio a 10 de junho) e realizou 43 encontros, nos quais estiveram presentes, no total, 288 personalidades do mundo político, empresarial e sindical brasileiro, para além de autoridades da Embaixada norte-americana e de empresários estadunidenses. Apenas três governadores reuniram-se com os membros dessa missão: Carlos Lacerda, da Guanabara (1º de junho, Rio de Janeiro), Cid Sampaio, de Pernambuco (3 de junho, Recife), e Aluísio Alves, do Rio Grande do Norte (3 de junho, Natal) – não coincidentemente, três das principais administrações apoiadas por recursos da Aliança para o Progresso por meio de acordos diretos com estados. Essa missão produziu dois relatórios principais: o primeiro redigido pelo chefe da missão, Samuel Badillo; e o segundo realizado pelo economista do grupo, Roberto Jesus Toro. Apesar de ambos serem importantes, o segundo é ainda mais crucial, pois por meio dele a missão apresentaria suas principais recomendações.

O relatório de Samuel Badillo, intitulado "Brasil: um dilema colossal", trouxe conclusões bem claras (e fortemente negativas) sobre o governo Goulart: além de ter sido considerado "incompetente" e responsável por colocar o país em contexto de crescente conflito social e de "inflação colossal", Goulart teria permitido não apenas que "comunistas e seus simpatizantes ocupassem posições-chave no governo", mas também que eles (comunistas e radicais) "se infiltrassem efetivamente em vários grupos sindicais e camponeses importantes, controlassem comunicações marítimas e ferroviárias", além de sustentar "uma rede de propaganda com controle sobre pessoas-chave dentro do sistema de comunicação de massa". Em suma, conclui Badillo, o "comunismo internacional [estaria], de fato, astutamente ganhando vantagem do caos brasileiro".[52]

O relatório de Jesus Toro, por outro lado, constitui a declaração mais evidente, e contemporânea (em contraste com o *background paper*, provavelmente escrito em resposta às preocupações do controlador-geral em

---

51 Ibid., p.5.
52 Report, Brazil: a Colossal Dilemma, Samuel Badillo, anexado a Letter, Samuel E. Badillo to Teodoro Moscoso, 18 jun. 1962, folder Mis 5c (4) – Presidential Visit, box 3, Records Relating to Brazil, compiled 1954-1963 (a seguir, RRB), RG 59, Nara.

1968), da centralidade da motivação política da ajuda econômica para estados brasileiros durante o governo Goulart. No que se refere ao objeto desta obra, dois pontos fundamentais devem ser ressaltados: primeiro, o modo pelo qual Jesus Toro apresenta de maneira límpida o caráter estratégico do Brasil para os Estados Unidos no contexto da Guerra Fria; e, em segundo, as recomendações dadas pela missão para lidar com o tema da ajuda econômica para as unidades federativas brasileiras. Quanto ao primeiro desses pontos, Jesus Toro é enfático sobre o quão crucial em termos geopolíticos o Brasil seria para Washington:

> O Brasil é de importância suprema para os Estados Unidos [...]. A afirmação do presidente Kennedy de que "a Guerra Fria não será ganha na América Latina, mas pode ser muito bem perdida aqui" certamente se aplica a esta grande e complexa nação [Brasil]. Se comunistas em algum momento assumirem o controle deste país, a posição dos Estados Unidos na América Latina poderá estar condenada. O Brasil faz fronteira com cada um dos estados sul-americanos, com exceção do Chile e do Equador. Seria uma base gigantesca para subversão das suas repúblicas-irmãs menores. Nossos interesses no Brasil são de tamanha magnitude que nós não podemos permitir que este país seja perdido para a democracia. Esse deve ser o objetivo definitivo dos Estados Unidos. Nós podemos ponderar, nós podemos questionar, nós podemos nos empenhar em debates sobre os meios necessários para atingir esses objetivos. Mas nossos propósitos devem estar claros.[53]

O segundo ponto a ser ressaltado, referente a propostas práticas apresentadas por Jesus Toro para facilitar o processo decisório quanto à alocação de ajuda econômica da Aliança para o Progresso, é ainda mais importante. Toro argumenta que, dos vários políticos com os quais teve a oportunidade de conversar no Brasil, ele ouviu reclamações de que o processo de aprovação de empréstimos e doações da Aliança estaria sendo muito burocrático, e que Washington não estaria diferenciando claramente lideranças "amigas" de "inimigas". Apesar de ressaltar que não estava na posição de afirmar se essas reclamações, sobretudo a segunda, "seriam verdadeiras ou não", Toro ressaltou que, caso fossem, elas constituiriam "um erro grave [grievous fault] e deve[riam] ser corrigid[as]". É nesse sentido, portanto, que ele apresenta uma proposta para categorizar políticos brasileiros em três grupos, a fim de facilitar o processo decisório sobre quem deveria ou não receber ajuda norte-americana da Aliança para o Progresso. Apesar de extenso, vale a pena citar na íntegra um trecho crucial do documento, tendo em vista sua enorme importância:

---

53 Memorandum, Roberto de Jesus Toro to Teodoro Moscoso, Report on Brazil, 16 jun. 1962, folder ECO 8.1, RRB, box 2, RG 59, Nara, p.3.

A Aliança para o Progresso e o governo João Goulart (1961-1964)

A presente política norte-americana com relação à administração Goulart parece ser uma política de cooperação. Essa pode ser a única alternativa prática aberta para nós. Está repleta de perigos, mas parece ser o mal menor.

Embora por ora essa política deva ser mantida, é importante que nós reconheçamos a necessidade de encorajar uma solução democrática construtiva para o vácuo político presente. Isso não será fácil, mas nós gostaríamos de sugerir para sua consideração algumas sugestões específicas:

1. Deve haver uma política não escrita [*unwritten policy*] para separar nossos amigos dos nossos inimigos. Nós devemos desenvolver uma rápida e ativa política colaborativa em prol de líderes amigáveis e construtivos [*constructive friendly leaders*], conferir um tratamento burocrático [*red-tape treatment*] para líderes demagógicos neutros, e um tratamento gélido [*ice-cold treatment*] para os nossos inimigos. Na prática, isso significa que pedidos financeiros de grupos como a Copeg (Companhia Progresso do Estado da Guanabara) devem receber aprovação quase que instantânea [*should get almost instantaneous approval*], com o mínimo de análise possível. A maioria desses líderes está impaciente com o que o ex-ministro da Fazenda Clemente Mariani chamou de "excessiva burocracia na Embaixada norte-americana".

Projetos submetidos por neutros como Jânio Quadros devem receber bastante burocracia [*plenty of red-tape*].

O tratamento "gélido" seria reservado para políticos como o governador Leonel Brizola, do Rio Grande do Sul, e o prefeito Miguel Arraes, de Recife [...].

Talvez as autoridades políticas da Embaixada norte-americana possam classificar nessas três categorias as cem lideranças políticas brasileiras mais importantes, e essa lista possa servir a um propósito útil para o programa da Usaid.[54]

Há vários elementos interessantes na avaliação e nas sugestões de Jesus Toro sobre o quadro brasileiro. Primeiro, ele estava parcialmente certo quando afirmou que "a política norte-americana com relação à administração Goulart" vinha sendo, apesar das contradições, uma "política de cooperação". De um lado, quando comparada com a abordagem de Washington diante do governo Quadros, a relação Brasil-EUA no início da administração Jango foi muito menos flexível, tendo o governo Kennedy colocado o primado da estabilização monetária e fiscal acima de qualquer outra condicionalidade para emprestar recursos ao Brasil para fins de regularização da balança de pagamentos – coisa que não havia sido feita no período Quadros, como vimos no Capítulo 1. Por outro lado, porém, tomando-se o período Goulart como um todo (setembro de 1961 a março de 1964), vê-se que, de fato, os dez meses iniciais do governo Jango (setembro de 1961 a junho de 1962), principalmente até abril de 1962, quando Goulart visitou os Estados Unidos, foram marcados por um clima muito mais amistoso entre os dois países do que aquele que

---

54 Ibid., p.6.

prevaleceria a partir do segundo semestre de 1962 e, sobretudo, a partir do início de 1963.[55] Nesse sentido, portanto, seria possível falar em um "clima de cooperação", mesmo que limitado, entre Brasília e Washington.

Em segundo, a proposta de Jesus Moro de classificar os políticos brasileiros em três grupos ("amigos", "neutros" e "inimigos") sugere que a missão enviada por Moscoso ao Brasil não tinha conhecimento das categorias ideológicas elaboradas pela Embaixada norte-americana em maio de 1962. Caso tivesse, provavelmente teria proposto a utilização dessas categorias. Apesar disso, é interessante perceber como o espírito da proposta ia claramente ao encontro de uma abordagem que já estava sendo posta em prática por autoridades norte-americanas no Brasil exatamente no mesmo período.

Em terceiro, vale enfatizar como, até o início de 1962, não se podia falar em um claro favorecimento de determinados governadores na alocação de recursos da Aliança para o Progresso por parte da Usaid (no caso do BID, esse favorecimento já era mais claro; ver Tabela A.2). Provavelmente isso teve relação com a fase mais cooperativa das relações Brasil-EUA durante o governo Jango. Em outras palavras: se era possível dizer que as reclamações ouvidas por Samuel Badillo e Jesus Toro por parte de governadores "amigáveis" eram infundadas no que se referia a um igual tratamento com relação a governadores "inimigos" (vimos que governadores de esquerda não receberam um único empréstimo em dólares do BID e da Usaid durante todo o período Goulart, por exemplo), não se pode dizer o mesmo caso esses governadores identificassem o próprio governo federal brasileiro como o "inimigo" que não deveria ser contemplado com ajuda econômica por Washington. De fato, entre setembro de 1961 e abril de 1962, dos US$ 338 milhões em novos empréstimos negociados pelo governo Quadros em maio de 1961 com os Estados Unidos, Washington já havia liberado mais da metade (US$ 170 milhões) – mesmo que em condições bem mais rígidas – em prol da recém-inaugurada administração Jango.[56]

Essa percepção dos governadores "amigáveis" de que eles não estariam sendo tratados por Washington do jeito que mereciam aparece também em vários documentos confidenciais norte-americanos da época. Apenas a título de ilustração, citaremos aqui dois casos que consideramos bastante representativos, porque envolveram nada menos do que Carlos Lacerda, o maior beneficiário da ajuda regional estadunidense no período Goulart.

---

55 Loureiro, The Alliance for or against Progress? US-Brazilian Financial Relations in the Early 1960s, *Journal of Latin American Studies*, v.46, ed.2; Id., The Alliance for Progress and President João Goulart's Three-Year Plan: the Deterioration of U.S.-Brazilian Relations in Cold War Brazil (1962), *Cold War History*, v.17, n.1.

56 Id., The Alliance for or against Progress?, op. cit., p.334.

A Aliança para o Progresso e o governo João Goulart (1961-1964)

Em duas oportunidades, Lacerda expressou descontentamento a autoridades norte-americanas diante do que, para ele, estaria sendo uma abordagem excessivamente pró-Goulart por parte de Washington, em prejuízo a aliados políticos locais de longa data dos Estados Unidos – como ele próprio, evidentemente. Isso se deu de maneira mais forte em um encontro entre Lacerda e um membro da Embaixada norte-americana do Rio (Donald Marelius) no início de janeiro de 1962. Lacerda mostrou-se preocupado com a falta de atenção que Washington estaria dando para a Guanabara. Segundo o governador carioca, apesar de o embaixador Lincoln Gordon ter prometido respostas sobre projetos a serem financiados pela Aliança para o Progresso na Guanabara, até então ele, Lacerda, não havia recebido nenhuma resposta de Gordon, nem mesmo um "feliz ano-novo". Lacerda foi ao extremo de afirmar que os comunistas tinham feito "bem" seu trabalho, na medida em que Washington parecia estar acreditando que ele, Lacerda, seria um "fascista" e que não seria bom para a Aliança estar identificada com um político reacionário.[57]

Três meses depois, em março de 1962, Lacerda voltou a reclamar de falta de ajuda econômica, dessa vez para o próprio embaixador norte-americano junto à Organização das Nações Unidas (ONU), Adlai Stevenson. Lacerda admitiu que "Goulart estaria governando bem melhor do que qualquer um esperava", mas que isso se devia mais às pessoas que o circundavam, como o ministro da Fazenda, Walther Moreira Salles, do que ao "reflexo da própria inteligência de Jango". Stevenson comentou para o secretário de Estado, Dean Rusk, que as reclamações de Lacerda e suas críticas constantes a Goulart se explicavam por sua "ambição política cega" e sua "constante luta" com "qualquer um que estivesse na Presidência da República – posto que ele [Lacerda] claramente sentia que só poderia ser efetivamente ocupado por ele próprio".[58]

Os dados sobre empréstimos e doações da Usaid analisados anteriormente mostram que essa situação mudaria – e radicalmente – em algum momento entre março e julho de 1962. Tanto é que Lacerda tornou-se um assíduo interlocutor da Embaixada norte-americana até o golpe de 1964, manifestando crescentes elogios à política estadunidense (em público e em privado) de meados de 1962 em diante. Isso nos traz para o último ponto crucial do relatório de Jesus Toro: teriam as sugestões apresentadas pelo relatório se transformado em diretrizes políticas formais do governo norte-americano? Existem vários indicativos que apontam que sim. Primeiro, há

---

57 MemCon, Carlos Lacerda e Donald C. Marelius, 3 jan. 1962, folder 350 – Brazil, January 1962, box 135, CGR, RG 84, Nara.

58 Telegram A-252, United Nations to Department of State, 28 mar. 1962, folder Brazil, General, 3/16/62 – 3/31/62, box 12A, NSF, JFKL.

elementos que permitem que cheguemos a essa conclusão por aproximação: a coincidência entre os nomes dos governadores citados por Jesus Toro como "amigos" (Carlos Lacerda, Juraci Magalhães e Cid Sampaio) e aqueles que posteriormente foram os maiores privilegiados pelos recursos da Aliança para o Progresso por parte de Washington; e o fato de o *background paper* de 1968, antes analisado, ter deixado claro que determinantes políticos teriam se tornado diretriz oficial para todas as agências norte-americanas que trabalhavam com alocação de recursos para estados brasileiros a partir de 1963.

Além desses elementos, há evidências de que as sugestões da missão Badillo-Jesus Toro foram oficialmente aprovadas pelo Comitê de Políticas para a América Latina do Departamento de Estado (LAPC – Latin American Policy Committee), o órgão formalmente responsável por decidir sobre as diretrizes políticas gerais a serem aplicadas pelos Estados Unidos para a região. A proposta oficial que o Escritório das Repúblicas Americanas do Departamento de Estado (ARA – Office of American Republics Affairs) levou para esse encontro foi exatamente na linha das propostas de Jesus Toro, sugerindo, entre outras coisas, o "fortalecimento de elementos moderados e centristas" no Brasil para contrabalançar a influência do governo federal brasileiro. Essa proposta foi aprovada na reunião do LAPC de 12 de julho de 1962.[59] Na reunião subsequente do LAPC, realizada em 23 de agosto de 1962, discutiu-se a implementação de um "plano de ação para o Brasil para o período até outubro de 1962", o qual, em linhas gerais, colocou em prática as sugestões dos relatórios de Samuel Badillo e Jesus Toro.[60]

Juntando-se todos esses elementos, pode-se dizer que tanto o teste de média da ajuda econômica norte-americana regional no período Goulart (com exceção da questão da *expertise* técnica), quanto o exame de fontes primárias confidenciais produzidas por autoridades dos Estados Unidos no período Kennedy-Johnson apontam para a mesma conclusão: a alocação de recursos da Aliança para o Progresso para estados brasileiros foi determinada fundamentalmente por questões políticas. Nesse sentido, a impressão suscitada pela forte correlação entre a categorização ideológica de governadores brasileiros e a lista de estados beneficiados é ratificada por uma análise mais sistemática das evidências disponíveis. A pergunta que fica, certamente, refere-se às motivações por detrás das ações das autoridades norte-americanas ao privilegiar governadores anti-goularistas. Em outras

---

59 LAPC, Action Minutes, Meeting 15, 27 jul. 1962, folder Latin America, General, 1960-1961, box W40, Papers of Arthur Schlesinger Jr. (a seguir, PAS), Classified Subject File (a seguir, CSF), JFKL.

60 Report, ARA/EST, Brazil, Short-Term Action Paper, jul. 1962; Memorandum for the Latin American Policy Committee, ago. 1962, folder Brazil 4/62-8/62, box WH-26, PAS, JFKL.

A Aliança para o Progresso e o governo João Goulart (1961-1964)

palavras: quais benefícios concretos as autoridades em Washington enxergavam que poderiam advir dessa alocação enviesada de recursos a favor de determinados governadores? Exploraremos esse ponto na última seção do capítulo, apresentada a seguir.

3.4. Razões da política de ilhas de sanidade administrativa

A análise da documentação oficial norte-americana sobre as razões da política de ilhas de sanidade administrativa mostra que essa estratégia foi pensada como arma para ser usada com três objetivos diferentes contra a administração Goulart: primeiro, restringir as alternativas políticas do governo federal por meio do fortalecimento de grupos políticos "democráticos", obrigando a União a dialogar com esses grupos e assumir compromissos políticos com eles, o que tenderia a moderar potenciais ações radicais por parte do governo federal; segundo, viabilizar a candidatura de lideranças que fossem "amigáveis" a Washington para o pleito presidencial de outubro de 1965 (que não ocorreria, evidentemente, em razão do golpe de março de 1964); e, terceiro, estabelecer uma espécie de "caução" (*hedge*) contra possíveis ações antidemocráticas de Jango ou de elementos da extrema esquerda, garantindo que estados-chave da federação brasileira estivessem em mãos "democráticas". Como se sabe, o golpe de 1964 mostrou que as ilhas de sanidade administrativa não apenas desempenhariam uma função defensiva, mas também teriam um papel ofensivo fundamental para a vitória do projeto golpista. Grande parte dos estados favorecidos pela ajuda econômica norte-americana, como Guanabara, Minas Gerais e São Paulo, mostraram-se essenciais para o processo de preparação e desencadeamento do golpe militar.[61]

A principal evidência empírica de que a política de ajuda econômica regional norte-americana no Brasil visava alcançar esses três objetivos encontra-se, mais uma vez, no *background paper* de 1968 – o mesmo que serviu de embasamento empírico para as respostas do diretor da Usaid diante dos questionamentos do controlador-geral dos Estados Unidos no final da administração Lyndon Johnson. Quanto ao primeiro objetivo, o relatório é claro ao afirmar que a ajuda econômica para as "ilhas de sanidade" no Brasil de Goulart visava, antes de tudo, "sustentar forças amigáveis em alguns governos estaduais e algumas agências federais, mas sem fortalecer o governo nacional do presidente João Goulart".[62] Essa perspectiva

---

61 Sobre o papel dos Estados Unidos no golpe de 1964 e a participação de governadores estaduais, ver nota 11 da introdução desta obra.

62 Report, Background paper, Policy Framework Governing AID Lending to Brazil, 1961-1964, [s.d.], CF Brazil, NSF, LBJL, p.3-4.

de "fortalecer grupos moderados e elementos reformistas no Brasil", como explicaria em novembro de 1962 o diretor do Escritório para Assuntos da Costa Oeste do Departamento de Estado (Office of East Coast Affairs), Henry Wellman, visava "persuadir Goulart a cooperar com eles [elementos moderados e democráticos] em vez de com a extrema esquerda". Em outros termos, a ideia era tentar "influenciar Goulart" por vias indiretas: conforme elementos moderados e pró-EUA ganhassem espaço político no cenário nacional, Goulart seria obrigado, para manter-se fiel à institucionalidade democrática, a negociar com essas lideranças – e, portanto, a necessariamente moderar sua retórica e suas ações.[63]

É importante ressaltar que essa perspectiva de empregar ajuda econômica regional como forma de limitar o poder do governo federal brasileiro já havia sido formalmente proposta mesmo antes de Goulart assumir a Presidência da República, em setembro de 1961. Em junho do mesmo ano, no contexto da administração Quadros, o primeiro-secretário da Embaixada norte-americana no Brasil, Niles W. Bond, sugeriu ao chefe do Escritório para Assuntos Interamericanos (Bureau of Inter-American Affairs), J. W. Wilson, que fosse adicionado um ponto no "guia" então em formulação pelo Departamento de Estado para nortear políticas norte-americanas para o Brasil ("Guides to U.S. Policy Towards Brazil"). De acordo com Niles Bond, Washington deveria "procurar meios de fortalecer governadores-chave que fossem amigáveis para com os Estados Unidos" (*key governors friendly to the United States*), utilizando-se de "assistência técnica e econômica". O secretário acreditava que, com isso, a administração Kennedy estaria ajudando a "preservar o equilíbrio de poder entre governos federal e estaduais", desencorajando "possíveis rompimentos das instituições democráticas no Brasil".[64]

Quanto ao segundo objetivo da política de ajuda regional norte-americana, referente à importância de apoiar governadores "amigáveis" visando favorecer a construção de suas candidaturas para as eleições presidenciais de outubro de 1965, as evidências também são abundantes. O mesmo *background paper* de 1968, por exemplo, afirma que "a data-alvo para essa estratégia política [ilhas de sanidade administrativa] [era] outubro de 1965", período no qual "as futuras eleições presidenciais poderiam determinar a relação do Brasil com a Aliança para o Progresso".[65] A lógica por detrás

---

63 Memorandum, H. Wellman to Edwin Martin, 8 nov. 1962, folder Mis 5d-Draper's Team, box 3, RRB, RG 59, Nara, p.1.

64 Memorandum, Niles W. Bond to J. W. Wilson, 16 jun. 1961, folder U.S. Policy in Brazil (1962), box 3, RRB, RG 59, Nara, p.2.

65 Report, Background paper, Policy Framework Governing AID Lending to Brazil, 1961-1964, [s.d.], CF Brazil, NSF, LBJL, p.4. Nesse sentido, há semelhança entre os objetivos políticos da Aliança no Brasil e no Chile; neste, da mesma maneira, Washington empregou ajuda econômica para impulsionar o desempenho eleitoral dos democratas cristãos. Momentaneamente,

A Aliança para o Progresso e o governo João Goulart (1961-1964)

desse objetivo era a de que a ajuda econômica norte-americana viabilizaria projetos de impacto que dariam visibilidade aos governadores beneficiados e, portanto, contribuiriam para uma melhoria de imagem desses mandatários estaduais junto à opinião pública. Em abril de 1963, nesse espírito, a Embaixada dos Estados Unidos no Rio de Janeiro enviou um relatório para o Departamento de Estado argumentando que pesquisas de opinião pública apontavam crescimento das intenções de voto para Carlos Lacerda para o pleito presidencial de outubro de 1965. Conforme o relatório, em uma das pesquisas, realizada pelo Instituto Marplan, Lacerda aparecia em segundo lugar (29% das intenções, contra 34% do ex-presidente Juscelino Kubitschek), quase o dobro do percentual apresentado pelo próprio Lacerda em julho de 1962 (17%). Apesar de a Embaixada não ter considerado o resultado em questão muito confiável, em razão de problemas amostrais, uma pesquisa do Instituto Brasileiro de Opinião Pública e Estatística (Ibope) realizada em período semelhante sobre a atitude do governo Lacerda com relação à proibição de um Congresso de Solidariedade a Cuba na Guanabara apontou para a mesma tendência de aprovação do governador entre os brasileiros.[66]

Independentemente de Lacerda ter ou não chances reais de vencer o pleito em outubro de 1965, a ligação entre ajuda econômica para a Guanabara e fomento à popularidade de Lacerda com foco nas eleições presidenciais constituía tema frequente das autoridades norte-americanas. Isso não quer dizer que inexistiam vozes divergentes. Exemplo notável nesse sentido deu-se com o subsecretário para Assuntos Americanos, Edwin Martin. Em telegrama ao embaixador Lincoln Gordon em agosto de 1963, Martin argumentou: "Embora eu aceite a impossibilidade de um repúdio público [de Lacerda por parte dos Estados Unidos], continuo a achar que a abordagem dele está muito à extrema direita e muito fanaticamente anti-Goulart para ser aceita como uma contribuição útil aos objetivos norte-americanos".[67] A resposta de Gordon foi enérgica e contundente: de acordo com o embaixador estadunidense, Martin não teria caracterizado as posições políticas e ideológicas do governador da Guanabara de "modo correto". As políticas de Lacerda eram "progressistas, e não reacionárias". Gordon admitiu que as "pregações anticomunistas" de Lacerda "às vezes assum[iam] um tom

---

a estratégia foi bem-sucedida, visto que o candidato democrata cristão Eduardo Frei venceria as eleições presidenciais chilenas de 1964. Ver Taffet, *Foreign Aid as Foreign Policy: the Alliance for Progress in Latin America*, cap.4; Kirkendall, Kennedy Men and the Fate of the Alliance for Progress in LBJ Era Brazil and Chile, *Diplomacy & Statecraft*, v.18, ed.4.

66 Report A-1209, Rio de Janeiro to Department of State, 23 abr. 1963, folder Brazil, abr. 1963, box 134, CGR, RG 84, Nara, p.3-4.

67 Telegram s/n, Department of State to Rio de Janeiro, 14 ago. 1963, folder Brazil, General, 8/21/63 – 8/31/63, box 14, NSF, JFKL, p.1-2.

macarthista [*McCarthyist flavor*]; no entanto, tendo em vista as presentes circunstâncias no Brasil, ele não est[aria] muito fora da realidade [*very far off the mark*]".[68] Assim sendo, conclui o embaixador, no que se referia ao prognóstico de uma candidatura Lacerda para outubro de 1965:

> Olhando para o campo de potenciais candidatos, eu acredito que ele [Lacerda] seria melhor presidente para o Brasil do que qualquer outro em vista. Assim como está hoje, [Juscelino] Kubitschek provavelmente o venceria em uma eleição, mas a estrela de Lacerda parece que está em ascensão, e essa é, sem dúvida, uma razão para o medo frenético e a oposição de Goulart [contra Lacerda]. Obviamente nós não podemos, e não devemos, estar identificados com a causa de Lacerda, mas eu estou surpreso que a ideia de um "repúdio direto" [por parte dos Estados Unidos] tenha mesmo sido levantada [em Washington].[69]

Vozes dissonantes no governo norte-americano com relação a Lacerda logo perderiam o pequeno espaço que desfrutavam. Na realidade, a tensão política e os conflitos sociais domésticos no Brasil chegaram a tal ponto no segundo semestre de 1963 que a própria perspectiva de que eleições ocorreriam no final de 1965 passou a ser considerada cada vez mais remota, inclusive para autoridades estadunidenses. Um claro divisor de águas nesse sentido foi o pedido de decretação de estado de sítio feito pelo governo Goulart em 2 de outubro de 1963, um dia após a divulgação, pelo jornal *Tribuna da Imprensa*, de uma entrevista de Lacerda ao correspondente do *Los Angeles Times* no Brasil. Nessa entrevista, o governador da Guanabara, entre outras coisas, incitou abertamente os Estados Unidos a interferirem no Brasil para impedir que o projeto "totalitário" de Goulart se concretizasse.[70] O pedido de estado de sítio teve como principal objetivo, conforme Moniz Bandeira, prender Carlos Lacerda e garantir a ordem pública diante das possíveis consequências que decorressem dessa prisão.[71] O movimento de Jango falhou, entretanto, principalmente porque grupos de esquerda reagiriam mal ao pedido presidencial, por temerem que tal solicitação também pudesse ser usada contra as próprias forças esquerdistas. Com isso, Goulart acabou por retirar o pedido da Câmara dos Deputados em 5 de outubro de 1963.[72]

---

68 Telegram 373, Rio de Janeiro to Department of State, 21 ago. 1963, folder Brazil, General, 8/21/63 – 8/31/63, box 14, NSF, JFKL, p.4.

69 Ibid., p.4-5.

70 Ferreira, *João Goulart: uma biografia*, p.364-5.

71 Bandeira foi testemunha ocular das reuniões ocorridas entre Goulart e ministros militares nesse período. Segundo o autor, "os ministros militares, conquanto indignados com as declarações irresponsáveis de Lacerda, deixaram claro que não agiriam contra ele [Lacerda] senão sob fundamentos legais". Bandeira, *O governo João Goulart: as lutas sociais no Brasil (1961-1964)*, p.262.

72 Ibid., p.261-3.

A interpretação de todo esse episódio pelas autoridades norte-americanas foi inequívoca: Goulart pretendia usar o estado de sítio para tirar do poder governadores da oposição, sobretudo Lacerda e Ademar de Barros, algo que representaria uma derrota estratégica de proporções gigantescas para os interesses de Washington no Brasil.[73] A partir daqui, a perspectiva de que seria necessário agir para retirar Goulart do poder, impedindo que um golpe de esquerda se concretizasse, tornou-se quase que hegemônica em Washington.[74]

Tem-se, portanto, a terceira e última grande função que governadores beneficiados por ajuda econômica norte-americana desempenhariam aos olhos de autoridades do governo Kennedy: servir de "garantia" contra possíveis atos ilegais de Goulart e das esquerdas, além de articular, juntamente com outros grupos da sociedade, sobretudo militares, estratégias para retirar Jango do poder. Esse segundo aspecto ganharia proeminência crescente no final de 1963, especialmente após a crise política do pedido de estado de sítio. No início de novembro de 1963, ainda no governo Kennedy, a Embaixada norte-americana no Rio de Janeiro preparou um "plano de contingência" para a eventualidade de uma guerra civil eclodir no Brasil, seja como resultado de "passos claramente ilegais (ou inconstitucionais)" por parte de Jango, seja como decorrência de uma secessão da União promovida por determinados estados, em particular São Paulo, Paraná, Santa Catarina e Rio Grande do Sul (todos governados por políticos das categorias ideológicas 4, 5 ou 6), a fim de formar uma "confederação aliada aos Estados Unidos". Em ambos os casos, conclui o plano, "o apoio dos Estados Unidos" às forças antigoulartistas, "em termos tanto morais quanto materiais", seria "a diferença entre o estabelecimento de um governo democrático-ocidental [no Brasil] e o fortalecimento e a solidificação de um grupo [político] claramente orientado para a esquerda".[75]

Da mesma maneira, o *background paper* de 1968, ao argumentar que a decisão de implementar uma política de ilhas de sanidade administrativa no Brasil de Goulart havia sido correta, afirmou que o golpe de 1964 só teria

---

73 Sobre as avalições de diferentes autoridades norte-americanas com relação ao ocorrido, envolvendo desde membros da Embaixada dos Estados Unidos no Brasil, autoridades do Departamento de Estado e integrantes da Agência Central de Inteligência (CIA – Central Intelligence Agency), ver CIA Report 3/560.873, 4 out. 1963; Report, Thomas Hughes to Acting Secretary of State, 4 out. 1963; Telegram 51, Rio de Janeiro to Department of State, 8 out. 1963, folder Brazil, General, 10/1/63 – 10/15/63, box 14, NSF, JFKL.

74 Fico, *O grande irmão: da operação Brother Sam aos anos de chumbo – o governo dos Estados Unidos e a ditadura militar brasileira*, p.85-90; Loureiro, The Alliance for or against Progress? US-Brazilian Financial Relations in the Early 1960s, *Journal of Latin American Studies*, v.46, ed.2, p.345-7.

75 Telegrama A-568, Rio de Janeiro to Department of State, 4 nov. 1963, folder Brazil, General, 11/1/63 – 11/15/63, box 14, NSF, JFKL.

sido possível em razão de uma "coalizão de forças civis e militares, entre as quais figuravam, proeminentemente, os governadores anticomunistas da Guanabara e de Minas Gerais [Carlos Lacerda e Magalhães Pinto, respectivamente]". Apesar de o relatório reconhecer que o privilégio que os estados da Guanabara e de Minas Gerais tiveram em termos de alocação de recursos da Aliança para o Progresso constituiu "apenas um único fator em um complexo grupo de influências nas ações desses governadores", Lacerda, Magalhães Pinto "e outros governadores poderosos e líderes civis sabiam por todo o Brasil que os Estados Unidos estavam do lado deles", e isso, segundo o relatório, foi crucial para suas ações.[76] Assim sendo, conclui o texto, a política de ilhas de sanidade viabilizou "um dos maiores sucessos de política externa dos Estados Unidos dos últimos tempos".

Vê-se, portanto, que existem elementos sólidos não apenas para concluirmos que a distribuição de recursos da Aliança para o Progresso para estados brasileiros durante o governo Goulart foi determinada, principalmente, por questões de ordem política (e não técnica ou relativa ao grau de subdesenvolvimento das unidades federativas), mas também que essa ajuda foi empregada como uma arma de Guerra Fria no Brasil, com efeitos de curto, médio e longo prazos. Em curto prazo, a depender do contexto, ela visou moderar, enfraquecer ou conspirar contra a administração Jango; em médio prazo, pretendeu viabilizar candidaturas "amigáveis" a Washington para as eleições presidenciais brasileiras de outubro de 1965; e, em longo prazo, apoiou projetos que tinham uma determinada concepção de modernização, do tipo capitalista-liberal, em seus pressupostos, a fim de construir condições para extirpar ameaças de erupções radicais, sobretudo de natureza comunista, no Brasil. Sobre esse último ponto, os projetos habitacional e industrial patrocinados no estado da Guanabara constituíram alguns dos exemplos desse uso com fins de modernização de longo prazo em estados brasileiros.

Até agora, nosso foco recaiu, particularmente, sobre as percepções de agentes políticos norte-americanos quanto à alocação de recursos para estados brasileiros. É razoável perguntarmos, nesse sentido, como atores brasileiros, entre os quais o próprio presidente Goulart e os governadores, agiram e reagiram diante dessa abordagem de ilhas de sanidade norte-americana e da motivação eminentemente política por detrás dela. Esse é o tema a ser abordado no último capítulo, apresentado a seguir.

---

76 Report, Background paper, Policy Framework Governing AID Lending to Brazil, 1961-1964, [s.d.], CF Brazil, NSF, LBJL.

4
AÇÕES E REAÇÕES DOMÉSTICAS À AJUDA ECONÔMICA REGIONAL NORTE-AMERICANA

Uma das características mais notáveis da recente historiografia sobre a Guerra Fria na América Latina é a profusão de trabalhos que mostram a importância de se levar em conta a agência de atores latino-americanos para compreender processos que, costumeiramente, tendiam a ser colocados sob responsabilidade única de Washington. Da crise dos mísseis de Cuba aos golpes militares no Brasil, na Bolívia, no Chile e na Argentina, estudiosos vêm mostrando, embasados em sólidas e múltiplas evidências, o quanto personalidades e grupos sociais da América Latina tiveram um papel importante, mesmo que nem sempre primordial, para o desfecho desses e de muitos outros episódios da chamada Guerra Fria latino-americana.[1]

Este capítulo tem a pretensão de desenvolver abordagem semelhante – ou "pericêntrica", como quer o importante estudo de Tony Smith – para a

---

1 Entre os mais importantes exemplos dessa historiografia, ver Cowan, "A Passive Homosexual Element": Digitized Archives and the Policing of Homosex in Cold War Brazil, *Radical History Review*, v.2014, n.120; Id., *Securing Sex: Morality and Repression in the Making of Cold War Brazil*; Harmer, Brazil's Cold War in the Southern Cone, 1970-1975, *Cold War History*, v.12, n.4; Id., Fractious Allies: Chile, the United States, and the Cold War, 1973-76, *Diplomatic History*, v.37, n.1; Id., "The Cuban Question" and the Cold War in Latin America, 1959-1964, *Journal of Cold War Studies*, v.21, n.3; Keller, The Latin American Missile Crisis, *Diplomatic History*, v.39, n.2; Power, Who but a Woman? The Transnational Diffusion of Anti-Communism among Conservative Women in Brazil, Chile and the United States during the Cold War, *Journal of Latin American Studies*, v.47, ed.1; Walcher et al., Thomas C. Field, Jr. From Development to Dictatorship: Bolivia and the Alliance for Progress in the Kennedy Era, *H-Diplo Roundtable Review*, v.XVI, n.21. A expressão "Guerra Fria latino-americana" ganhou força na academia sobretudo após os trabalhos de Grandin, *The Last Colonial Massacre: Latin America in the Cold War*; Brands, *Latin America's Cold War*.

análise da ajuda regional norte-americana no Brasil de João Goulart.[2] No capítulo anterior, as autoridades estadunidenses constituíram os atores principais da história; agora, elas dão lugar a agentes brasileiros, notadamente a governadores e ao próprio presidente João Goulart. Dois grupos de perguntas norteiam nossa reflexão: primeiro, qual papel mandatários estaduais tiveram na determinação das características da alocação da ajuda econômica regional norte-americana? Em outros termos: governadores vistos como favoráveis aos EUA por autoridades em Washington teriam pressionado por recursos? Se sim, até que ponto foram bem-sucedidos? E qual o posicionamento assumido por mandatários classificados como esquerdistas? Calaram-se diante da discriminação sofrida ou voltaram-se publicamente contra ela? O capítulo argumenta que, apesar de o papel dos governadores não ter sido primordial para o resultado da alocação de recursos (em última instância, portanto, a atuação de Washington teve peso maior e decisivo), a análise das ações e reações de mandatários estaduais não somente reforça conclusões anteriores sobre o caráter político das motivações do governo Kennedy para distribuir ajuda a estados brasileiros, como ainda aponta para diferenças importantes no tocante ao desempenho entre unidades federativas a partir da atuação de governadores específicos.

Um segundo conjunto de perguntas relaciona-se ao próprio presidente da República. Primeiramente, questiona-se até que ponto João Goulart teria tido consciência de que a distribuição de ajuda econômica regional norte-americana durante seu governo estava fortemente enviesada, favorecendo políticos pró-EUA e anticomunistas – e muitos dos quais antigoulartistas. Em caso positivo, torna-se essencial saber o porquê de Jango não ter agido para minimizar, coibir ou, até mesmo, acabar completamente com esse tipo de prática. Já que empréstimos, doações ou acordos entre entidades externas e estados tinham de ter, segundo a Constituição de 1946, o aval da União, por que Goulart supostamente não fez nada para impedi-los, caso tenha tido conhecimento da discriminação norte-americana a certos estados e do privilégio concedido a outros em termos de recebimento de recursos? Esse foi um dos principais argumentos apresentados pelo ex-embaixador Lincoln Gordon em inúmeras oportunidades para provar que a ajuda norte-americana teria tido bases técnicas, e não políticas – tanto é, afirmou Gordon, que o governo federal brasileiro havia dado aval para todos os acordos assinados entre Washington e unidades federativas do país.

---

2 Smith, New Bottles for New Wine: a Pericentric Framework for the Study of the Cold War, *Diplomatic History*, v.24, ed.4. Para um trabalho empírico que se utiliza da perspectiva de Smith para olhar um episódio importante da Guerra Fria latino-americana – no caso, o bloqueio à entrada de Cuba na Associação Latino-Americana de Livre Comércio (Alalc), em agosto de 1962 –, ver Loureiro, Gomes Jr. e Braga, A Pericentric Punta del Este: Cuba's Failed Attempt to Join the Latin American Free Trade Area (Lafta) and the Limits of Brazil's Independent Foreign Policy, *Revista Brasileira de Política Internacional*, v.61, n.2.

Veremos neste capítulo que não apenas Goulart sabia da natureza política e enviesada da ajuda estadunidense, como ainda, apesar de sofrer várias restrições políticas – que, na prática, o impediram de bloquear os contatos diretos de Washington com governadores –, tentou evitar a continuidade desses acordos, gerando forte crise política com mandatários estaduais pró-EUA beneficiados pela Aliança para o Progresso. Em última instância, a pressão desses governadores foi fundamental para garantir que os acordos diretos entre estados e Washington continuassem. Isso aponta, portanto, para uma outra faceta da centralidade de se analisar as ações de agentes políticos brasileiros para entender os resultados da ajuda econômica regional norte-americana no Brasil da administração Goulart. Iniciemos a análise, então, olhando para o papel exercido por esses governadores, o que será feito na primeira seção do capítulo, apresentada a seguir.

4.1. Ações e reações de governadores

Dos 32 governadores estaduais cujos mandatos coincidiram, em parte ou totalmente, com o período do governo Goulart (de setembro 1961 a março de 1964), treze realizaram contatos diretos com autoridades norte-americanas nesse período, seja pessoalmente, seja por meio de assessores e intermediários, com o intuito de solicitar ajuda econômica para o desenvolvimento de projetos em seu estado (Tabela 4.1). A grande maioria desses encontros não teve como objetivo fazer *lobby* para a aprovação de projetos específicos, mas solicitar recursos para programas e projetos em geral.

Duas características chamam a atenção na lista desses governadores proativos: primeiro, quase todos pertenciam a categorias ideológicas consideradas mais favoráveis por Washington (categorias 4 e 5), com exceção de dois: Ademar de Barros, governador de São Paulo, visto como um "conservador" pelas autoridades norte-americanas (categoria 6); e Mauro Borges, governador de Goiás, considerado um "ultranacionalista de esquerda" (categoria 3). E, em segundo lugar, a grande maioria foi contemplada com empréstimos em dólares – o mais cobiçado tipo de ajuda econômica, porque permitia importar bens e serviços do exterior –, seja do BID, seja da Usaid. Apenas três governadores contidos na lista não receberam empréstimos em dólares: Aluísio Alves (Rio Grande do Norte), Petrônio Portela Nunes (Piauí) e Mauro Borges (Goiás). Na realidade, apenas o caso de Portela Nunes pode ser considerado um *outlier*, na medida em que, mesmo tendo sido alocado à categoria 5 ("centrista") por autoridades estadunidenses, o governador do Piauí não foi beneficiado com um grande montante de recursos norte-americanos – apesar de ter ficado em quarto lugar em termos de empréstimos em cruzeiros entre os estados nordestinos, o que mostra também que ele não foi discriminado por Washington (Tabela 3.4). A

Tabela 4.1 – Lista dos governadores que fizeram contato direto com autoridades norte-americanas para pedido de recursos da Aliança para o Progresso (1961-1964)

Administração	Estado	Categoria ideológica	Beneficiado com empréstimos em dólar Usaid/BID
Antônio Lomanto Júnior	Bahia	4	Sim
Virgílio Fernandes Távora	Ceará	6	Sim
Mauro Borges	Goiás	3	Não
Carlos Lacerda	Guanabara	4	Sim
José de Magalhães Pinto	Minas Gerais	5	Sim
Aurélio Correia do Carmo	Pará	5	Sim
Ney de Barros Braga	Paraná	5	Sim
Cid Feijó Sampaio	Pernambuco	5	Sim
Petrônio Portela Nunes	Piauí	5	Não
Ildo Meneghetti	Rio Grande do Sul	4	Sim
Aluísio Alves	Rio Grande do Norte	5	Não
Ademar de Barros	São Paulo	6	Sim
Celso Ramos	Santa Catarina	5	Sim

Fontes: Para resultados eleitorais, ver: Secretaria do Tribunal Superior Eleitoral. Tabela extraída de: Brasil, IBGE, *Anuário estatístico do Brasil*, v.22; Id., *Anuário estatístico do Brasil*, v.24; para categorias ideológicas, ver: Report A-236, Rio de Janeiro to Secretary of State, 23 ago. 1962, folder Elections: Governors, box 2, CSEF, RG 84, Nara.

administração Aluísio Alves no Rio Grande do Norte, por sua vez, mesmo sem ter recebido empréstimos em dólares, foi a campeã em doações em cruzeiros e doações em dólares pela Usaid (tabelas 3.3 e 3.4). O caso de Mauro Borges, por fim, é emblemático: apesar de todo o esforço do governador para obter recursos da Aliança para o Progresso, o estado de Goiás foi pouquíssimo bem-sucedido nesse sentido. Apenas no final da administração Goulart é que tal quadro mudaria. Por essa razão, e tendo em vista o fato de Mauro Borges ter sido considerado um político "ultranacionalista de esquerda", vale a pena olhar o caso de Goiás mais de perto.

O mandatário goiano talvez tenha sido, juntamente com Carlos Lacerda e Aluísio Alves, um dos governadores estaduais que mais tentaram ganhar acesso às autoridades norte-americanas para obter recursos da Aliança para o Progresso durante o período Goulart. Em contraste com Carlos Lacerda e Aluísio Alves, porém, Mauro Borges sairia decepcionado das suas frequentes investidas. O primeiro registro disponível a respeito dessas abordagens ocorreu em dezembro de 1961, quando da visita a Goiânia do embaixador Merwin Bohan, que então estava liderando um grupo de especialistas da Aliança para o Progresso com o intuito de produzir um relatório sobre o país, com especial atenção para o Nordeste brasileiro. De acordo com o

A Aliança para o Progresso e o governo João Goulart (1961-1964)

relato de Eugene Delgado-Arias, responsável pela recém-instalada seção da Embaixada norte-americana em Brasília, o governador goiano teria dito a Bohan durante um jantar que estava "crescentemente desapontado" com a falta de ajuda econômica dos Estados Unidos para o estado de Goiás. Bohan respondeu que "não tinha autoridade para prometer ajuda, já que estava fazendo apenas uma viagem de inspeção". Segundo Delgado-Arias, Borges não teria conseguido "disfarçar em seu rosto a frustração" diante da resposta do emissário norte-americano.[3]

Uma segunda oportunidade ocorreu em maio de 1962, dessa vez quando o próprio embaixador Lincoln Gordon esteve em Goiânia. Gordon quis encontrar-se com o governador Mauro Borges "por causa do papel de liderança [que Borges estava apresentando] na criação do grupo nacionalista-esquerdista Frente de Libertação Nacional" e, em particular, devido a boatos de que Borges estaria tendo "sérias dificuldades [dentro dessa Frente] por causa de diferenças entre ele e o governador do Rio Grande do Sul, Leonel Brizola".[4] Nesse encontro, Mauro Borges reiterou estar "fortemente interessado" em saber como a Aliança para o Progresso poderia ajudar o plano de desenvolvimento econômico para o seu estado.[5] Apesar de Gordon não ter deixado claro em seu relatório como respondeu ao governador, o embaixador norte-americano fez comentários emblemáticos sobre a qualidade do trabalho de Borges e de sua equipe para a promoção de projetos de desenvolvimento em Goiás:

> As energias oficiais do governador estão aparentemente sendo canalizadas, majoritariamente, para o desenvolvimento e a implementação de um plano quinquenal de desenvolvimento para Goiás, grande parte do qual parece ser realista e estar sendo planejado de forma razoavelmente eficiente [*most of which appeared to be realistic and reasonably well planned*]. A juventude e o entusiasmo dos seus principais subordinados são notáveis.[6]

Esses últimos comentários são interessantes porque, *a priori*, a administração Borges tinha tudo para ser bastante privilegiada em termos da oferta de recursos da Aliança para o Progresso: além do ativismo do próprio

---

3 Report 479, Brasília to Department of State, 7 dez. 1961, folder States: Goiás, box 1, Classified Special Election Files, compiled 01/01/1962-12/31/1963 (a seguir, CSEF), RG 84, Nara.

4 A Frente de Libertação Nacional (FLN) foi um grupo nacionalista criado em outubro de 1961 que congregava diversos políticos brasileiros com o intuito de forjar uma frente ampla para as eleições gerais de outubro de 1962. Os governadores Mauro Borges e Leonel Brizola constituíam as duas principais lideranças do movimento. Para maiores informações, ver Acervo Digital do CPDOC, disponível em http://www.fgv.br/cpdoc/acervo/dicionarios/verbete-tematico/frente-de-libertacao-nacional-fln, acesso em 20 jan. 2020.

5 Report 880, Brasília to Department of State, 10 maio 1962, folder US-Brazil 1962, box 1, Classified Central Subject Files, compiled 1961-1975 (a seguir, CCSF), RG 84, Nara, p.1.

6 Ibid., p.1-2.

governador e de sua equipe, sua postura reformista, engajada e jovem (bastante semelhante à imagem do governo Kennedy), e, ao mesmo tempo, o fato de o governo local ter se preocupado em planificar projetos e gastos, tal como recomendado por Washington, sendo que o próprio produto dessa planificação foi elogiado pelo embaixador norte-americano como aparentemente "realista" e "razoavelmente eficiente", indicam que questões muito mais profundas do que eficiência técnica ou grau de engajamento de administrações estaduais estavam em jogo na alocação de recursos da Aliança.

Apesar dos elogios de Gordon, Goiás continuou sem receber auxílio dos Estados Unidos. Por isso, no início de 1963, o governador goiano fez nova investida sobre autoridades do governo Kennedy. Dessa vez o alvo foi o cônsul norte-americano em Goiânia, Dirck Keyser. De acordo com o relato consular, o governador mencionou o tema da Aliança para o Progresso "várias vezes" durante o encontro, tendo "expressado a opinião de que o programa [Aliança] estaria evoluindo de forma muito lenta". Borges pontuou que, ao que parecia, apesar de o órgão do governo federal brasileiro responsável pela análise de projetos da Aliança (Comissão de Coordenação da Aliança para o Progresso, Cocap) ter aprovado as propostas do estado de Goiás, a Usaid ainda não os analisara. O cônsul prometeu que verificaria o que estava ocorrendo; Borges, por sua vez, sugeriu a Keyser que o embaixador Lincoln Gordon realizasse uma nova visita a Goiás para verificar "o que o estado [estava] fazendo e planejando" em termos de projetos de desenvolvimento.[7] No geral, porém, o que ficou do encontro para as autoridades norte-americanas, nas palavras do consultor político da Embaixada dos Estados Unidos em Brasília, John Keppel, foi o fato de Borges, mais uma vez, ter "reclamado da morosidade da Aliança para o Progresso" no que se referia ao provimento de recursos.[8]

Após frustradas tentativas de obtenção de ajuda via Washington, evidências apontam que, a partir de abril de 1963, o governador goiano teria se tornado mais receptivo a receber recursos da União Soviética e de países da Europa Oriental. De acordo com um relatório da seção da Embaixada norte-americana em Brasília datado de maio de 1963, havia "rumores recorrentes de empréstimos e assistência técnica a serem fornecidos para o estado de Goiás por países da Cortina de Ferro". Uma "fonte confiável", mantida em anonimato no relatório, porém, teria contado a autoridades norte-americanas que o governador estava negociando um "grande empréstimo com a Rússia [União Soviética] para desenvolver uma indústria de níquel [no

---

7 MemCon A-992, Mauro Borges, Dirck Keyser, et al., 18 fev. 1963, folder Alliance for Progress, 1962, box 1, CCSF, RG 84, Nara, p.1.
8 Telegram A-992, Brasília to Department of State, 14 mar. 1963, folder Alliance for Progress, 1962, box 1, CCSF, RG 84, Nara.

estado], com pagamento a ser feito em níquel". Além disso, emissários da Alemanha Oriental e o representante diplomático da Tchecoslováquia residente em Brasília estariam, de acordo com a mesma fonte, fazendo visitas frequentes a Goiânia para negociar ajuda econômica para o estado.

Conforme um professor de inglês do governador, "que é [uma pessoa pertencente a] uma família com boas conexões políticas", Borges teria até viajado para a União Soviética em maio de 1963 com o intuito de negociar "ajuda para o desenvolvimento de minas de níquel e refinarias em seu estado". De fato, Borges licenciou-se do cargo no período em questão para, oficialmente, conhecer a experiência das comunidades agrícolas coletivas de Israel (*kibutz*); no entanto, segundo esse professor, o governador teria partido de Israel diretamente para Moscou antes de retornar ao Brasil. Infelizmente, a verificação da veracidade dessa informação demandaria uma análise dos arquivos soviéticos e dos países da Europa do Leste que não tivemos condições de realizar. De qualquer modo, a conclusão do relatório do primeiro-secretário da Embaixada em Brasília sobre as negociações de Borges com países comunistas por ajuda econômica não deixa dúvidas de que o governador de Goiás tinha toda a motivação para fazer uma ação nesse sentido, tendo em vista suas frequentes frustrações com Washington:

> Afirma-se que os problemas financeiros do estado [de Goiás], juntamente com o que se descreve como impaciência [por parte do governador] com a Aliança para o Progresso, seriam as causas dessa profusão retórica [*flurry of talk*] sobre ajuda da Cortina de Ferro. Quando você está desesperado, como Borges está, para obter os meios para completar o plano quinquenal para desenvolvimento [do estado], você irá pedir ajuda para qualquer fonte.[9]

Coincidência ou não, e sem que nos tenha sido possível averiguar se o estado teria recebido empréstimos e ajuda técnica da União Soviética e dos países da Cortina de Ferro, o fato é que a partir de maio de 1963 o estado de Goiás começou a ser contemplado com ajuda da Usaid. No próprio mês de maio, o estado recebeu uma doação simbólica no valor de US$ 20 mil para "desenvolvimento de competência técnica e melhorar a eficiência operacional" do sistema de abastecimento de água do estado.[10] Em dezembro de 1963, Washington aprovou um substancial empréstimo em cruzeiros da Usaid (Cr$ 1,3 bilhão, ou US$ 2,16 milhões) para apoiar o programa de

---

9 Report A-1287, Brasília to Department of State, 9 maio 1963, folder States: Goiás, box 1, CSEF, RG 84, Nara.

10 A citação está em Telegram A-176, Rio de Janeiro to Usaid/W, 26 jul. 1963, PRM 1 – Goal and Activity Progress Reports FY 63-65, p.20; os valores estão em Telegram 107, Rio de Janeiro to Usaid/W, 5 jun. 1963, PRM 1 – Monthly Progress Reports FY 63-65, box 19, CSF, RG 286, Nara, p.1.

Felipe Pereira Loureiro

expansão educacional estadual. A ajuda tinha como objetivo viabilizar a construção e/ou aprimoramento de "528 salas de aula de educação primária, 3 centros de treinamento para professores, 4 escolas de ensino médio", além de escolas técnicas agrícolas e industriais.[11] No discurso de agradecimento, o governador Mauro Borges, em contraste com as críticas privadas que vinha fazendo sobre o programa de ajuda norte-americano, argumentou que a Aliança estava sendo responsável por desenvolver no continente "a filosofia [...] de um serviço para a causa do desenvolvimento social e econômico das Américas em um clima de paz e liberdade".[12]

Os elogios do governador goiano à Aliança para o Progresso destoavam da abordagem que o governo federal brasileiro passou a apresentar publicamente sobre o programa econômico do governo Kennedy. No encontro do Conselho Interamericano Econômico e Social (Cies), ocorrido em São Paulo em novembro de 1963, pela primeira vez o presidente Goulart decidiu fazer um discurso público fortemente crítico à Aliança, gerando exaltação entre as autoridades norte-americanas presentes.[13] O posicionamento de Mauro Borges no final de 1963 sugere, portanto, um distanciamento significativo do governo de Goiás diante da administração federal nos meses derradeiros de Jango na Presidência. Não é coincidência que, dos quatro governadores em exercício categorizados como "inocentes úteis" (categoria 2) ou "esquerdistas ultranacionalistas" (categoria 3) pela Embaixada dos Estados Unidos, apenas Borges não foi retirado do poder pelos militares logo após o golpe de 1964.[14] De qualquer modo, o empréstimo da Usaid para Goiás no final de 1963 constitui uma exceção da política norte-americana de discriminação contra governadores categorizados como esquerdistas. Após muita insistência, barganha e até ameaças veladas por parte de Borges de buscar ajuda no bloco comunista, juntamente com a moderação de seu posicionamento político, Washington acabou revendo parcialmente sua política em Goiás ("parcialmente" porque o estado não chegou a ser contemplado com nenhum empréstimo em dólar), mesmo que essa revisão tenha ocorrido tardiamente e resultem em apenas um único empréstimo de valor significativo. Por um

---

11 Telegram A-1054, Rio de Janeiro to Usaid/W, 26 dez. 1963, PRM 1 – Monthly Progress Reports FY 63-65, box 19, CSF, RG 286, Nara, p.1.

12 Ibid., p.2.

13 Loureiro, The Alliance for or against Progress? US-Brazilian Financial Relations in the Early 1960s, *Journal of Latin American Studies*, v.46, ed.2, p.324.

14 Os demais governadores de esquerda depostos pelo golpe de 1964 foram Miguel Arraes (Pernambuco), João Seixas Dória (Sergipe) e Badger da Silveira (Rio de Janeiro). Os três tiveram seus direitos políticos cassados pelo Ato Institucional n. 1. Mauro Borges seria deposto pelos militares em novembro de 1964, após intervenção no estado decretada pelo presidente Castelo Branco. Para as razões da deposição de Borges, ver Research Memorandum RAR-40, Thomas Hughes to Department of State, 21 dez. 1964, States: Goiás, box 1, CSEF, RG 84, Nara.

A Aliança para o Progresso e o governo João Goulart (1961-1964)

lado, isso sugere que a forma pela qual atores locais se posicionaram – nesse caso, um governador de esquerda ativamente buscando recursos norte-americanos – teve impacto, mesmo que marginalmente, sobre as decisões de ajuda econômica tomadas pelo governo dos Estados Unidos. Por outro, a dificuldade de Mauro Borges para conseguir recursos de Washington, apesar dos elogios de membros do governo Kennedy à qualidade de sua administração e de seus projetos de desenvolvimento para o estado, confirma o caráter eminentemente político da alocação da ajuda econômica regional norte-americana para o Brasil de Goulart.

Os outros doze governadores que procuraram autoridades estadunidenses com o intuito de solicitar ajuda econômica da Aliança para o Progresso, pessoalmente ou por meio de subordinados, acabariam sendo contemplados com diferentes graus de sucesso por Washington, conforme já analisado no capítulo anterior. Sobre essas investidas, vale destacar três aspectos: primeiro, a análise de casos específicos mostra que o ranqueamento de estados em termos de quantidade de ajuda recebida não foi determinado apenas por fatores políticos, mas também pelo grau de engajamento das administrações estaduais no que se refere à solicitação de recursos e, sobretudo, à formulação e adequação de projetos conforme requerimentos de Washington; segundo, os acordos diretos entre governo Kennedy e estados brasileiros, sobretudo Guanabara, Pernambuco e Rio Grande do Norte, que foram os primeiros a serem beneficiados, geraram uma espécie de efeito demonstração para outras administrações estaduais, que passaram a procurar autoridades norte-americanas com o intuito de obter ajuda para seus estados, espelhando-se nos casos que vinham sendo contemplados com sucesso; e, por fim, em terceiro, a comparação entre as investidas de governadores para obtenção de recursos norte-americanos antes e durante a administração Goulart mostra que, apesar de o ativismo de determinados mandatários estaduais ter contribuído para a natureza do fluxo de recursos, o aspecto determinante foi a mudança de postura de Washington, que passou a aceitar – e, indiretamente, a estimular – esse tipo de investida. Sem essa mudança de abordagem por parte do governo norte-americano, não importava quão ativos fossem os governadores para pressionar por recursos que Washington não concederia ajuda diretamente a estados. É importante analisar cada um desses aspectos detidamente.

Comecemos pelo caso dos governadores "amigáveis" que apresentaram taxas de sucesso relativamente menores quanto à obtenção de recursos junto a autoridades norte-americanas. O caso mais emblemático foi o da administração Ildo Meneghetti no Rio Grande do Sul, eleita em outubro de 1962 em substituição ao governo de Leonel Brizola. Tal como na díade Cid Sampaio-Miguel Arraes em Pernambuco, teve-se aqui, em versão inversa, um dos poucos casos no Brasil do início dos anos 1960 no qual houve uma significativa guinada política em administrações estaduais: passou-se de um

157

governador de esquerda, classificado como "inocente útil" pela Embaixada norte-americana (categoria 2), para outro que era fortemente pró-EUA e anticomunista, visto como "reformista radical não comunista" (categoria 4). No entanto, em contraste com o caso pernambucano, no qual o nível de ajuda norte-americana havia sido alto durante a gestão Cid Sampaio (categoria 5), tendo caído bruscamente após a ascensão de Miguel Arraes (categoria 2) ao poder, no Rio Grande do Sul os Estados Unidos colaboraram muito pouco com a administração Meneghetti (tabelas 3.1 a 3.4), mantendo o padrão que vinha do período Brizola. Não foi por falta de investidas de emissários do governador sul-rio-grandense sobre representantes do governo Kennedy, porém. Antes mesmo de assumir o governo, Meneghetti já havia enviado seu secretário da Fazenda, o deputado Daniel Faraco (UDN), então presidente da Comissão de Finanças da Câmara dos Deputados, para comunicar aos membros da Embaixada norte-americana em Brasília que a nova administração tinha consciência de que, para trazer "progresso para o Rio Grande do Sul", era necessário construir "uma cooperação próxima com a Aliança para o Progresso".[15] Apesar disso, relativamente falando, Washington pouco concedeu ajuda econômica ao estado. A pergunta que fica é: por quê?

Ao que parece, uma confluência de fatores políticos explica o padrão de ajuda estadunidense para a administração Meneghetti. Há indícios que apontam que um dos principais motivos esteve na força que o presidente João Goulart tinha ali. Washington temia que projetos no Rio Grande do Sul pudessem acabar beneficiando, em última instância, forças da tradição varguista, mesmo que inadvertidamente. Essa perspectiva já havia aparecido antes mesmo de Meneghetti ganhar as eleições. Em fevereiro de 1962, ainda em um contexto de relativa cordialidade nas relações políticas entre os governos federais brasileiro e norte-americano, o chefe da divisão política latino-americana do Departamento do Tesouro, Herbert K. May, em conversa com o embaixador brasileiro Carlos Bernardes, perguntou como Washington poderia engajar o presidente João Goulart na Aliança para o Progresso. Bernardes foi taxativo em sua resposta: a única maneira de fazer isso seria por meio do financiamento de projetos que fossem "especialmente atraentes" para Jango, sobretudo "projetos no Rio Grande do Sul".[16] Não é estranho, portanto, o fato de que, quando as relações políticas entre Goulart e Washington deterioraram-se em 1963, o Rio Grande do Sul não tenha se transformado em um estado prioritário para alocação de ajuda

---

15 Telegram 126, Brasília to Department of State, 24 dez. 1962, folder 350. Brazil, jul.-dez. 1962, box 1, CCSF, RG 84, Nara.

16 MemCon, Herbert May, Carlos Bernardes, 13 fev. 1962, folder Alliance for Progress, 1963, box 135, CGR, RG 84, Nara.

econômica, mesmo estando sob a administração de um governador considerado "amigável".

Além desse aspecto, há outro elemento que parece ter desempenhado um papel relevante na baixa quantidade de recursos recebida pela administração Meneghetti: apesar dos frequentes pedidos por divisas feitos por emissários do governador, a impressão de autoridades norte-americanas era a de que a administração estadual não estava suficientemente engajada na formulação de projetos para o recebimento de ajuda econômica internacional, em contraste com o que se deu com as administrações Carlos Lacerda, Cid Sampaio, Aluísio Alves, Magalhães Pinto e, inclusive, Mauro Borges. Esse problema ficou claro durante uma visita a Porto Alegre em maio de 1963 do diretor da missão especial da Usaid no Brasil, Jack Kubisch. Conforme relato do cônsul norte-americano na cidade, Thomas J. Duffield, Kubisch teria tentado explicar a membros do governo estadual que os "recursos da Aliança [eram] limitados e não [podiam] ser usados para financiar uma miríade de projetos", tal como "autoridades governamentais e empresários" sul-rio-grandenses gostariam. O cônsul notou que a visita do diretor da missão da Usaid "fez pouco para mudar o pensamento deles [membros do governo] sobre a Aliança, que podia ser resumido da seguinte maneira: o dinheiro está lá; tudo o que é preciso é de um 'jeitinho' para obtê-lo (*all that is needed is* jeito *to get it*)".[17]

O caso do Rio Grande do Sul sugere, portanto, que a ativação da política de ilhas de sanidade administrativa também dependia de um mínimo de proatividade por parte das administrações estaduais "amigáveis" interessadas em obter recursos. Isso não significa, porém, que projetos tivessem de ser tecnicamente sólidos. Exemplo claro disso foi a mudança de postura da Usaid sobre um empréstimo para a Coperbo. Em junho de 1962, o governador Cid Sampaio foi informado de que a solicitação da ajuda feita pelo governo de Pernambuco para a construção de uma planta de borracha sintética no estado seria negada pela Usaid sob argumento de que o projeto não estaria tecnicamente consistente e de que a proposta seria "não econômica". Sampaio recorreu ao embaixador brasileiro nos Estados Unidos, Roberto Campos, para pressionar autoridades norte-americanas. Campos encontrou-se com o próprio coordenador da Aliança para o Progresso, Teodoro Moscoso, para apresentar as queixas do governador de Pernambuco. Segundo o memorando de conversação redigido para o Departamento de Estado, Campos teria deixado implícita uma ameaça. Caso Washington se omitisse com relação a esse empréstimo, as consequências poderiam ser danosas, incluindo uma possível vitória do esquerdista Arraes nas eleições de outubro de 1962:

---

17 Airgram A-64, Porto Alegre to Department of State, 28 maio 1963, folder Aid (U.S.) Brazil – Loans – 2/1/63, box 3312, SNF, RG 59, Nara, p.2.

Felipe Pereira Loureiro

> Politicamente, [afirmou Campos,] uma recusa em garantir o empréstimo da Usaid [para a Coperbo] teria sérias repercussões, não apenas em Pernambuco mas em todo o Brasil. Ele [Campos] acrescentou que o governador Sampaio havia feito da planta de borracha sintética seu objetivo número 1 e que um possível fracasso em seguir adiante com esse projeto de maneira célere iria certamente fortalecer a possibilidade de o pró-comunista Miguel Arraes ser eleito governador de Pernambuco.[18]

Três meses após essa conversa, em setembro de 1962, tanto a Usaid quanto o BID aprovariam empréstimos vultosos para a construção de uma planta de borracha sintética em Pernambuco – US$ 2 milhões e US$ 3,6 milhões, respectivamente.[19] Portanto, ao que tudo indica, uma diferença importante entre os casos de Pernambuco e Rio Grande do Sul foi, em primeiro lugar, a maneira pela qual a administração Sampaio conseguiu mobilizar temores e receios de Washington quanto a uma possível "comunização" do Brasil para, com isso, extrair recursos norte-americanos mesmo quando os pedidos tinham sido considerados tecnicamente fracos e não econômicos. Além disso, o governo de Pernambuco concentrou esforços na aprovação de um número relativamente pequeno de projetos com finalidades específicas (indústria de borracha sintética, programa de educação estadual, melhoria de estradas), sem partir, como o cônsul norte-americano em Porto Alegre deixou a entender em seus despachos, do pressuposto de que recursos seriam liberados para solicitações múltiplas e genéricas simplesmente porque quem estava demandando seria uma administração estadual "amigável" aos Estados Unidos.

Uma segunda conclusão fundamental que se extrai da análise das investidas de governadores brasileiros é o modo pelo qual o ativismo de certos mandatários estaduais, e o sucesso destes para a obtenção de fundos da Aliança para o Progresso mediante acordos diretos com Washington, acabou por produzir uma espécie de efeito demonstração para outros governadores, estimulando contatos de lideranças estaduais com representantes do governo Kennedy sem passar por Brasília. A evidência mais direta desse efeito foi apresentada pelo governador do Pará, Aurélio do Carmo, em conversa com o embaixador Lincoln Gordon em agosto de 1962. O governador perguntou a Gordon se a viagem de mandatários estaduais a Washington constituía um "procedimento regular para obter assistência da Aliança para o Progresso", sugerindo que, se fosse o caso, ele estaria "preparado para viajar".[20] Aurélio do

---

18 Report A-1287, Brasília to Department of State, 9 maio 1963, folder States: Goiás, box 1, CSEF, RG 84, Nara.

19 Telegram A-176, Rio de Janeiro to Usaid/W, 26 jul. 1963, RG 286, Nara, 40; Relatório Anual, IDB, 1964.

20 MemCon, Aurelio do Carmo, Lincoln Gordon et al., 30 ago. 1962, folder ECO 8.3a – DLF, Loans and Projects (1962), box 2, RRB, RG 59, Nara.

A Aliança para o Progresso e o governo João Goulart (1961-1964)

Carmo fazia referência, especificamente, às viagens dos governadores Carlos Lacerda, da Guanabara, e Aluísio Alves, do Rio Grande do Norte, aos Estados Unidos em março e junho de 1962, respectivamente. Em sua viagem, Lacerda chegou a se encontrar com o próprio presidente Kennedy (Figura 4.1), além de ter tido a oportunidade de se reunir com o presidente do BID, Felipe Herrera.[21] Inclusive, o vultoso empréstimo do BID ao estado da Guanabara para a construção do novo sistema de abastecimento de água do Guandu (o maior empréstimo do Banco até aquela data) foi anunciado durante o período em que Lacerda estava nos Estados Unidos.[22] Apesar de Gordon ter dito ao governador paraense que as visitas de Lacerda e Aluísio Alves não estavam "diretamente relacionadas a solicitações de auxílio", o próprio fato de autoridades norte-americanas abrirem portas para receber mandatários estaduais brasileiros em Washington, juntamente com o resultado positivo que essas investidas estavam gerando em termos de recursos da Aliança, produzia um estímulo para outras lideranças seguirem a mesma estratégia, trazendo solicitações diretamente a membros do governo Kennedy.[23]

Exemplos semelhantes aos de Aurélio do Carmo abundam. O governador do Paraná, Ney Braga, viajou para os Estados Unidos em maio de 1963 com finalidade parecida: construir laços diretos com membros do governo Kennedy para obter fundos da Aliança para o Progresso, tal como outras lideranças estaduais brasileiras tinham feito. Em reunião com autoridades norte-americanas, Ney Braga e assessores apresentaram uma brochura sintetizando os esforços do estado para a promoção de projetos de desenvolvimento social e econômico. O relatório também trazia solicitações de recursos para programas considerados prioritários (Figura 4.2).[24] Apesar de a viagem não ter rendido os frutos esperados (em termos relativos, o Paraná foi contemplado com poucos recursos da Aliança), o esforço do governo paranaense sugere que contatos diretos estavam se transformando em norma para obtenção de ajuda norte-americana para estados brasileiros.[25]

---

21 Benmergui, *Housing Development: Housing Policy, Slums, and Squatter Settlements in Rio de Janeiro, Brazil and Buenos Aires, Argentina, 1948-1973*, p.178.

22 Dulles, *Carlos Lacerda: a vida de um lutador*, v.2: *1960-1977*, p.91-6.

23 As viagens de Carlos Lacerda e Aluísio Alves aos Estados Unidos abririam caminho para a assinatura de projetos para apoiar expansão industrial e programas habitacionais, no caso da Guanabara, e projetos de expansão da educação primária, no caso do Rio Grande do Norte. Ver Benmergui, op. cit., p.177-8; Dulles, op. cit., p.92-6; Page, *The Revolution That Never Was: Northeast Brazil, 1955-1964*, p.137-139.

24 MemCon, Ney Braga, Ralph Burton et al., 27 maio 1963, folder Aid (U.S.) Brazil – Loans – 2/1/63, box 3312, SNF, RG 59, Nara.

25 A única referência que encontramos de resultado concreto ao Paraná decorrente dessa viagem foi uma pequena doação no valor de US$ 132 mil assinada em 28 de maio de 1963 para um projeto de abastecimento de água no estado. Ver Telegram A-1154, Rio de Janeiro to Usaid/W, 22 jan. 1964, folder PRM 1 – Monthly Progress Reports FY 63-65, box 19, CSF, RG 286, Nara.

Figura 4.1 – Carlos Lacerda é recebido pelo presidente John F. Kennedy na Casa Branca, 26 de março de 1962*

* Na parte inferior direita da fotografia, encontra-se Roberto de Oliveira Campos, embaixador do Brasil nos Estados Unidos.

Fonte: acervo fotográfico digital da John F. Kennedy Library.

Os governos de Celso Ramos (SC), Ildo Meneghetti (RS), Luis Cavalcanti (AL) e Pedro Gondim (PB) fizeram abordagens semelhantes a representantes de Washington em diferentes momentos do biênio 1962-1963.[26]

Por fim, ainda no que se refere ao grupo de governadores proativos considerados "amigáveis" por Washington, é essencial pontuar que esse ativismo em prol da obtenção de fundos só foi possível porque os Estados Unidos mudaram de postura durante o governo Goulart. Antes de 1961,

---

26 Para essas investidas, ver, respectivamente, MemCon, Celso Ramos, Alcides Abreu, Ralph Burton et al., 22 jul. 1963, folder Aid (U.S.) Brazil – Loans – 2/1/63, box 3312, SNF, RG 59, Nara; Telegram 126, Brasília to Department of State, 24 dezembro 1962, RG 84, Nara; Telegram 172, Rio de Janeiro to Department of State and Recife, 16 jun. 1962, folder 500 – Northeast, box 136, CGR, RG 84, Nara; MemCon, Pedro Gondim, Lincoln Gordon et al., 6 nov. 1962, folder 500 – Aid, box 136, CGR, RG 84, Nara.

contatos diretos entre lideranças estaduais e representantes políticos norte-americanos para discutir questões de ajuda econômica eram raros, sobretudo porque Washington se recusava a fazer acordos passando por cima do governo federal brasileiro e em respeito à Constituição de 1946.

Figura 4.2 – Brochura do governo do Paraná (Ney Braga) sobre a Aliança para o Progresso entregue a autoridades norte-americanas, maio de 1963

Fontes: Brochure, Ney Braga Administration and the Alliance for Progress, maio 1963, Teodoro Moscoso Papers, Alliance for Progress, folder Parana and the Alliance for Progress, 5/63, JFKL (foto do autor).

Dois exemplos muito emblemáticos nesse sentido são os casos dos governadores Juraci Magalhães, da Bahia, e Cid Sampaio, de Pernambuco. Eleitos em 1958, ambos foram bastante privilegiados, como já assinalado no capítulo anterior, com recursos da Aliança mediante acordos diretos com Washington durante a administração Goulart. O interessante, porém, é que solicitações semelhantes realizadas por esses mesmos governadores antes de Goulart assumir a Presidência foram negadas por Washington exatamente por terem sido consideradas impróprias, na medida em que não tinham sido feitas por intermédio do governo federal brasileiro. A manifestação mais límpida dessa diretriz está contida em uma carta do chefe da Seção de Assuntos Brasileiros do Departamento de Estado, Alton W. Hemba, datada de julho de 1960, ao cônsul norte-americano em Salvador, James M. Flanagan. O cônsul tinha informado recentemente o Departamento de Estado sobre um pedido de recursos submetido pelo governador da Bahia, Juraci Magalhães, para apoiar um plano de desenvolvimento estadual. Em sua resposta, Hemba foi categórico ao dizer que pedidos de recursos a Washington não podiam ser feitos por administrações estaduais, mas apenas por Brasília:

> Nós assumimos que o governador [Juraci Magalhães] tem conhecimento de que, dentro de procedimentos diplomáticos regulares, o governo dos Estados Unidos deve conduzir suas atividades [de ajuda econômica] por meio de canais diretos com o governo nacional e, nesse sentido, consideraria projetos apenas por meio de solicitações do governo do Brasil. Consequentemente, se o governador realmente quer que o governo dos Estados Unidos [...] aprecie seus projetos, ele deve submeter suas solicitações por meio do governo nacional.[27]

O governador de Pernambuco, Cid Sampaio, passou por experiência semelhante antes de João Goulart assumir a Presidência da República em setembro de 1961. Após ter solicitações de ajuda negadas pelo Departamento de Estado por motivos idênticos aos de Juraci Magalhães, Sampaio procurou o truste estrangeiro West Indies Mortgage, em Liechtenstein, para financiar parte dos projetos de desenvolvimento que sua administração tinha intenção de implementar. O problema, diz um relatório redigido por um membro da Seção de Assuntos Americanos (ARA) do Departamento de Estado, R. H. Crane, é que "o Departamento do Tesouro dos Estados Unidos realizou uma investigação sobre essa firma e parece que ela não é sólida". Na medida em que seus três proprietários residiam em Miami (Flórida), argumentou Crane, havia preocupação de que a negociação, uma vez

---

27 Letter, Alton W. Hemba to James M. Flanagan, 29 jul. 1960, folder ARA/EST/B (1960) – I, box 1, RRB, RG 59, Nara.

A Aliança para o Progresso e o governo João Goulart (1961-1964)

malograda, iria "resultar fortemente em desvantagem para o prestígio norte-americano no Brasil". Apesar de a Embaixada dos Estados Unidos no Rio de Janeiro ter recomendado que Washington sugerisse que o governador Sampaio "rompesse negociações com a empresa West Indies", a Embaixada reconheceu que isso só poderia ser feito "se fontes alternativas de financiamento fossem encontradas". Mesmo com o risco de que o negócio comprometesse a imagem dos Estados Unidos no Brasil, segundo Crane, o governo norte-americano ainda "preferiria que qualquer assistência para estados individuais fosse canalizada por meio do governo federal [brasileiro], provavelmente por meio da Sudene".[28] De fato, Washington não disponibilizaria fundos diretamente à administração Cid Sampaio antes de 1962.

Por fim, saindo do grupo de governadores "amigáveis", vale a pena analisar a posição dos mandatários estaduais considerados mais esquerdistas por Washington, sobretudo os governadores Leonel Brizola, do Rio Grande do Sul, e Miguel Arraes, de Pernambuco, ambos categorizados como "inocentes úteis" (categoria 2) pela Embaixada norte-americana. Tanto Brizola quanto Arraes foram enfáticos ao denunciar o desrespeito à soberania brasileira que Washington estaria promovendo ao assinar acordos diretamente com unidades da federação do país, passando por cima do governo federal do Brasil. Por exemplo, em abril de 1962, semanas após o retorno de Carlos Lacerda dos Estados Unidos, Brizola fez críticas duríssimas à Aliança para o Progresso, deixando claro que o Rio Grande do Sul não participaria do programa do jeito que estava sendo executado. Segundo Brizola, a Aliança "nada mais [seria] do que um programa neocolonial", um "instrumento da Guerra Fria" e uma ferramenta de "coerção política contra a América Latina". Isso porque, segundo ele, a Embaixada norte-americana no Rio de Janeiro teria se tornado "uma espécie de supergoverno", distribuindo "entre governadores, prefeitos [e] empresários [...] favores financeiros que, propriamente, [estariam] dentro da competência do governo federal brasileiro e [de] suas agências oficiais". Brizola denunciou ainda as razões que, de acordo com sua perspectiva, estariam por detrás da política de ilhas de sanidade administrativa:

> Esse transbordamento de dinheiro é feito com o objetivo de deformar as decisões das urnas e de impedir a formação de um Parlamento nacional capaz de votar as medidas necessárias para promover a emancipação do país dos Estados Unidos [...]. Eu considero isso [acordos de ajuda econômica sem passar pelo governo federal brasileiro] um verdadeiro ato de alienação da nossa soberania nacional [...]. Se essa

---

28 Memo, R. H. Cranes to Jack Files, 14 dez. 1960, folder ARA/EST/B (1960) – XI, box 2, RRB, RG 59, Nara.

intervenção malévola persistir, eu prefiro ver o meu estado excluído da parte do Brasil tocada pela Aliança para o Progresso.[29]

O caso de Miguel Arraes foi ainda mais delicado, na medida em que Pernambuco havia sido um dos estados brasileiros mais favorecidos por recursos da Aliança para o Progresso em 1962. Muitos projetos financiados por Washington ainda estavam em execução quando Arraes subiu ao poder. Isso não impediu o novo governador pernambucano de cortar vínculos com Washington no tocante a acordos diretos de ajuda econômica. Já no próprio discurso de vitória, realizado no final de outubro de 1962, Arraes afirmou que o estado de Pernambuco não apenas deixaria de negociar diretamente com Washington como também reveria todos os acordos existentes, a fim de adequá-los (ou extingui-los) conforme diretrizes do governo federal. A eloquência do discurso é tamanha que vale a pena reproduzi-lo em suas partes mais importantes:

> O governador de Pernambuco não é competente para negociar diretamente com poderes externos sem violar a Constituição. O governador de Pernambuco pode apenas negociar com governos estrangeiros por meio do Ministério das Relações Exteriores e pela Sudene. Eu sou governador e não presidente da República. Eu compreendo que o manejo de problemas relacionados à Aliança para o Progresso é de competência exclusiva do governo federal. Nesse sentido, todos os acordos em vigência entre o estado [de Pernambuco] e a Aliança devem ser reformulados. Esses acordos devem ser revistos pela Sudene, sendo extintos ou preservados de acordo com os interesses gerais do país.[30]

Logo após ter assumido o governo estadual, em janeiro de 1963, uma das primeiras decisões de Arraes foi a de nomear uma força-tarefa para mapear e investigar todos os acordos assinados entre o estado de Pernambuco e agências de ajuda norte-americanas durante a gestão Cid Sampaio. O relatório final dessa força-tarefa, apresentado em maio de 1963, teceria críticas ainda mais duras ao programa do governo Kennedy do que aquelas que tinham sido feitas no discurso de vitória de Arraes. Recomendou-se, entre outras coisas, a anulação e/ou reformulação de vários acordos considerados "ilegais", inclusive o programa de expansão de escolas estaduais, pelo

---

29 Telegram 806, Brasília to Department of State, 12 abr. 1962, folder Alliance for Progress, 1962, box 1, CCSF, RG 84, Nara, p.1-2. Para críticas semelhantes de Brizola sobre o desrespeito do governo Kennedy à soberania brasileira por meio de acordos de ajuda econômica feitos diretamente com estados, ver Report 925, Rio de Janeiro to Department of State, 21 maio 1962, folder Alliance for Progress, 1962, box 1, CCSF, RG 84, Nara, p.1.

30 Anexo 1, Memo A-40, Recife to Department of State, 1 nov. 1962, folder 811.0032/10-162 (Aid), box 2261, CDF, RG 59, Nara.

A Aliança para o Progresso e o governo João Goulart (1961-1964)

fato de estes não terem tido a Sudene como signatária. Segundo o relatório, a concessão de "ajuda externa deve respeitar a soberania nacional e aderir aos princípios de não intervenção e autodeterminação". Por isso, "ajuda econômica deve ser negociada apenas pelo governo federal". Além disso, em nome do governo estadual, o relatório "denunci[ou] o tratamento discriminatório do Nordeste, em comparação com seu tratamento favorável da Guanabara", além de "protestar" contra o fato de a Usaid, "incontrolável e sem respeito às autoridades brasileiras, ter usado fundos para objetivos políticos".[31]

Essas reações fortemente contrárias das administrações Brizola e Arraes ao modo pelo qual a Aliança vinha sendo implementada no Brasil mostram, portanto, como já havíamos assinalado no capítulo anterior, que não se pode creditar a ausência da distribuição de recursos norte-americanos a esses estados apenas a Washington. Apesar disso, é importante salientar que Brizola e Arraes não se recusaram, pelo menos publicamente, a receber fundos da Aliança por intermédio do governo federal brasileiro. Em outras palavras: caso a ajuda econômica de Washington respeitasse os caminhos legais, contando o processo de negociação e aprovação de projetos para os estados com participação direta de Brasília (ou de agências submetidas ao governo federal, como a Sudene e a Cocap), Rio Grande do Sul e Pernambuco teoricamente não se oporiam ao recebimento de recursos. Além disso, como também já foi assinalado antes, independentemente das críticas feitas por Brizola e Arraes à Aliança, a visão que autoridades norte-americanas tinham de ambos os governadores era extremamente negativa e contrária à concessão de ajuda aos estados por eles administrados. Tudo posto, portanto, mesmo levando em conta a importante atuação de governadores de esquerda no sentido de rechaçar fundos da Aliança mediante política de ilhas de sanidade administrativa, isso não retira de Washington a responsabilidade principal pela maneira como recursos foram distribuídos entre estados.

As críticas de Brizola e Arraes à Aliança para o Progresso colocam-nos ainda outra questão de suma importância: se acordos diretos de empréstimos entre unidades da federação e o governo Kennedy eram proibidos por lei no Brasil, e dado que a distribuição dessa ajuda se deu de modo claramente enviesado, em prejuízo do governo João Goulart, por que o presidente Jango nada fez para evitar a continuidade desse tipo de prática? A seção seguinte, a última do capítulo, pretende oferecer uma resposta para essa importante pergunta.

---

31 Telegram A-110, Recife to Department of State, 7 maio 1963, folder Aid (U.S.) Brazil, 2/1/63, box 3312, SNF, RG 59, Nara, p.2-3. Para maiores informações sobre o relatório final dessa força-tarefa, ver Page, *The Revolution That Never Was: Northeast Brazil, 1955-1964*, p.140-3.

4.2. Reações de Goulart à política de ilhas de sanidade

De acordo com o artigo 63, inciso II, da Constituição brasileira de 1946, cabia ao Senado Federal, em nome da União, "autorizar empréstimos externos dos estados, do Distrito Federal e dos municípios".[32] Tradicionalmente, porém, essa prerrogativa foi exercida pelo poder Executivo, por meio de agências federais. No caso dos recursos da Aliança para o Progresso destinados aos estados, a negociação e a aprovação de recursos estrangeiros eram feitas, formalmente, por duas agências: a Superintendência do Desenvolvimento do Nordeste (Sudene), criada pela lei n. 3.692, de 15 de dezembro de 1959, e responsável por projetos referentes à região Nordeste; e a Comissão de Coordenação da Aliança para o Progresso (Cocap), criada pelo Decreto do Conselho de Ministros n. 1.040, de 23 de maio de 1962, encarregada de projetos para as demais regiões do país.[33] Em teoria, tanto a Sudene quanto a Cocap deveriam analisar "os projetos de investimento preparados por agências federais, estaduais e locais", submetendo às "agências internacionais competentes os projetos por ela aprovados".[34] Vê-se, portanto, que não somente a assinatura de acordos para empréstimos estrangeiros deveria ser ratificada por Sudene e Cocap, mas também o próprio processo sobre quais projetos deveriam ser encaminhados às agências internacionais constituía competência exclusiva das agências federais. Como assinalamos na seção anterior, os Estados Unidos respeitaram esse procedimento até 1961, fechando portas às administrações estaduais que procuravam Washington visando negociar ajuda econômica por vias diretas. A partir da ascensão de Goulart, porém, em especial a partir de meados de 1962, quando as relações bilaterais Brasília-Washington se deterioraram, a negociação e, em casos específicos, até mesmo a aprovação de recursos passaram a ocorrer à margem do governo federal. Diante disso, duas perguntas tornam-se prementes: Brasília tinha consciência do *modus operandi* da política de ilhas de sanidade administrativa de Washington? Se sim, por que nada fez para coibi-lo, já que tinha a competência formal para isso?

---

32 Brasil, *Constituição dos Estados Unidos do Brasil*, 18 set. 1946, disponível em https://www.planalto.gov.br/ccivil_03/Constituicao/Constituicao46.htm, acesso em 20 jan. 2020.

33 Para a lei e o decreto federais que instituíram a Sudene e a Cocap, ver, respectivamente, Lei n. 3.692, de 15 de dezembro de 1959, disponível em http://www.planalto.gov.br/ccivil_03/leis/1950-1969/L3692.htm, acesso em 20 jan. 2020; Decreto do Conselho de Ministros n. 1.040, de 23 de maio de 1962, disponível em http://www2.camara.leg.br/legin/fed/decmin/1960-1969/decretodoconselhodeministros-1040-23-maio-1962-353051-publicacaooriginal-1-pe.html, acesso em 20 jan. 2020.

34 Esse constitui um trecho de um relatório da própria Cocap especificando os termos de funcionamento de agências federais de análise de empréstimos estrangeiros para estados e municípios brasileiros. Ver Report A-254, Rio de Janeiro to Department of State, 26 ago. 1964, folder Country Development Plans FY 63-65, box 19, CSF, RG 286, Nara, p.3.

No que se refere à primeira pergunta, não há dúvida de que o presidente João Goulart tinha pleno conhecimento do caráter enviesado da ajuda norte--americana a estados brasileiros – coisa, aliás, que alguns dos próprios governadores de esquerda, como Arraes e Brizola, tal como assinalamos na seção anterior, também tinham. Do mesmo modo, Jango sabia que as agências federais competentes estavam sendo excluídas da fase de negociação de empréstimos. O presidente brasileiro chegou, inclusive, a externar seu incômodo em duas oportunidades ao embaixador dos Estados Unidos, Lincoln Gordon. A primeira delas ocorreu no fatídico voo de 16 de novembro de 1962 entre Brasília e Rio de Janeiro, quando Goulart ameaçou buscar ajuda econômica com a União Soviética caso Washington não mudasse sua postura sobre o Plano Trienal de Celso Furtado, o que acabaria por produzir uma séria crise diplomática entre Brasil e Estados Unidos, resultando no endurecimento da postura da administração Kennedy diante do governo brasileiro.[35]

Nessa mesma conversa, ao ser confrontado por Gordon quanto a uma "aparente resistência para uma efetiva colaboração com a Aliança para o Progresso por parte de algumas autoridades e instituições do governo brasileiro, notadamente a Sudene e o BNDE", Jango teria respondido, de acordo com relato do embaixador, que a ajuda regional norte-americana estaria "concentrada sobretudo nos [estados governados pelos] seus mais fortes inimigos políticos", como Carlos Lacerda (GB), Cid Sampaio (PE) e Juraci Magalhães (BA) – "todos reacionários", conforme Goulart, que haviam sido "derrotados nas eleições de outubro [de 1962]".[36] Gordon, por sua vez, replicara que a "dianteira de Lacerda" em termos de empréstimos devera--se, "essencialmente, a uma boa preparação técnica de projetos"; enquanto, no caso dos governadores nordestinos, o problema se relacionava tanto a limitações norte-americanas ("dificuldades burocráticas e demora no recrutamento de pessoal técnico"), quanto, sobretudo, à "resistência da Sudene" em trabalhar com a Usaid e em aprovar projetos selecionados.

Segundo Gordon, Jango teria reconhecido que muitos governadores do Nordeste estariam de fato "insatisfeitos" com a Sudene. Goulart afirmou ainda, de modo surpreendente, que, caso a Sudene continuasse resistindo

---

35 Loureiro, The Alliance for Progress and President João Goulart's Three-Year Plan: the Deterioration of U.S.-Brazilian Relations in Cold War Brazil (1962), *Cold War History*, v.17, n.1, p.70-1.

36 As citações desse e do próximo parágrafo baseiam-se no relato de Gordon sobre a conversa, localizado em Telegram 1001, Seção 1, 23 nov. 1962, folder Brazil Security, 1962, box 16, Country Files, Presidential Office Files (a seguir, POF), JFKL, p.1-2. Infelizmente não encontramos nenhum relato feito pelo presidente Goulart sobre esse importante encontro em arquivos brasileiros. Em outro estudo, porém, tivemos a oportunidade de explicar as razões pelas quais acreditamos que a narrativa do embaixador Lincoln Gordon sobre esse encontro seja, em linhas gerais, confiável. Ver Loureiro, loc. cit.

Felipe Pereira Loureiro

em colaborar, ele próprio "revisaria pessoalmente os projetos de mérito" e garantiria ou a "aprovação da Sudene [ou] sua implementação apesar da Sudene". Mais à frente na conversa, porém, Goulart recuou no que disse, enfatizando que os governos brasileiro e norte-americano tinham concordado em abril de 1962, quando da assinatura do Acordo do Nordeste, que "todo o processo [isto é, fases de negociação e aprovação de empréstimos] deveria ser feito por meio do governo central". Gordon não informou a resposta que dera a essa crucial intervenção de Goulart. Apenas comunicou a Washington que, apesar do recuo do presidente brasileiro, Goulart não teria "retirado formalmente a sua [primeira] oferta", ou seja, a de negociar empréstimos independentemente da Sudene e de aprová-los, em última instância, mesmo a despeito de uma possível oposição da agência federal.

A segunda oportunidade na qual Goulart externou seu descontentamento sobre a política de ajuda econômica regional norte-americana deu-se em agosto de 1963, novamente com o embaixador Lincoln Gordon. Dessa vez Goulart foi mais enérgico na reclamação sobre privilégios concedidos a determinados governadores, em especial a Carlos Lacerda. Conforme o relato de Gordon ao Departamento de Estado, Jango não teria parado de repetir que recursos norte-americanos estariam sendo concedidos apenas a "reacionários que se posicionam contra a reforma agrária e outras reformas", deixando subentendido que esse tipo de postura ia de encontro aos princípios reformistas da Aliança para o Progresso.[37]

Em contraste com o encontro de novembro de 1962, porém, quando Gordon argumentara que a Guanabara estaria recebendo mais recursos em razão de ter saído na frente na preparação de bons projetos e pedidos de financiamento, dessa vez o embaixador simplesmente negou que Lacerda estava sendo favorecido. Gordon apresentou dados sobre ajuda norte-americana a Jango, que, conforme o embaixador, teria mostrado "dificuldade para entendê--los, parecendo muito cansado para se concentrar nas informações", além de não ter acreditado nos números, "obviamente porque ele [Goulart] vem sendo repetidamente alimentado [de dados] na linha contrária" por aliados como Miguel Arraes, Darcy Ribeiro (chefe do Gabinete Civil da Presidência) e outros. Jango solicitou a Gordon, ainda, que lhe apresentasse "dados para todos os estados brasileiros" – o que sugere que os dados trazidos pelo embaixador, sobre os quais o relato não é claro, se referiam apenas a uma parcela de estados, ou somente à própria Guanabara. Gordon prometeu que o faria, tendo alertado Goulart, porém, que a apresentação de dados consolidados

---

37 Esse parágrafo e o próximo baseiam-se no relato de Gordon sobre essa segunda conversa. Infelizmente, porém, mais uma vez, não encontramos uma contrapartida de Goulart sobre o encontro. Para o relato de Gordon, ver Telegram 345, Rio de Janeiro to Department of State, Section I, 17 ago. 1963, folder Brazil, General, 8/21/63-8/31/63, box 14, NSF, JFKL.

para os estados não faria muita diferença, já que grande parte da ajuda estaria sendo canalizada para o governo federal brasileiro (o que, como mostramos, não procede, a não ser que recursos para fins de estabilização da balança de pagamentos fossem incluídos nos cálculos). Pelo que pudemos averiguar analisando todos os encontros ocorridos entre Jango e Gordon de agosto de 1963 até o golpe de 1964, e até onde os documentos norte-americanos atualmente acessíveis para consulta nos permitem dizer, o embaixador não cumpriu sua promessa, deixando de apresentar a Jango dados consolidados sobre ajuda econômica norte-americana para todos os estados brasileiros.[38]

Assim sendo, se Jango conhecia a forma pela qual os Estados Unidos estavam concedendo ajuda econômica regional, e se tinha ciência do caráter enviesado dessa ajuda, no sentido de favorecer muitos dos seus principais inimigos políticos, por que o presidente nada fez para coibi-la, dado que tinha a competência legal para isso? Inclusive, seria exatamente com base nessa premissa – ou seja, a de que todos os recursos distribuídos aos estados tinham sido aprovados pelo governo federal – que o embaixador Lincoln Gordon combateria, após o golpe de 1964, a versão de que a abordagem de ilhas de sanidade administrativa havia sido motivada por critérios políticos. Se assim fosse, argumentou várias vezes Gordon, Brasília poderia muito bem ter coibido a prática, simplesmente deixando de aprovar empréstimos e doações.

De fato, a análise da documentação norte-americana e brasileira sugere que a maioria absoluta dos casos de ajuda regional contou com a aprovação de órgãos e agências do governo federal, sobretudo Sudene e Cocap. O que não ocorreu, definitivamente, e esse é um ponto que Gordon não levanta, foi a participação sistemática do governo federal no processo de negociação de empréstimos, procedimento que começou a virar normalidade a partir de 1962, como vimos, de modo quase independente de Brasília. As agências federais recebiam, portanto, projetos e pedidos de financiamento estaduais

---

38 Sobre a questão da desclassificação de documentos, vale ressaltar que o acervo Lincoln Gordon, sob guarda da Biblioteca John F. Kennedy, foi aberto em janeiro de 2016 à consulta. Apesar disso, quando estivemos lá, grande parte do acervo – notadamente àquela referente ao período de Gordon como embaixador no Brasil – ainda estava fechada para análise. Apesar dessa lacuna, consideramos pouco provável que fontes primárias a serem liberadas no futuro indiquem que o embaixador teria, de fato, apresentado dados consolidados sobre ajuda para todos os estados brasileiros ao presidente Jango. Isso porque a comprovação desse episódio iria de encontro à versão sobre a política de ilhas de sanidade administrativa que Gordon vinha defendendo publicamente desde 1964. Logo, o próprio Gordon tinha todo o interesse em apresentá-las como evidência em seus escritos, como o fez com vários outros documentos. Com relação à política de ilhas de sanidade, porém, Gordon não apresentou nenhuma documentação específica para corroborar sua versão. Ver, por exemplo, o posfácio que o embaixador escreveu em sua última publicação sobre o papel dos Estados Unidos no golpe de 1964, assim como o modo pelo qual ele se utiliza de fontes primárias para reforçar seus argumentos. Gordon, *Brazil's Second Chance: en Route Towards the First World*.

mais como um fato consumado, já negociados com Usaid e BID, do que como propostas submetidas pelas unidades da federação ao governo federal a fim de serem analisadas, colocadas em prioridade e depois encaminhadas a Washington para negociação, como fora acordado originalmente entre as administrações Goulart e Kennedy em abril de 1962, e como previa a legislação brasileira. De qualquer modo, Gordon tem razão quando argumenta que Brasília ainda assim tinha a prerrogativa de reprovar pedidos de financiamento considerados indesejáveis. Por que, então, não o fez?

Na realidade, o pressuposto por detrás dessa pergunta está equivocado, e isso por dois motivos: primeiro, as agências federais passaram, sim, a apresentar forte resistência à aprovação de projetos que não tinham sido encaminhados antes pelos estados – algo que gerou sérios conflitos entre essas agências e governadores; e, segundo, Goulart chegou a tomar medidas visando coibir o modo pelo qual acordos estavam sendo negociados e apresentados como fatos consumados à Sudene e à Cocap. A questão é que, exatamente por causa da resistência dos governadores beneficiados, Goulart acabou sendo obrigado a recuar.

A partir de meados de 1962, quando as relações Brasília-Washington começaram a se deteriorar seriamente, reclamações de governadores "amigáveis" sobre a resistência de agências federais para aprovar projetos já negociados tornaram-se frequentes. Um dos principais descontentes era o governador Aluísio Alves, do Rio Grande do Norte. Em novembro de 1962, após meses de protelação da Sudene para aprovar um projeto educacional para seu estado contemplado com financiamento da Usaid, o governador disse ao embaixador Lincoln Gordon que estava na hora de os Estados Unidos realizarem um "confronto final" (*showdown*) com a Sudene, já que, segundo Alves, existia "obviamente um plano nacional concertado no Brasil [governo federal] para matar a Aliança para o Progresso". No tocante ao imbróglio envolvendo os recursos da Usaid para projetos educacionais no Rio Grande do Norte, que, segundo Alves, ele só teria conseguido que a Sudene aprovasse após muita pressão sobre Jango, o governador afirmou que, em uma conversa, o então ministro da Educação, Darcy Ribeiro, teria lhe dito que "um acordo direto [da Usaid] com um estado era 'uma afronta à soberania nacional do Brasil', e que ele [Darcy Ribeiro] não iria mais aprovar nenhum projeto estadual [nesses moldes]". Ainda conforme Aluísio Alves, Darcy Ribeiro afirmou que, "se os Estados Unidos realmente [quisessem] ajudar o Brasil em seus programas educacionais, [Washington] deveria disponibilizar Cr$ 50 bilhões para apoiar o 'Programa Nacional de Educação' do governo federal", e não negociar acordos de ajuda econômica pelas costas de Brasília.[39]

---

39 MemCon, Aluísio Alves, Lincoln Gordon et al., 15 nov. 1962 anexado ao Airgram A-1173, Rio de Janeiro to Usaid/W, 26 nov. 1962, folder 811.0032/10-162 (Aid), box 2261, CDF, RG 59, Nara, p.2.

Meses depois, em agosto de 1963, Aluísio Alves utilizaria linguagem ainda mais forte com o diretor-geral da Usaid no Recife, John Dieffenderfer. Segundo o governador do Rio Grande do Norte, Washington havia cometido um "profundo erro" ao aceitar canalizar fundos para o Nordeste por meio da Sudene. Para Alves, a Sudene estava propositadamente adotando "táticas protelatórias" para evitar que estados nordestinos utilizassem os recursos tal como eles tinham sido negociados entre as unidades federativas e a Usaid.[40]

Diferentes governadores do Nordeste – assim como de outras regiões do país (cujos projetos estavam submetidos à aprovação pela Cocap) – fizeram reclamações semelhantes. O mandatário da Paraíba, Pedro Gondim, por exemplo, em conversa com o embaixador Gordon em novembro de 1962, fez "forte apelo para que os Estados Unidos negociassem diretamente com os estados", já que a Sudene não tinha "pessoal suficiente para lidar com essas questões". O embaixador Lincoln Gordon respondeu que, apesar da alegada falta de pessoal da Superintendência, o órgão federal vinha "se colocando no meio das negociações entre a Usaid e estados", deixando a entender que a falta de empregados da Sudene estava sendo usada como desculpa pelo órgão apenas para emperrar aprovações.[41] Reclamações parecidas sobre demoras excessivas para análise de projetos tanto da Sudene quanto da Cocap foram feitas por outros mandatários, tais como os governadores Virgílio Távora, do Ceará, Petrônio Portela, do Piauí, e Celso Ramos, de Santa Catarina.[42]

É evidente que, por mais que Sudene e Cocap adotassem táticas protelatórias de aprovação de projetos, era difícil mantê-los em *stand-by* por muito tempo, tendo em vista a pressão que governadores realizavam nessa direção, recorrendo inclusive ao presidente Goulart quando necessário. Uma posição intransigente de Jango, por sua vez, no sentido de recusar-se a ratificar todos os projetos que não tivessem sido selecionados previamente pelas agências federais, também era muito difícil. Independentemente das motivações políticas por detrás dos financiamentos norte-americanos e multilaterais, o fato de projetos para estados já terem sido pré-aprovados pela Usaid ou pelo BID colocava uma pressão enorme sobre o presidente da República, responsabilizando-o diante da sociedade civil, a cada dia em que contratos não eram assinados, pelas escolas, casas, estradas e obras de infraestrutura que deixavam de ser realizadas em razão da falta de ratificação pelas agências federais

---

40 Telegram 6067, Recife to Department of State, 8 jul. 1963, folder Alliance for Progress, 7/8/63-8/16/63, box WH 02, Subject Files 1961-1964, AMSPP, JFKL.

41 MemCon, Pedro Gondim, Lincoln Gordon et al., 6 nov. 1962, folder 500 – Aid, box 136, CGR, RG 84, Nara.

42 Telegram 1418, Department of State to Rio de Janeiro, 4 abr. 1963, folder Aid (U.S.) Brazil – Program Operations – 2/1/63, box 3312, SNF, RG 59, Nara; MemCon, Celso Ramos, Alcides Abreu, Ralph Burton et al., 22 jul. 1963, RG 84, Nara.

competentes. Isso sem contar, obviamente, com o poder de influência que governadores tinham sobre as suas respectivas bancadas de parlamentares no Congresso Nacional, o que poderia tornar o já difícil relacionamento de Jango com o Legislativo ainda mais complexo.

Várias foram as oportunidades nas quais mandatários estaduais deixaram claro a autoridades norte-americanas que tinham consciência de que, apesar das estratégias de protelação das agências federais brasileiras, existiam instrumentos para lutar contra essas táticas. O governador da Bahia, Antônio Lomanto Júnior, por exemplo, em reunião com um conjunto de representantes do governo Kennedy em abril de 1963, da qual participaram o embaixador Lincoln Gordon, o diretor da Usaid/Recife, John Dieffenderfer, e o chefe da missão Usaid/Washington no Brasil, Jack Kubisch, apresentou o que ele denominou de "táticas para conseguir permissão" da Sudene para projetos de financiamento. Segundo Lomanto Júnior, a primeira investida deveria ser feita por meio do Conselho Deliberativo da Superintendência e de uma conversa direta com Celso Furtado. O governador achava que Furtado não iria "colocar-se no caminho de projetos para a Bahia". Se ele [Furtado] decidisse bloqueá-los, Lomanto iria "direto ao presidente Goulart para falar sobre a matéria". O mandatário baiano disse ainda às autoridades norte-americanas que ele tinha a intenção de "unir forças com outros governadores interessados do Nordeste para formar um bloco de pressão [*pressure block*] sobre a Sudene".[43]

O governador do Rio Grande do Norte, Aluísio Alves, apresentou "táticas" semelhantes ao embaixador Lincoln Gordon em reunião ocorrida no Rio de Janeiro em novembro de 1962. Segundo Alves, a Usaid e os estados deveriam negociar informalmente o maior número possível de projetos entre si, aprovar o que fosse considerado bom por ambas as partes e apresentá-los à Sudene. De acordo com as palavras do governador, em relato do próprio Gordon a Washington, isso obrigaria a Superintendência a agir:

> Os projetos aprovados [pelos estados e a Usaid] seriam então colocados diante da Sudene, e os governadores pressionariam a Sudene para aprová-los. Na opinião do governador, isso colocaria o ônus sobre a Sudene por limitar o progresso no Nordeste e colocaria todos nós [governadores e Usaid] em uma posição mais forte [...] para persuadir Goulart e o governo do Brasil a seguir uma linha mais cooperativa. Alves também acrescentou que, se ficar claro para os governadores que a Sudene está tentando obstruir a Aliança, eles podem sair da Sudene e procurar um outro meio de fazer negócio com os Estados Unidos.[44]

---

43 Airgram A-78, Salvador to Department of State, 12 abr. 1963, folder Aid (U.S.) Brazil – Program Operations – 2/1/63, box 3312, SNF, RG 59, Nara.

44 MemCon, Aluísio Alves, Lincoln Gordon et al., 15 nov. 1962, RG 59, Nara, p.4.

A Aliança para o Progresso e o governo João Goulart (1961-1964)

Portanto, as táticas protelatórias das agências federais brasileiras possuíam um limite. Mesmo que elas tenham conseguido impedir uma alocação de ajuda econômica exatamente igual àquela desejada por governadores pró-EUA e Washington, Sudene e Cocap não tinham como bloquear todos os projetos previamente negociados entre governadores e Usaid, como foi o caso do programa educacional no Rio Grande do Norte, ou mesmo do projeto de desfavelização e construção de conjuntos habitacionais na Guanabara, na medida em que os custos políticos desse tipo de estratégia, sobretudo para o presidente Goulart, eram muito altos.

A deterioração das relações Brasil-EUA em meados de 1963, no entanto, encorajaria Goulart a tentar mudar os termos da política de ajuda regional norte-americana, gerando verdadeira revolta por parte de governadores beneficiados. O primeiro sinal dessa mudança ocorreu em junho de 1963, quando, pela primeira vez, ao que pudemos averiguar, o Itamaraty enviou nota oficial ao Departamento de Estado reclamando do procedimento que vinha sendo adotado entre a Usaid e algumas unidades federativas brasileiras para negociação de recursos da Aliança para o Progresso. A nota mencionava especificamente a Guanabara de Carlos Lacerda como um caso emblemático, na medida em que o estado estaria tentando mais uma vez obter fundos da Aliança sem consultar o governo federal.[45]

O Departamento de Estado respondeu em tom forte, argumentando que "o governo americano nunca [questionou] a vantagem da canalização de todos os contatos com os governos estaduais mediante um órgão do governo federal", tendo sido essa, exatamente, "a razão" pela qual a Cocap havia sido criada "por acordo concluído entre a Usaid e os ministros Moreira Salles e Santiago Dantas durante a visita do presidente Goulart a Washington, em abril de 1962". No entanto, dado que a Cocap "nunca pôde se estruturar definitivamente", não teria tido sua "situação administrativa completamente esclarecida, e continua[ria] sofrendo de grande escassez de pessoal para as tarefas técnicas que lhe estão afetas", governadores estaduais "insistentemente [estariam se dirigindo] à Embaixada americana, pretextando inoperância ou discriminação política por parte do governo federal". Mesmo assim, conforme o Departamento de Estado, Washington sempre dera "estrito cumprimento aos entendimentos que levaram à criação da Cocap", não firmando acordos com estados a não ser que tivessem sido aprovados pelas agências do governo federal brasileiro. Por todos esses motivos, concluiu a nota:

---

45 Telegrama 325, Ministério das Relações Exteriores (a seguir, Brasília) à Embaixada do Brasil nos Estados Unidos, Washington (a seguir, Embaixada Washington), 3 jun. 1963, Assuntos Econômicos, EE.UU./Universo, 1957-1966, Arquivo Histórico do Itamaraty.

[...] considera o governo norte-americano um pouco injustas as observações contidas no telegrama n. 189, que fariam crer ter este governo algum interesse em contatos diretos com os governos estaduais, quando, na realidade, são estes últimos que procuram a Embaixada americana, alegando que o mecanismo de coordenação central do governo federal não opera adequadamente.[46]

Na medida em que, na visão de Brasília, protestos formais não surtiam mais efeito, o governo Goulart decidiu dar um passo adiante. Em julho de 1963, o ministro da Justiça de Jango, Abelardo Jurema (PSD), apresentou uma notificação a todos os governos estaduais acerca de mudanças que ocorreriam a partir de então no processo de negociação e contratação de ajuda externa. Daquele momento em diante, dizia a nota, "*qualquer negociação* para obter assistência de governos ou agências estrangeiras, seja na forma de empréstimos, financiamentos ou qualquer outro tipo de ajuda, deverá ser feita por meio do Ministério das Relações Exteriores". Dado que o Itamaraty constitui a "agência responsável pela política externa brasileira", centralizar nela todo o processo de negociação de recursos externos tinha como intuito "proteger os mais altos interesses da soberania do país".[47]

Dias depois, a Embaixada norte-americana informou Washington de que o presidente Goulart já havia assinado um decreto, ainda não publicado, reorganizando todo o sistema de agências de planejamento do país. Com o novo sistema, a responsabilidade máxima para negociação de ajuda externa seria dada a "um grupo composto por quatro pessoas, liderado pessoalmente por ele [Goulart], vinculado à Assessoria Técnica da Presidência da República". Tendo em vista o grande número de empréstimos e doações que estavam sendo negociados e contratados pelas unidades da federação no período, essa mudança representaria uma centralização radical do processo de negociação de auxílio externo, que provavelmente não seria capaz de dar vazão às inúmeras demandas dos estados por assistência internacional.

A reação dos governadores a essa iniciativa presidencial, sobretudo daqueles que vinham sendo os mais beneficiados por recursos da Aliança para o Progresso, foi enérgica. Os mandatários das três principais economias do Sudeste – Ademar de Barros (SP), Carlos Lacerda (GB) e Magalhães Pinto (MG) – enviaram telegramas ao ministro da Justiça protestando não apenas sobre a inconstitucionalidade da "recomendação presidencial" (na medida em que feriria a autonomia dos estados e desrespeitaria a competência do Senado para decidir sobre tais questões), como também sobre as consequências danosas que dela resultariam para o desenvolvimento do

---

46 Ibid., p.2-3.
47 Report A-35, Rio de Janeiro to Department of State, 8 jul. 1963, PRM-1-4 Program Approval FY 63-65, box 19, CSF, RG 286, Nara, p.1 (grifos nossos).

A Aliança para o Progresso e o governo João Goulart (1961-1964)

país, tendo em vista a importância da ajuda externa para a execução de projetos regionais. Para o governador paulista, Ademar de Barros, por exemplo, o que causava "a maior das preocupações eram as consequências práticas desse ato infeliz e inconstitucional", já que seriam criados "embaraços desastrosos aos estudos e negociações de planos administrativos demandados por uma porção do povo brasileiro que não quer outra coisa senão trabalhar em paz".[48]

As respostas de Lacerda e Magalhães Pinto foram ainda mais duras. Com base no argumento de inconstitucionalidade da proposta, ambos os governadores simplesmente se negaram a implementá-la em seus respectivos estados. Em telegrama ao ministro Abelardo Jurema, Lacerda afirmou que "nós não iremos permitir [a implementação dessa recomendação] [...] enquanto a lei nos fornecer os meios para defender o patrimônio e os altos e legítimos interesses do estado da Guanabara". Magalhães Pinto, por sua vez, "desculpou-se" por "não ter condições de obedecer à decisão do presidente da República", já que esta seria "inconveniente, não [teria] qualquer base na Constituição e não [estaria] de acordo com os princípios federais". O governador mineiro enfatizou ainda que "o interesse nacional" e "o interesse público" já estavam "garantidos pela Constituição e pelo sistema político nela definido"; logo, o governo federal nada tinha a temer nesse sentido.[49]

Os governadores do Nordeste mais beneficiados por recursos da Aliança também reagiram de forma extremamente dura às novas diretrizes do governo federal para negociação de ajuda externa. Aluísio Alves, do Rio Grande do Norte, teve papel crucial na liderança de mandatários insatisfeitos. Além de ter expressado sua intenção de renunciar ao governo estadual caso não fosse mais capaz de negociar auxílio econômico da Aliança para o Progresso – algo que produziu expressões de solidariedade por parte de vários setores sociais locais, inclusive de estudantes e sindicalistas potiguares –, Alves organizou uma reunião no final de julho de 1963 com todos os governadores nordestinos para apresentar uma posição unificada sobre a decisão presidencial.[50] O chamado "Manifesto dos governadores do Nordeste", ratificado em reunião em Recife em 29 de julho com presença do próprio presidente Goulart, contou com a assinatura de todos os mandatários da região, com exceção de Miguel Arraes. O governador Seixas Dória, de Sergipe, assinou o documento "com restrições", solidarizando-se às

---

48 Report A-71, Rio de Janeiro to Department of State, 12 jul. 1963, folder PRM-1-4 Program Approval FY 63-65, box 19, CSF, RG 286, Nara, p.1-2.

49 Ibid., p.2.

50 Sobre o interesse manifestado pelo governador Aluísio Alves em renunciar e as consequências desse ato diante da sociedade civil do Rio Grande do Norte, sobretudo em Natal, ver Report A-35, Rio de Janeiro to Department of State, 8 jul. 1963, folder PRM-1-4 Program Approval FY 63-65, box 19, CSF, RG 286, Nara, p.2.

"reservas expressas pelo governador Arraes" sobre a importância de se disciplinar ajuda estrangeira por meio do governo federal.[51]

É interessante enfatizar que o "Manifesto dos governadores" tocou em outras questões para além da defesa do direito dos estados brasileiros de negociar livremente assistência estrangeira. O documento criticou, por exemplo, a excessiva burocracia da Aliança para o Progresso na aprovação de recursos para os estados. Segundo os governadores, o alto padrão técnico demandado dos projetos por autoridades norte-americanas impedia, muitas vezes, que os estados mais subdesenvolvidos, supostamente os alvos principais da Aliança, e que exatamente não tinham pessoal técnico habilitado para atingir o alto padrão esperado de planejamento demandado por Washington, pudessem se beneficiar da ajuda econômica, algo fundamental para a superação do subdesenvolvimento, criando um círculo vicioso. Nas palavras do documento: caso os estados nordestinos já usufruíssem de altos padrões técnicos de planejamento, "nós já teríamos alcançado níveis de desenvolvimento que possivelmente teriam tornado desnecessário recorrer a esse programa de cooperação internacional". Essa reclamação sugere, portanto, que, mesmo com o fato de a determinação política ter sido o elemento mais importante para explicar a alocação de ajuda a estados brasileiros, ainda assim havia dificuldades burocráticas e demandas técnicas que criavam impasses com unidades federativas consideradas "amigáveis" com Washington.[52]

De qualquer modo, a crítica mais veemente do "Manifesto dos governadores" foi dirigida à administração João Goulart e, especialmente, à recém-divulgada tentativa do governo federal de mudar as regras de negociação de ajuda econômica externa. Dada a importância dessa declaração e das suas consequências ao modo pelo qual Brasília lidaria com a política de ilhas de sanidade administrativa a partir de então, faz-se necessário transcrever alguns de seus trechos mais significativos, apesar de extensos:

> Cabe ressaltar que o pouco feito pela Aliança [para o Progresso] no Nordeste já é considerável numa região de tão escassos recursos. E cremos que mais poderia ter sido feito se tivéssemos obtido melhores condições de efetiva colaboração e compreensão entre a Usaid/Brasil e a Sudene, que representa o governo federal.
>
> A chamada habilidade política talvez recomendasse que escondêssemos, como se tem procurado fazer, a existência desse conflito. Mas não estamos aqui para fazer um

---

51 Telegram A-323, Rio de Janeiro to Department of State, 16 ago. 1963, folder Alliance for Progress, 7/8/63-8/16/63, box WH02, Subject Files, 1961-1964, PAS, JFKL, p.1. Citações literais do "Manifesto dos governadores" feitas a seguir, com exceção do trecho retirado do *Diário de Pernambuco*, devem ser vistas com cautela, pois foram traduzidas por mim do inglês de modo livre.

52 Ibid., p.4.

A Aliança para o Progresso e o governo João Goulart (1961-1964)

jogo floral de habilidades que consistem em esconder as verdades que todos sentimos e testemunhamos, e cujas consequências ferem os mais profundos interesses da região. Não colocaríamos aqui este problema delicado se se tratasse apenas de divergência ocasional de processo de trabalho ou soluções técnicas. A realidade é outra. E só pode ser superada com lealdade: se o Brasil considera indesejável o programa da Aliança para o Progresso; se vê nesse programa um instrumento de interesses imperialistas; se vê que ele visa apenas criar ou aumentar dependências sob a ilusão de ajuda mútua (sedativo assistencial sobre as enormes e profundas feridas do nosso organismo econômico), que o governo da União, responsável pelos rumos de nossa política exterior, assuma, com o Congresso Nacional, a responsabilidade de recusá-lo, e terá, estamos certos, de parte de todos os governos estaduais, o mais estrito respeito à sua decisão.

Se outra é sua interpretação, então eliminemos as razões políticas que se extravasam ou se disfarçam, mas existem, para impedir, retardar ou diminuir as dimensões desse programa de desenvolvimento econômico [...].

Queremos reiterar a nossa posição no tocante ao controle federal da ajuda exterior aos Estados. Em primeiro lugar, apoiamos a regra constitucional que dá a palavra final ao Senado Federal, na sua qualidade de corpo das unidades federais e, portanto, da própria União, devendo, por isso mesmo, ser urgentemente regulamentada. Em segundo lugar, reconhecemos essencial a participação da União pelo seu órgão competente – o Itamaraty – no processo de informação, exame e discussão da ajuda projetada, tendo em vista o interesse nacional, político, econômico e financeiro. A participação do Executivo federal na tramitação do processo é essencial e fundamental à formação do juízo final pelo Senado. Pois que a ele, Senado, cabe a palavra de decisão irrecorrível e não ao Executivo. O Senado é o juiz, e o Executivo, o promotor representando o interesse do governo federal, desde que libertos de qualquer tipo de interesse partidário e discriminatório.

Assim posto o problema, não acreditamos que haja motivos para atritos entre o interesse estadual e o interesse nacional.[53]

Como se vê, o "Manifesto dos governadores do Nordeste" utiliza-se da mesma estratégia que já havia sido enunciada por Ademar de Barros, Carlos Lacerda e Magalhães Pinto: apesar de não negar o direito do Executivo federal, em nome da União, de participar da discussão e, sobretudo, da aprovação de projetos de financiamento, defende que a prerrogativa final cabia ao Senado, símbolo do sistema federativo, como estipulava a Constituição. Logo, na medida em que esse assunto ainda não havia sido regulamentado, permitindo que até aquele momento o governo federal e suas agências (Cocap e Sudene) se arrogassem o privilégio de aprovar empréstimos

---

53 *Diário de Pernambuco*, Manifesto de governadores condena a subversão: só Miguel Arraes não assinou, 30 jul. 1963, p.8.

estrangeiros, se Brasília forçasse a questão, obrigando que toda a negociação para ajuda regional fosse concentrada no poder Executivo, os estados provavelmente recorreriam ao Superior Tribunal Federal, alegando inconstitucionalidade da medida. No final das contas, caso o artigo da Constituição fosse "urgentemente regulamentado", como solicitaram os governadores do Nordeste, o governo federal poderia ficar com o pior dos mundos: sem acesso ao processo negocial dos empréstimos, como já vinha ocorrendo, mas também sem o direito de decidir sobre a aprovação final dos pedidos, que passaria para as mãos do Senado Federal.

Após manifestações tão veementes e ameaças veladas de um número tão grande de governadores, a administração Goulart decidiu engavetar a proposta de mudança da política de ajuda econômica regional. A famigerada portaria presidencial que regularia as negociações diretas entre unidades federativas e Usaid acabou não sendo editada, mantendo os estados livres para continuar contatos informais com Washington e apresentar projetos de financiamento já aprovados como um fato consumado às agências federais. Estas, por sua vez, manteriam sua política de resistência à política de ilhas de sanidade por meio de uma estratégia de aprovação de projetos "aos pedaços" (*piecemeal basis*), como a caracterizou John Mein, *chargé d'affaires* da Embaixada norte-americana no Rio de Janeiro em março de 1964, ou seja, protelando aprovações o máximo possível, e cedendo de forma espaçada para determinados projetos quando pressões locais se tornassem grandes demais para ser abafadas.[54]

O recuo da administração Goulart com relação ao disciplinamento da ajuda regional norte-americana fez com que setores mais à esquerda do espectro político criticassem o governo em razão de sua política de "conciliação" com o que seria denominado de "forças do imperialismo". O secretário-geral da Frente Parlamentar Nacionalista (FPN), deputado Neiva Moreira (PSP-MA), por exemplo, desfechou ataques duros ao governo Goulart e à Aliança para o Progresso em fala na Câmara dos Deputados em 6 de agosto de 1963. Segundo Moreira, a Aliança estaria procedendo com a "destruição progressiva da estrutura nacional, especificamente da Federação brasileira", barganhando recursos com determinadas unidades federativas, o que nada mais era do que "uma forma de intervenção para compor ou recompor ou anestesiar a opinião pública brasileira".[55] Moreira admitiu publicamente, em trecho que seria caracterizado pela seção de Brasília da Embaixada norte-americana como uma "parte interessante do discurso", que a medida do Ministério da Justiça para coibir negociações independentes entre estados

---

54 Telegram 430, Rio de Janeiro to Department of State, 17 mar. 1964, PRM-1-4 Program Approval FY 63-65, box 19, CSF, RG 286, Nara, p.1.

55 *Diário do Congresso Nacional*, seção I, 7 ago. 1963, p.5173.

A Aliança para o Progresso e o governo João Goulart (1961-1964)

e organismos estrangeiros foi, na verdade, resultado de pressão que vários grupos de esquerda tinham feito sobre o presidente João Goulart:

> [...] Quero fazer a V. Exas. uma revelação. Quando o governador Miguel Arrais [sic], o ministro [do Trabalho] Almino Afonso, o deputado Leonel Brizola, o deputado Fernando Santana, o deputado Sérgio Magalhães e outros companheiros fizemos ao ministro da Justiça uma exposição do que está acontecendo em matéria de desnacionalização do país, através desse eufemismo, dessa janela aberta de auxílios, disse ao Ministro da Justiça: se você não coibir isso, vamos aceitar para nossos municípios auxílios de Cuba, Polônia, Alemanha, Argentina, e até a Faixa de Fronteira do país poderá aceitar auxílios de países fronteiriços e então vamos ver a desnacionalização, a destruição progressiva da Federação brasileira. Entretanto, a oposição [no Congresso e nos estados] agiu facciosamente, a meu ver secretamente [contra a recomendação do governo federal].[56]

Independentemente das forças que pressionaram Goulart a tentar coibir a política de ilhas de sanidade administrativa, o fato é que, mesmo se essa tentativa do governo federal tivesse sido implementada, muito provavelmente ela não teria sido capaz de frear a continuidade da ajuda norte-americana de modo sub-reptício a estados aliados. Dias antes da divulgação das "recomendações" do Ministério da Justiça sobre o disciplinamento de ajuda externa, o governador do Rio Grande do Norte, Aluísio Alves, já estava discutindo com autoridades da Usaid/Brasil, incluindo o diretor da Usaid em Recife, John Dieffenderfer, táticas para evadir as novas regras federais caso Brasília e Sudene de fato aumentassem a pressão sobre os estados.

Em determinado momento dessa conversa, Dieffenderfer propôs que recursos para os estados nordestinos fossem canalizados via Banco do Nordeste, visando fornecer empréstimos a estados aliados para áreas como "desenvolvimento industrial, fomento agrícola e realização de estudos de viabilidade [de projetos]". Alves respondeu que essa não seria uma boa opção, pois o Banco do Nordeste estava nas mãos de membros da Sudene. A não ser, acrescentou o governador, que Washington mandasse recursos em dólares diretamente para o Ministério da Fazenda "reservados para esses usos específicos". Conforme Alves, o "ministro [Carvalho Pinto] ficaria muito contente em receber esses dólares", devido à grave situação da balança de pagamentos brasileira.[57] Com as divisas em mãos, "o equivalente

---

56 Ibid., p.5173. Para repercussões na imprensa do discurso de Neiva Moreira, ver *Jornal do Brasil*, Comando esquerdista acha que a conciliação vai neutralizar o presidente, 7 ago. 1963, 1º caderno, p.3. Para o comentário da seção de Brasília da Embaixada dos Estados Unidos, ver Telegram A-244, Brasília to Department of State, 19 ago. 1963, folder 320 US-Brazil 1962, box 1, CCSF, RG 84, Nara, p.1.

57 Vale ressaltar que, após o abandono do Plano Trienal de Celso Furtado pelo governo Jango em meados de 1963, os Estados Unidos congelaram recursos para fins de regularização da

em cruzeiros poderia então ser transferido [pelo Ministério da Fazenda] para o Banco do Nordeste, que poderia designar os respectivos bancos estaduais como suas subagências para rapidamente colocar o plano em execução". Alves disse ainda que todos os governadores nordestinos, com exceção de Arraes, apoiariam essa estratégia e "estariam preparados para contra-atacar quaisquer esforços por parte da Sudene visando atrapalhá-la".[58]

No final das contas, com o recuo do governo Goulart da tentativa de disciplinar a ajuda regional norte-americana, a proposta de Dieffenderfer não chegou a ser posta em prática – pelo menos tanto quanto as evidências disponíveis nos permitem concluir.[59] Apesar de todo o esforço da administração Jango para conter o que era visto como uma grave violação à soberania nacional, o máximo que se conseguiu foi evitar uma abordagem desenfreada da política de ilhas de sanidade administrativa, mas não coibi-la em suas raízes. Isso seria fatal para a sobrevivência do regime democrático brasileiro do pós-guerra, como demonstraria a importante atuação de governadores aliados aos Estados Unidos no golpe de março de 1964.

---

balança de pagamentos brasileira. Ver Loureiro, The Alliance for or against Progress? US-Brazilian Financial Relations in the Early 1960s, *Journal of Latin American Studies*, v.46, ed.2, p.345-7.

58 Telegram 6067, Recife to Department of State, 8 jul. 1963, folder Alliance for Progress, 7/8/63-8/16/63, box WH02, Subject Files 1961-1964, PAS, JFKL, p.4-5.

59 Caso a proposta de Dieffenderfer tivesse sido implementada, é pertinente supor que alguma informação sobre projetos de financiamento com o Ministério da Fazenda brasileiro teria sido listada nos resumos mensais da Usaid/W entre julho de 1963 e março de 1964, o que não foi o caso.

Conclusão

A análise do padrão de ajuda econômica dos Estados Unidos para os estados brasileiros durante a administração João Goulart (1961-1964) aponta, claramente, não só para o favorecimento de um determinado grupo de unidades federativas na alocação de recursos, como autoridades norte-americanas reconheceram publicamente *a posteriori*, mas também para o peso de determinantes políticos na explicação da forma pela qual auxílios foram distribuídos. Analisando-se a principal forma de contribuição (empréstimos em dólares da Usaid e do BID), nota-se que nenhum estado governado por forças políticas consideradas por Washington como sendo de esquerda e a favor de Goulart, tomando-se como base um índice ideológico de classificação de lideranças elaborado pela própria Embaixada norte-americana em maio de 1962, foi contemplado com um único empréstimo durante o período da administração Jango.

Evidências quantitativas e qualitativas apresentadas nesta obra mostraram também que hipóteses alternativas para explicar o padrão desigual de alocação de recursos norte-americanos, como a suposta preferência do governo Kennedy por estados com baixos índices socioeconômicos, em alinhamento à retórica inicial da Aliança para o Progresso, ou o privilégio a unidades com excelência técnica, tal como autoridades norte-americanas argumentariam, utilizando-se do conceito de ilhas de sanidade administrativa, são insuficientes para dar conta do fenômeno. A questão fundamental, diferentemente do que o embaixador Lincoln Gordon por tantas vezes afirmaria após o golpe de 1964, e ao encontro do que a historiografia vem argumentando há décadas (mas alicerçada em base empírica restrita), foi a coloração política das administrações estaduais receptoras de ajuda:

governadores pró-EUA, anticomunistas e com posições críticas – ou, no mínimo, de neutralidade – diante do governo federal foram privilegiados em detrimento daqueles próximos a Jango e ligados a movimentos de esquerda.

Se os determinantes da ajuda econômica regional norte-americana para o Brasil de João Goulart foram predominantemente políticos, as razões concretas por detrás da política de ilhas de sanidade administrativa foram múltiplas e complexas, devendo ser discriminadas em aspectos de curto e longo prazos. Essa é uma questão, inclusive, sobre a qual a historiografia que tratou das ilhas de sanidade pouco havia se debruçado até então.

Autoridades políticas dos governos Kennedy e Johnson reconheceram em várias oportunidades, por meio de documentação confidencial, que pelo menos três motivos teriam embasado a estratégia de favorecimento a certos estados na alocação de ajuda: primeiro, o fortalecimento de governadores pró-EUA e fortemente anticomunistas para alterar o equilíbrio de forças políticas no Brasil, obrigando o governo João Goulart a moderar suas atitudes, assumir compromissos e acordos com essas lideranças estaduais "democráticas" e, assim, enfraquecer ou até romper vínculos com segmentos esquerdistas, sobretudo com membros radicais da esquerda; segundo, financiar projetos em estados cujas lideranças tivessem chances reais de se transformar em candidatos competitivos nas eleições presidenciais de outubro de 1965 (caso Goulart conseguisse terminar seu mandato, obviamente), a fim de que tais projetos pudessem aumentar a popularidade desses governadores. Carlos Lacerda, o campeão do recebimento de ajuda econômica norte-americana, foi o maior exemplo nesse sentido. E, em terceiro, utilizar as unidades federativas próximas aos Estados Unidos como garantia para o caso de o governo Goulart e/ou de forças de esquerda tentarem desfechar algum ato antidemocrático no Brasil. No final das contas, a articulação do golpe de março de 1964 mostraria que as ilhas de sanidade também possuíam uma função ofensiva: governadores beneficiados com ajuda norte-americana se mostraram peças-chave no processo de derrubada de João Goulart do poder. Em outras palavras: uma das razões pelas quais o golpe de 1964 foi "civil-militar" esteve vinculada, mesmo que indiretamente, à própria política de ilhas de sanidade administrativa.

Para além dessas razões, que poderiam ser classificadas como motivações de curto e médio prazos, esta obra também mostrou que muitos dos projetos financiados pela Aliança para o Progresso nos estados brasileiros apresentaram intenções de ordem mais estrutural, ou de longa duração. Especificamente, vários financiamentos da Usaid e do BID em unidades federativas amigáveis aos Estados Unidos visaram fomentar um determinado tipo de modernidade – no caso, uma modernidade liberal-capitalista, consagradora da iniciativa privada e do respeito (e estímulo) à propriedade privada como pilares para a construção de uma sociedade mais próspera e desenvolvida. É verdade que muitos projetos tiveram como objetivo criar

A Aliança para o Progresso e o governo João Goulart (1961-1964)

ou melhorar condições infraestruturais nos estados (abastecimento de água, sistema de esgoto, construção de hospitais etc.) – algo que, definitivamente, não deve ser interpretado a partir dessa perspectiva liberal-modernizante. No entanto, projetos relacionados a áreas como habitação, educação e estímulo a setores econômicos (agricultura, indústria, serviços) apresentaram, em maior ou menor grau, motivações dessa natureza. O caso mais emblemático também se constituiu como um dos maiores financiamentos individuais da Usaid para unidades federativas brasileiras: os projetos habitacional e de fomento à indústria (Copeg) na Guanabara, com claro intuito de elegia a livre-iniciativa, propriedade privada e realização individual por meio da conquista de bens materiais.

É difícil avaliar o impacto desses projetos em longo prazo: se, de um lado, sabe-se que os programas habitacional e industrial na Guanabara não foram bem-sucedidos, também é complicado aferir disso que eles não teriam tido nenhum peso no fortalecimento de um *éthos* capitalista na sociedade carioca dos anos 1960. Talvez mais importante que examinar os efeitos concretos desses projetos específicos seja observar até que ponto a perspectiva neles presente teria continuado com os programas da Usaid e do BID implementados no Brasil após o golpe de 1964 – algo que foge do escopo desta obra e que esperamos que possa ser explorado por outros trabalhos.

Uma outra conclusão importante do livro refere-se ao papel dos agentes políticos brasileiros no contexto da estratégia norte-americana de ilhas de sanidade administrativa. Apesar de o resultado final da alocação de recursos ter sido determinado por formuladores políticos em Washington, apresentaram-se inúmeras evidências sobre o quanto agentes locais teriam tido três pesos importantes na implementação da ajuda econômica norte-americana a estados brasileiros: em primeiro lugar, procurando ativamente autoridades estadunidenses em busca de auxílio, o que, diante dos primeiros sucessos de financiamento (Guanabara, Pernambuco e Rio Grande do Norte), acabaria por gerar um espécie de efeito-demonstração para outros mandatários estaduais; em segundo, negando e denunciando, no caso dos governadores de esquerda, a estratégia de ilhas de sanidade, classificada como um desrespeito à soberania nacional e às próprias regras constitucionais brasileiras; e, em terceiro, bloqueando (com sucesso) tentativas da administração Goulart de impedir a continuidade da política de ajuda direta a estados por parte do governo norte-americano.

Em última instância, porém, vale enfatizar, cada um desses três aspectos acabou não sendo determinado apenas pela atuação de agentes locais: se Washington não tivesse aceitado negociar diretamente com os estados, mudando radicalmente o que vinha fazendo até aquele momento, de nada teria adiantado governadores serem proativos na busca por recursos; mesmo que governadores de esquerda estivessem abertos a receber ajuda norte-americana, dificilmente eles teriam sido contemplados com auxílio de Washington, como o exemplo do governador de Goiás, Mauro Borges, bem exemplificou. E, caso Brasília tivesse sido bem-sucedida em criar um mecanismo central de controle de negociação de ajuda externa, passando por cima da resistência dos governadores pró-EUA, muito provavelmente o governo Kennedy encontraria outros mecanismos para continuar com a estratégia das ilhas de sanidade, como as tratativas no mesmo período entre autoridades norte-americanas e o governador do Rio Grande do Norte, Aluísio Alves, deixaram claro.

Isso não quer dizer, porém, que a participação de atores domésticos tenha sido irrelevante. Evidências sugerem que a forma pela qual mandatários estaduais fizeram aproximações com Washington também ajuda a explicar até que ponto essas lideranças foram bem-sucedidas na obtenção de recursos. O relativo fracasso da administração Ildo Meneghetti, do Rio Grande do Sul, em conseguir auxílio, por exemplo, em parte decorreu disso. *A priori*, Meneghetti tinha tudo para ser favorecido tanto quanto os governos Carlos Lacerda na Guanabara e Magalhães Pinto em Minas Gerais. No entanto, a forma como Porto Alegre apresentou suas demandas, por meio de pedidos genéricos, contribuiu para os resultados da distribuição de ajuda – junto com o fato de que agentes estadunidenses viam projetos no Rio Grande do Sul de forma negativa *per se*, já que o estado era a principal base política de Jango. Algo semelhante se pode dizer do papel dos governadores de esquerda. Por mais que Mauro Borges, de Goiás, tenha sido negligenciado por Washington, a constante insistência do governador, aliada à busca por outras fontes de auxílio no bloco comunista e ao seu relativo afastamento diante de Goulart, acabou por flexibilizar a postura dos Estados Unidos. Isso sugere que, se mandatários como Miguel Arraes tivessem adotado uma postura menos agressiva diante da administração Kennedy e da Aliança para o Progresso, é possível que alguns projetos de cooperação internacional tivessem sido mantidos em Pernambuco, mesmo que em menor número e quantidade quando comparados a estados governados por mandatários "amigáveis". E, por fim, sobre a resistência de governadores pró-EUA à tentativa de Jango de controlar a ajuda norte-americana direta a estados, é evidente que, por mais que Washington pudesse continuar com a estratégia de ilhas de sanidade administrativa clandestinamente, mantê-la sob um véu de legalidade, como ocorreu como produto da resistência de mandatários estaduais, trazia dois benefícios: primeiro, era menos arriscado, tanto do ponto de vista dos impactos na opinião pública brasileira e latino-americana quanto no que se referia à necessidade por parte de Washington de manter relações minimamente amigáveis com Brasília, dado o tamanho dos interesses econômicos e políticos dos Estados Unidos no país; e, em segundo, tendia a viabilizar recursos às unidades federativas em maior quantidade do que se esses recursos tivessem que ser canalizados clandestinamente.

Pode-se dizer, portanto, que nossas conclusões acerca do papel de agentes domésticos para as relações entre Estados Unidos e países de Terceiro Mundo durante a Guerra Fria vêm ao encontro das reflexões que estão sendo apresentadas por estudiosos sobre a importância de se olhar para a agência local a fim de compreender as relações internacionais no período. Apesar disso, o trabalho constatou que não se pode deixar de reconhecer a gigantesca assimetria de poder entre Washington e governos estaduais brasileiros, que deu aos Estados Unidos poder de agência muito mais significativo nessa relação bilateral.

Quanto às contribuições do livro para as três literaturas que mencionamos na Introdução – a saber: o papel de Washington na desestabilização da democracia brasileira; as razões do fracasso da Aliança para o Progresso e a forma pela qual ela teria sido implementada na América Latina; e os determinantes de ajuda externa no mundo contemporâneo –, é possível salientar aqui vários pontos de relevo. Em primeiro lugar, sobre a questão do governo norte-americano e a crise da democracia do pós-guerra no Brasil, nosso estudo demonstrou a importância da estratégia da política de ilhas de sanidade administrativa para o enfraquecimento da administração Goulart. É evidente que, sozinha, essa estratégia não teria sido capaz de produzir o golpe de 1964; por outro lado, é difícil imaginar que o golpe tivesse se dado da forma como se deu sem a estreita participação dos governadores "amigáveis" a Washington – amizade essa construída, em grande parte, devido à concessão de auxílio econômico norte-americano a esses estados. Além disso, ainda sobre o tema, vale destacar que o momento da intensificação da política de ilhas de sanidade, que se deu exatamente a partir de meados de 1962, no contexto pré-eleições de outubro, reforça a interpretação de que o segundo semestre daquele ano, e não meados ou final de 1963, como alguns estudiosos argumentam, teria sido o momento-chave do afastamento entre Washington e Brasília, que culminaria em uma campanha crescente de desestabilização do governo Goulart por parte dos Estados Unidos.

No tocante à literatura sobre a Aliança para o Progresso, esta obra reforçou conclusões sobre o peso de determinantes políticos para explicar a falência do programa na América Latina, especificamente a obsessão anticomunista da administração Kennedy. Caso a retórica inicial da Aliança tivesse sido minimamente respeitada, a ajuda norte-americana a países latino-americanos deveria, antes de qualquer coisa, ter sido condicionada a um planejamento nacional, a fim de maximizar a coordenação e as externalidades dos projetos executados em diferentes regiões e setores de um mesmo país. Não só a política de ilhas de sanidade administrativa foi contra esse princípio, como o fato de ela ter sido determinada fundamentalmente por critérios políticos, garantindo ajuda a lideranças vistas como ideologicamente favoráveis aos Estados Unidos, reforçou ainda mais o afastamento entre retórica e prática da Aliança para o Progresso no Brasil.

Por outro lado, o fato de as ilhas de sanidade terem sido iniciadas em 1962 vai ao encontro da perspectiva de certos estudiosos, como Jeffrey Taffet, que entendem que o desempenho da Aliança teria dependido de contextos nacionais específicos, não sendo possível falar, como querem alguns autores, entre os quais Thomas Field Jr., de um projeto que desde o início teria sido marcado pelas sementes do fracasso. Ao contrário: esse projeto parece ter sido desvirtuado de seus princípios originais em ritmos e intensidades diferentes, de acordo com cada caso na América Latina, mesmo que também tenha sido determinado por fatores estruturais e por questões relacionadas a desenvolvimentos específicos que se davam em Washington. No Brasil, por exemplo, até o final de 1961, no que se refere à ajuda econômica direta a estados, o programa se manteve mais fiel à retórica do que na Bolívia analisada por Field Jr., por exemplo. De 1962 em diante, porém, o desvirtuamento da Aliança já havia se tornado visível no âmbito do programa de auxílio regional a unidades federativas brasileiras.

Por fim, quanto aos trabalhos sobre determinantes de ajuda econômica no sistema internacional contemporâneo, esta obra também traz algumas contribuições de relevo. Além de o nosso estudo de caso ter confirmado conclusões sobre as razões eminentemente políticas para a concessão de auxílio por parte de doadores durante a Guerra Fria, algo que vem se consolidando entre estudiosos, apesar de estar longe de ser consensual,[1] talvez o aspecto de maior interesse se refira ao contraste entre retórica e prática no momento em que um Estado nacional (no caso, uma grande potência) concede ajuda a outros países. Por mais que o contexto do Brasil no início dos anos 1960, sensível à emergência de uma *mea culpa*, e o peso do golpe de 1964 para a história brasileira e latino-americana tenham de ser levados em conta, é surpreendente que autoridades norte-americanas tenham mantido por tanto tempo o discurso de que a ajuda a estados brasileiros no período Goulart tenha sido determinada por critérios exclusivamente técnicos, quando inúmeras evidências apontam, de forma inequívoca, o contrário. Esse gritante contraste entre retórica e prática deve servir como uma advertência constante a estudiosos que se dedicam a estudos de caso contemporâneos sobre determinantes de ajuda econômica, particularmente quando se tem acesso apenas a discursos, relatórios oficiais e entrevistas com autoridades governamentais.

---

1 Vide, nesse sentido, o trabalho de David H. Lumsdaine, *Moral Vision in International Politics: the Foreign Aid Regime, 1949-1989.*

REFERÊNCIAS

Arquivos e bibliotecas

Arquivo Histórico do Itamaraty (AHI), Brasília, DF, Brasil.
Centro de Pesquisa e Documentação de História Contemporânea do Brasil da Fundação Getulio Vargas (CPDOC-FGV), Rio de Janeiro, RJ, Brasil.
Felipe Herrera Library (FHL), Washington, D.C., Estados Unidos.
John F. Kennedy Presidential Library and Museum (JFKL), Boston, MA, Estados Unidos.
LBJ Presidential Library (LBJL), Austin, TX, Estados Unidos.
National Archives and Records Administration (Nara), College Park, MD, Estados Unidos.

Referências bibliográficas

ABREU, A. A. de (Coord.). *Dicionário histórico-biográfico brasileiro pós-1930*. 2.ed. rev. e atual. Rio de Janeiro: FGV Editora, 2001.

ABREU, M. de P. The Brazilian Economy. In: BETHELL, L. (Org.). *Brazil since 1930*. Cambridge: Cambridge University Press, 2008, p.281-394. (The Cambridge History of Latin America, IX).

AHLBERG, K. L. *Transplanting the Great Society*: Lyndon Johnson and Food for Peace. Columbia: University of Missouri Press, 2008.

ALESINA, A.; DOLLAR, D. Who Gives Foreign Aid to Whom and Why? *Journal of Economic Growth*, v.5, n.1, p.33-64, mar. 2000. Disponível em: <https://dash.harvard.edu/bitstream/handle/1/4553020/alesina_whogives.pdf?sequence=2>. Acesso em: 2 fev. 2020.

ALVARENGA, M. S. *A participação dos Estados Unidos na crise política argentina de 1962*: as relações Washington-Buenos Aires e a deposição de Arturo Frondizi. São Paulo,

2017. Relatório Final de Iniciação Científica, Instituto de Relações Internacionais da Universidade de São Paulo.

BAIRRO da Aliança teve o seu projeto inaugurado. *Correio da Manhã*, Rio de Janeiro, 18 ago. 1962, p.3.

BANDEIRA, M. *O governo João Goulart*: as lutas sociais no Brasil (1961-1964). 8.ed. rev. e ampl. São Paulo: Editora Unesp, 2010.

BARROS, J. C. P. *Conflitos e negociações no campo durante o primeiro governo de Miguel Arraes em Pernambuco (1963-1964)*. Recife, 2013. Dissertação (Mestrado em História) – Programa de Pós-Graduação em História, Universidade Federal de Pernambuco.

BENEVIDES, M. V. M. *A UDN e o udenismo*: ambiguidades do liberalismo brasileiro (1945-1965). Rio de Janeiro: Paz e Terra, 1981.

BENMERGUI, L. D. *Housing Development:* Housing Policy, Slums, and Squatter Settlements in Rio de Janeiro, Brazil and Buenos Aires, Argentina, 1948-1973. College Park, 2012. Dissertation (Ph.D.) – The Graduate School, University of Maryland.

BETFUER, L. L. *Pernambuco e a Aliança para o Progresso*: ajuda econômica regional no Brasil de João Goulart. São Paulo, 2019. Dissertação (Mestrado em História Econômica) – Faculdade de Filosofia, Letras e Ciências Humanas, Universidade de São Paulo.

BLACK, J. K. *United States Penetration of Brazil*. Philadelphia: University of Pennsylvania Press, 1977.

BOSCHINI, A.; OLOFSGÅRD, A. Foreign Aid: an Instrument for Fighting Communism? *The Journal of Development Studies*, v.43, n.4, p.622-48, 2007.

BRANDS, H. *Latin America's Cold War*. Cambridge: Harvard University Press, 2010.

BRASIL. Instituto Brasileiro de Geografia e Estatística (IBGE). *Recenseamento geral de 1960*. Rio de Janeiro, 1960.

_____. *Anuário estatístico do Brasil*, v.21. Rio de Janeiro, 1960.

_____. *Anuário estatístico do Brasil*, v.22. Rio de Janeiro, 1961.

_____. *Anuário estatístico do Brasil*, v.23. Rio de Janeiro, 1962.

_____. *Anuário estatístico do Brasil*, v.30. Rio de Janeiro, 1969.

_____. *Estatísticas do século XX*. Rio de Janeiro, 2003.

BUTTERFIELD, S. H. *U.S. Development Aid* – an Historic First: Achievements and Failures in the Twentieth Century. Westport: Praeger, 2004.

CATERINA, G. *Um grande oceano*: Brasil e União Soviética atravessando a Guerra Fria (1947-1985). Rio de Janeiro, 2019. Tese (Doutorado em História, Política e Bens Culturais) – Centro de Pesquisa e Documentação de História Contemporânea do Brasil, Fundação Getulio Vargas.

CHAKRABARTY, D. *Provincializing Europe*: Postcolonial Thought and Historical Difference. New Edition. Princeton, NJ: Princeton University Press, 2008.

CHARLEAUX, J. P. Quem foi Moniz Bandeira, ícone do pensamento nacionalista. *Nexo*, 13 nov. 2017. Disponível em: <https://www.nexojornal.com.br/expresso/2017/11/13/ Quem-foi-Moniz-Bandeira-%C3%ADcone-do-pensamento-nacionalista>. Acesso em: 22 jan. 2020.

COBBS, E. Entrepreneurship as Diplomacy: Nelson Rockefeller and the Development of the Brazilian Capital Market. *Business History Review*, v.63, n.1, p.88-121, 1989.

COLISTETE, R. P. Trade Unions and the ICFTU in the Age of Developmentalism in Brazil, 1953-1962. *Hispanic American Historical Review*, v.92, n.4, p.669-701, 2012.

CONTRERAS, P. C. *Struggles for Modernization*: Peru and the United States, 1961-1968. Storrs, 2010. Dissertation (Ph.D.) – University of Connecticut.

COTTA, L. C. V. *Adhemar de Barros (1901-1969)*: a origem do "rouba, mas faz". São Paulo, 2008. Dissertação (Mestrado em História Econômica) – Faculdade de Filosofia, Letras e Ciências Humanas, Universidade de São Paulo.

COUTO, A. M. M. *Adhemar de Barros*: práticas e tensões políticas no poder. São Paulo: Educ, 2009.

COWAN, B. A. "A Passive Homosexual Element": Digitized Archives and the Policing of Homosex in Cold War Brazil. *Radical History Review*, v.2014, n.120, p.183-203, 2014.

_____. *Securing Sex*: Morality and Repression in the Making of Cold War Brazil. Chapel Hill: The University of North Caroline Press, 2016.

DAMAS, E. T. *Distritos industriais da cidade do Rio de Janeiro*: gênese e desenvolvimento no bojo do espaço industrial carioca. Niterói, 2008. Dissertação (Mestrado em Geografia) – Universidade Federal Fluminense.

DARNTON, C. Asymmetry and Agenda-Setting in U.S.-Latin American Relations: Rethinking the Origins of the Alliance for Progress. *Journal of Cold War Studies*, v.14, n.4, p.55-92, 2012.

DAVIS, S.; STRAUBHAAR, J. Producing *Antipetismo*: Media Activism and the Rise of the Radical Nationalist Right in Contemporary Brazil. *International Communication Gazette*, v.82, n.1, p.82-100, 2020; first published online, Oct. 8 2019.

DAVIS, S. B. *A Brotherhood of Arms: Brazil-United States Military Relations, 1945-1977*. Niwot: University Press of Colorado, 1996.

DEBERT, G. G. *Ideologia e populismo*: Adhemar de Barros, Miguel Arraes, Carlos Lacerda, Leonel Brizola. Rio de Janeiro: Centro Edelstein de Pesquisas Sociais, 2008.

DELGADO, L. N. Trabalhadores na crise do populismo: utopia e reformismo. In: TOLEDO, C. N. *1964*: Visões críticas do golpe – democracias e reformas no populismo. 2.ed. Campinas: Editora da Unicamp, 2014. p.69-92.

DREIFUSS, R. A. *1964*: a conquista do Estado – ação política, poder e golpe de classe. Petrópolis: Vozes, 1981.

DULLES, J. W. F. *Carlos Lacerda*: a vida de um lutador, v.1: 1914-1960. Rio de Janeiro: Nova Fronteira, 1992.

_____. *Carlos Lacerda*: a vida de um lutador, v.2: 1960-1977. Rio de Janeiro: Nova Fronteira, 2000.

DUNNE, M. Kennedy's Alliance for Progress: Countering Revolution in Latin America. Part I: From the White House to the Charter of Punta del Este. *International Affairs*, Oxford University Press, v.89, n.6, p.1389-1409, 2013.

_____. Kennedy's Alliance for Progress: Countering Revolution in Latin America. Part II: The Historiographical Record. *International Affairs*, Oxford University Press, v.92, n.2, p.435-452, 2016.

ELSTER, J. *Nuts and Bolts for the Social Sciences*. Cambridge: Cambridge University Press, 1989.

ESCOBAR, A. *Encountering Development*: the Making and Unmaking of the Third World. Princeton: Princeton University Press, 2012.

ESTÁ claro o papel dos EUA na Lava Jato, diz Lula. *CartaCapital*, 5 set. 2019. Disponível em: <https://www.cartacapital.com.br/politica/esta-claro-o-papel-dos-eua-na-lava-jato-diz-lula-a-cartacapital/>. Acesso em: 23 jan. 2020.

FANG, L. Esfera de influência: como os libertários americanos estão reinventando a política latino-americana. *The Intercept Brasil*, 11 ago. 2017. Disponível em: <https://theintercept.com/2017/08/11/esfera-de-influencia-como-os-libertarios-americanos-estao-reinventando-a-politica-latino-americana/>. Acesso em: 22 jan. 2020.

FERREIRA, J. *João Goulart*: uma biografia. Rio de Janeiro: Civilização Brasileira, 2011.

FERREIRA, J.; GOMES, A. C. *1964*: o golpe que derrubou um presidente, pôs fim ao regime democrático e instituiu a ditadura no Brasil. Rio de Janeiro: Civilização Brasileira, 2014.

FICO, C. *Além do golpe*: versões e controvérsias sobre 1964 e a ditadura militar. Rio de Janeiro: Record, 2004.

_____. *O grande irmão*: da operação Brother Sam aos anos de chumbo – o governo dos Estados Unidos e a ditadura militar brasileira. Rio de Janeiro: Civilização Brasileira, 2008.

FIELD JR., T. *From Development to Dictatorship*: Bolivia and the Alliance for Progress in the Kennedy Era. Ithaca: Cornell University Press, 2014.

FLECK, R. K.; KILBY, C. Changing Aid Regimes? U.S. Foreign Aid from the Cold War to the War on Terror. *Journal of Development Economics*, v.91, ed.2, p.185-197, 2010.

GADDIS, J. L. *Strategies of Containment*: a Critical Appraisal of American National Security Policy during the Cold War. 2.ed. New York: Oxford University Press, 2005.

GEORGE, A.; BENNETT, A. *Case Studies and Theory Development in the Social Sciences*. Cambridge: MIT Press, 2005.

GETTIG, E. "Trouble ahead in Afro-Asia": the United States, the Second Bandung Conference, and the Struggle for the Third World, 1964-1965. *Diplomatic History*, v.39, ed.1, p.126-156, 2015.

GILMAN, N. *Mandarins of the Future*: Modernization Theory in Cold War America. Baltimore: Johns Hopkins University Press, 2003.

GLEIJESES, P. *Shattered Hope*: the Guatemalan Revolution and the United States, 1944-1954. Princeton: Princeton University Press, 1991.

GOMES, N. C. S. *Mapping United States-Brazil Technical Cooperation in the Early Cold War Years*: the Case of the Joint Brazil-United States Economic Development Commission (1951-1953). São Paulo, 2019. Dissertação (mestrado) – Instituto de Relações Internacionais, Universidade de São Paulo.

GOMES JR., H. de C. As eleições pernambucanas de 1962 e a violação da soberania brasileira. *Fronteira*, v.14, n.27-28, p.32-52, 2015.

GORDON, L. US-Brazilian Reprise. *Journal of Interamerican Studies and World Affairs*, v.32, n.2, p.165-178, 1990.

_____. *Brazil's Second Chance*: en Route towards the First World. Washington: Brookings Institution Press, 2001.

GRANDIN, G. *The Last Colonial Massacre*: Latin America in the Cold War. Chicago: University of Chicago Press, 2004.

GREEN, J. N. *We Cannot Remain Silent*: Opposition to the Brazilian Military Dictatorship in the United States. Durham: Duke University Press, 2010.

GREEN, J. N.; JONES, A. Reinventando a história: Lincoln Gordon e as suas múltiplas versões de 1964. *Revista Brasileira de História*, v.29, n.57, p.67-89, 2009.

HARMER, T. Brazil's Cold War in the Southern Cone, 1970-1975. *Cold War History*, v.12, n.4, p.1-23, nov. 2012.

HARMER, T. Fractious Allies: Chile, the United States, and the Cold War, 1973-76. *Diplomatic History*, v.37, n.1, p.109-143, 2013.

_____. "The Cuban Question" and the Cold War in Latin America, 1959-1964. *Journal of Cold War Studies*, v.21, n.3, p.114-151, jul. 2019.

HERSHBERG, J. G. The United States, Brazil, and the Cuban Missile Crisis, 1962 (Part 1). *Journal of Cold War Studies*, v.6, n.2, p.3-20, 2004.

_____. The United States, Brazil, and the Cuban Missile Crisis, 1962 (Part 2). *Journal of Cold War Studies*, v.6, n.3, p.5-67, 2004.

_____. The Cuban Missile Crisis. In: LEFFLER, M.; WESTAD, O. A. (Orgs.) *The Cambridge History of the Cold War*, v.II. New York: Cambridge University Press, 2010, p.65-83.

HILTON, S. E. The United States, Brazil, and the Cold War, 1945-1960: End of the Special Relationship. *The Journal of American History*, v.68, n.3, p.599-624, 1981.

HORVATH, J. Economic Aid Flow from the USSR: a Recount of the First Fifteen Years. *Slavic Review*, v.29, n.4, p.613-632, dez. 1970.

HURRELL, A. *The Quest for Autonomy*: the Evolution of Brazil's Role on International System, 1964-1985. Brasília: Funag, 2014.

JACCOUD, L. de B. *Movimentos sociais e crise política em Pernambuco, 1955-1968*. Recife: Fundação Joaquim Nabuco/Massangana, 1990.

JERVIS, R. *Perception and Misperception in International Politics*. Princeton: Princeton University Press, 1976.

KAUFMAN, B. I. *Trade and Aid*: Eisenhower's Foreign Economic Policy, 1953-1961. Baltimore: Johns Hopkins University Press, 1982.

KELLER, R. N. *Capitalizing on Castro*: Mexico's Foreign Relations with Cuba and the United States, 1959-1969. Austin, 2012. Dissertation (Ph.D.) – The University of Texas at Austin.

_____. The Latin American Missile Crisis. *Diplomatic History*, v.39, n.2, 2014.

KENNAN, G. F. *Memoirs, 1925-1950*. Boston: Little, Brown and Company, 1967.

KIRKENDALL, A. J. Kennedy Men and the Fate of the Alliance for Progress in LBJ Era Brazil and Chile. *Diplomacy & Statecraft*, v.18, ed.4, p.745-772, 2007.

_____. *Paulo Freire & the Cold War Politics of Literacy*. Chapel Hill: The University of North Carolina Press, 2010.

KOFAS, J. V. *The Sword of Damocles*: U.S. Financial Hegemony in Colombia and Chile, 1950-1970. Westport: Praeger, 2002.

LABAKI, A. *1961, a crise da renúncia e a solução parlamentarista*. Sao Paulo: Brasiliense, 1986.

LANOUE, K. C. *An Alliance Shaken*: Brazil and the United States, 1945-1950. Baton Rouge, 1978. Dissertation (Ph.D.) – Louisiana State University.

LATHAM, M. E. Ideology, Social Science, and Destiny: Modernization and the Kennedy-Era Alliance for Progress. *Diplomatic History*, v.22, ed.2, p.199-229, abr. 1998.

_____. *Modernization as Ideology*: American Social Science and "Nation Building" in the Kennedy Era. Chapel Hill: University of North Carolina Press, 2000.

_____. *The Right Kind of Revolution*: Modernization, Development, and U.S. Foreign Policy from the Cold War to the Present. Ithaca: Cornell University Press, 2011.

LEACOCK, R. *Requiem for Revolution*: the United States and Brazil, 1961-1969. Kent, Ohio: Kent State University Press, 1990.

LEFFLER, M. P.; WESTAD, O. A. (Orgs.) *The Cambridge History of the Cold War*, v.1: *Origins*. Cambridge, New York: Cambridge University Press, 2010.

LEOGRANDE, W. M.; KORNBLUH, P. *Back Channel to Cuba*: the Hidden History of Negotiations between Washington and Havana. Chapel Hill: The University of North Carolina Press, 2014.

LEVINSON, J.; ONIS, J. de. *The Alliance That Lost Its Way*: a Critical Report on the Alliance for Progress. Chicago: Quadrangle Books, 1970.

LONG, T. *Latin America Confronts the United States*: Asymmetry and Influence. New York: Cambridge University Press, 2015.

LOUREIRO, F. P. O Plano Trienal no contexto das relações entre Brasil e Estados Unidos (1962-1963). *Revista de Economia Política*, v.33, n.4, p.671-691, 2013.

_____. The Alliance for or against Progress? US-Brazilian Financial Relations in the Early 1960s. *Journal of Latin American Studies*, v.46, ed.2, p.323-351, maio 2014.

_____. Strikes in Brazil during the Government of João Goulart (1961-1964). *Canadian Journal of Latin American and Caribbean Studies/Revue Canadienne des Études Latino-Américaines et Caraïbes*, v.41, n.1, p.76-94, jan. 2016.

_____. The Alliance for Progress and President João Goulart's Three-Year Plan: the Deterioration of U.S.-Brazilian Relations in Cold War Brazil (1962). *Cold War History*, v.17, n.1, p.61-79, 2017.

_____. *Empresários, trabalhadores e grupos de interesse*: a política econômica nos governos Jânio Quadros e João Goulart (1961-1964). São Paulo: Editora Unesp, 2017.

_____. A política externa brasileira do pós-guerra ao golpe de 1964: construindo as bases da diplomacia brasileira contemporânea. In: FERREIRA, J.; DELGADO, L. de A. N. (Orgs.). *O Brasil republicano*, v.3: O tempo da experiência democrática. 8.ed. Rio de Janeiro: Civilização Brasileira, 2019, p.179-206.

LOUREIRO, F. P.; GUIMARÃES, F. de S.; SCHOR, A. Public Opinion and Foreign Policy in João Goulart's Brazil (1961-1964): Coherence between National and Foreign Policy Perceptions? *Revista Brasileira de Política Internacional*, v.58, n.2, p.98-118, 2015.

LOUREIRO, F. P.; GOMES JR., H. de C.; BRAGA, R. G. A. A Pericentric Punta del Este: Cuba's Failed Attempt to Join the Latin American Free Trade Area (Lafta) and the Limits of Brazil's Independent Foreign Policy. *Revista Brasileira de Política Internacional*, v.61, n.2, p.1-17, 2018.

LUMSDAINE, D. H. *Moral Vision in International Politics*: the Foreign Aid Regime, 1949-1989. Princeton: Princeton University Press, 1993.

MAIZELS, A.; NISSANKE, M. K. Motivations for Aid to Developing Countries. *World Development*, v.12, ed.9, p.879-900, 1984.

MALDONADO, A. W. *Teodoro Moscoso and Puerto Rico's Operation Bootstrap*. Gainesville: University Press of Florida, 1997.

MANIFESTO de governadores condena a subversão: só Miguel Arraes não assinou. *Diário de Pernambuco*, Recife, 30 jul. 1963, p.8.

MARILENA Chaui diz que Moro foi treinado por FBI para Lava Jato. *Folha de S.Paulo*, 4 jul. 2016. Disponível em: <https://www1.folha.uol.com.br/poder/2016/07/1788553-marilena-chaui-diz-que-moro-foi-treinado-por-fbi-para-lava-jato.shtml>. Acesso em: 3 mar. 2020.

MCCANN, B. Carlos Lacerda: the Rise and Fall of a Middle-Class Populist in 1950s Brazil. *Hispanic American Historical Review*, v.83, n.4, p.661-696, 2003.

MESQUITA, M. M. C. *1961-1964*: a política econômica sob Quadros e Goulart. Rio de Janeiro, 1992. Dissertação (mestrado) – Pontifícia Universidade Católica (PUC).

_____. Inflação, estagnação e ruptura: 1961-1964. In: ABREU, M. de P. (Org.). *A ordem do progresso*: dois séculos de política econômica no Brasil. 2.ed. Rio de Janeiro: Elsevier, 2014, p.179-196.

MILLER, A. S. *Precarious Paths to Freedom*: the United States, Venezuela, and the Latin American Cold War. Albuquerque: University of New Mexico Press, 2016.

MIRANDA, S. P. de. *Projeto de desenvolvimento e encampações no discurso do governo Leonel Brizola*: Rio Grande do Sul (1959-1963). Porto Alegre, 2006. Dissertação (mestrado) – Universidade Federal do Rio Grande do Sul.

MIROFF, B. *Pragmatic Illusions*: the Presidential Politics of John F. Kennedy. New York: David McKay Company, 1976.

_____. *Presidents on Political Ground*: Leaders in Action and What They Face. Lawrence: University Press of Kansas, 2016.

MOREL, E. *O golpe começou em Washington*. Rio de Janeiro: Civilização Brasileira, 1965.

MOURA, G. *Brazilian Foreign Relations, 1939-1950*: the Changing Nature of Brazil-United States Relations during and After the Second World War. Brasília: Funag, 2013.

MUNSLOW, A. *Deconstructing History*. New York: Routledge, 2006.

NAFTALI, T. (Org.). *The Presidential Recordings*: John F. Kennedy – The Great Crises, v.1. New York: W. W. Norton and Company, 2001.

NASSIF, L. Xadrez da influência dos EUA no golpe. *GGN*, 20 ago. 2017. Disponível em: <https://jornalggn.com.br/geopolitica/xadrez-da-influencia-dos-eua-no-golpe-por-luis-nassif/>. Acesso em: 20 jan. 2020.

NEGRÃO inaugura Guandu e Miranda manda gastar muita água. *Correio da Manhã*, Rio de Janeiro, 5 abr. 1966, p.15.

NEVES, L. A. Trabalhadores na crise do populismo: utopia e reformismo. In: TOLEDO, C. N. *1964*: visões críticas do golpe – democracia e reformas no populismo. 2.ed. Campinas: Editora da Unicamp, 2014. p.69-92.

NICOLAU, J. M. *Eleições no Brasil*: do Império aos dias atuais. Rio de Janeiro: Zahar, 2012.

O'BRIEN, T. F. *Making the Americas*: the United States and Latin America – from the Age of Revolutions to the Era of Globalization. Albuquerque: University of New Mexico Press, 2007.

OCKERT, S. (Org.). *Business Statistics of the United States*: Patterns of Economic Change. 20.ed. Lanham: Bernan Press, 2016.

OLIVEIRA, F. C. de. *International Financial Negotiations and Political Actors:* the Breakdown in IMF-Brazilian Negotiations during the Administration of Juscelino Kubitschek (1957-1959). São Paulo, 2019. Dissertação (mestrado) – Instituto de Relações Internacionais, Universidade de São Paulo.

OS RESULTADOS das apurações para a Câmara em 11 estados favorecem a UDN e o PSD. *O Estado de S. Paulo*, 18 out. 1962, p.2.

PACKENHAM, R. A. *Liberal America and the Third World*: Political Development Ideas in Foreign Aid and Social Science. Princeton: Princeton University Press, 1973.

PAGE, J. A. *The Revolution That Never Was*: Northeast Brazil, 1955-1964. New York: Grossman, 1972.

PARA AS 45 VAGAS no Senado há 109 candidatos. *O Estado de S. Paulo*, 7 out. 1962, p.26.

PARKER, P. *1964*: o papel dos Estados Unidos no Golpe de Estado de 31 de março. Rio de Janeiro: Civilização Brasileira, 1977.

_____. *Brazil and the Quiet Intervention, 1964*. Austin: University of Texas Press, 1979.

PEREIRA, A. W. The US Role in the 1964 Coup in Brazil: a Reassessment. *Bulletin of Latin American Research*, v.37, ed.1, p.1-13, 2016.

PEREIRA, H. A. A. R. Modernizar para não mudar: a Aliança para o Progresso no Rio Grande do Norte. In: BUENO, A. C. *Revisitando a história do Rio Grande do Norte*. Natal: EDUFRN, 2009, p.289-309.

PEREZ, M. D. *Estado da Guanabara*: gestão e estrutura administrativa do governo Carlos Lacerda. Rio de Janeiro, 2005. Tese (doutorado) – Universidade Federal do Rio de Janeiro.

POWER, Margaret. Who but a Woman? The Transnational Diffusion of Anti-Communism among Conservative Women in Brazil, Chile and the United States during the Cold War. *Journal of Latin American Studies*, v.47, ed.1, p.93-119, 2015.

RABE, S. G. The Elusive Conference: United States Economic Relations with Latin America, 1945-1952. *Diplomatic History*, v.2, n.3, p.279-294, 1978.

_____. *Eisenhower and Latin America*: the Foreign Policy of Anticommunism. Chapel Hill: The University of North Carolina Press, 1988.

_____. *The Most Dangerous Area in the World*: John F. Kennedy Confronts Communist Revolution in Latin America. Chapel Hill: The University of North Carolina Press, 1999.

RAÚL, S. S. The Nine Wise Men and the Alliance for Progress. *International Organization*, v.22, ed.1, p.244-269, 1968.

ROETT, R. *Brazil*: Politics in a Patrimonial Society. Boston: Allyn and Bacon, 1972.

ROSENBERG, E. S. *Spreading the American Dream*: American Economic and Cultural Expansion, 1890-1945. 12.reimp. New York: Hill and Wang, 1998.

SAES, A. M.; LOUREIRO, F. P. What Developing Countries' Past Energy Policies Can Tell Us about Energy Issues Today? Lessons from the Expropriation of American Foreign and Power in Brazil (1959-1965). *Utilities Policy*, v.29, p.36-43, jun. 2014.

SALMEN, L. F. *The Casas de Cômodos of Rio de Janeiro*: a Study of the Occupants and Accommodations of Inner-City Slums and a Comparison of Their Characteristics with the Favelas. New York, 1971. Dissertation (Ph.D.) – Columbia University.

SANTOS, B. de S.; OLIVEIRA, J. M. V.; SÜSSEKIND, M. L. Entrevista com Boaventura de Sousa Santos para ANPEd/Brasil. *Revista Brasileira de Educação*, v.24, p.1-12, 2019.

SARZYNSKI, S. *Revolution in the Terra do Sol*: the Cold War in Brazil. Stanford: Stanford University Press, 2018.

SAYWARD, A. L. Harry S. Truman and the Birth of Development. In: GESELBRACHT, R. H. (Org.). *Foreign Aid and the Legacy of Harry S. Truman*. Kirksville: Truman State University Press, 2015, p.43-60.

SCHLESINGER JR., A. M. *A Thousand Days*: John F. Kennedy in the White House. Norwald: Easton Press, 1992.

SCHOULTZ, L. *That Infernal Little Cuban Republic*: the United States and the Cuban Revolution. Chapel Hill: University of North Carolina Press, 2009.

SCHOULTZ, L. *In Their Own Best Interest*: a History of the U.S. Effort to Improve Latin Americans. Cambridge, London: Harvard University Press, 2018.

SCHWARZ, R. City of God. *New Left Review*, n.12, nov./dez. 2001.

SCOTT, J. M.; CARTER, R. G. Promoting Democracy in Latin America: Foreign Policy Change and US Democracy Assistance, 1975-2010. *Third World Quarterly*, v.37, ed.2, 2016.

SHENIN, S. Y. *The United States and the Third World*: the Origins of the Postwar Relations and the Point Four Program. Hauppauge: Nova Science Publishers, 2000.

SILVA, A. de M. *A política externa de JK*: Operação Pan-Americana. Rio de Janeiro: Centro de Pesquisa e Documentação de História Contemporânea do Brasil, Fundação Getulio Vargas, 1992. (Textos CPDOC).

SIMPSON, B. R. *Economists with Guns*: Authoritarian Development and U.S.-Indonesian Relations, 1960-1968. Stanford: Stanford University Press, 2008.

SINHA, R. P. Soviet Aid and Trade with the Developing World. *Soviet Studies*, v.26, n.2, p.276-282, 1974.

SKIDMORE, T. E. *De Getúlio a Castelo (1930-64)*. São Paulo: Companhia das Letras, 2010.

SMITH, B. L. R. *Lincoln Gordon*: Architect of Cold War Foreign Policy. Lexington: University Press of Kentucky, 2015.

SMITH, J. *Brazil and the United States*: Convergence and Divergence. Athens: University of Georgia Press, 2010.

SMITH, T. New Bottles for New Wine: a Pericentric Framework for the Study of the Cold War. *Diplomatic History*, v.24, ed.4, p.567-590, 2000.

SOARES, J. A. *A Frente do Recife e o governo do Arraes*: nacionalismo em crise, 1955-1964. Rio de Janeiro: Paz e Terra, 1982.

SOCHACZEWSKI, A. C. Finanças públicas brasileiras no século XX. In: BRASIL. Instituto Brasileiro de Geografia e Estatística (IBGE). *Estatísticas do século XX*. Rio de Janeiro, 2003, p.345-367.

SPEKTOR, M. The United States and the 1964 Brazilian Military Coup. In: OXFORD RESEARCH ENCLYCLOPEDIAS. *Latin American History*. Oxford: Oxford University Press, 2018.

STAPLES, A. L. S. *The Birth of Development*: How the World Bank, Food and Agriculture Organization, and World Health Organization Changed the World, 1945-1965. Kent: The Kent State University Press, 2006.

STATLER, K. C.; JOHNS, A. L. (Orgs.). *The Eisenhower Administration, the Third World, and the Globalization of the Cold War*. Lanham: Rowman and Littlefield, 2006.

STEINER, Z. On Writing International History: Chaps, Maps and Much More. *International Affairs*, v.73, n.3, p.531-546, jul. 1997.

STORRS, K. L. *Brazil's Independent Foreign Policy, 1961-1964*: Background, Tenets, Linkage to Domestic Politics, and Aftermath. Ithaca, 1973. Dissertation (Ph.D.) – Latin American Studies Program, Cornell University.

TAFFET, J. F. *Foreign Aid as Foreign Policy*: the Alliance for Progress in Latin America. New York: Routledge, 2007.

_____. Latin America. In: SELVERSTONE, M. (Org.). *A Companion to John F. Kennedy*. Chicester: John Wiley & Sons, 2014, p.307-327.

TOMLINSON, B. R. What Was the Third World?. *Journal of Contemporary History*, v.38, n.2, p.307-321, 2003.

TOSH, J. *The Pursuit of History*: Aims, Methods, and New Directions in the Study of Modern History. 5.ed. New York: Longman/Pearson, 2010.

TRACHTENBERG, M. *The Craft of International History*: a Guide to Method. Princeton: Princeton University Press, 2006.

TUSSIE, D. *The Inter-American Development Bank*. Boulder/Ottawa: Lynne Rienner/The North-South Institute, 1995. (The Multilateral Development Banks, 4).

TYVELA, K. "A Slight but Salutary Case of the Jitters": the Kennedy Administration and the Alliance for Progress in Paraguay. *Diplomacy & Statecraft*, v.22, ed.2, p.300-320, 2011.

VICTOR, M. *Cinco anos que abalaram o Brasil (de Jânio Quadros ao Marechal Castelo Branco)*. Rio de Janeiro: Civilização Brasileira, 1965.

WALCHER, D. A. *Missionaries of Modernization*: the United States, Argentina, and the Liberal International Order, 1958-1963. Columbus, 2007. Dissertation (Ph.D.) –The Ohio State University.

WALCHER, D. A. et al. Thomas C. Field, Jr. From Development to Dictatorship: Bolivia and the Alliance for Progress in the Kennedy Era. *H-Diplo Roundtable Review*, v.XVI, n.21, p.1-31, 2015.

WALL, D. *The Charity of Nations*: the Political Economy of Foreign Aid. London: Macmillan, 1973.

WANG, Y. The Effect of Bargaining on U.S. Economic Aid. *International Interactions*, v.42, p.479-502, 2016.

WEIS, M. A comissão mista Brasil-Estados Unidos e o mito da "relação especial". *Revista Brasileira de Política Internacional*, v.29, p.57-82, 1986.

_____. *Cold Warriors & Coups d'État*: Brazilian-American Relations, 1945-1964. Albuquerque: University of New Mexico Press, 1993.

_____. The Twilight of Pan-Americanism: the Alliance for Progress, Neo-Colonialism, and Non-Alignment in Brazil, 1961-1964. *The International History Review*, v.23, n.2, p.322-344, 2001.

WELCH, C. A.; SAUER, S. Rural Unions and the Struggle for Land in Brazil. *The Journal of Peasant Studies*, v.42, ed.6, p.1109-1135, 2015.

WESTAD, O. A. *The Global Cold War:* Third World Interventions and the Making of Our Times. Nova York: Cambridge University Press, 2005.

WOOD, R. E. *Foreign Aid and Social Structure in Underdeveloped Countries:* U.S. Economic Aid Policies and Programs, 1948-1970. Berkeley, 1976. Dissertation (Ph.D.) – University of California.

_____. *From Marshall Plan to Debt Crisis*: Foreign Aid and Development Choices in the World Economy. Berkeley: University of California Press, 1986.

ZACHARIADHES, G. C. *Ditadura militar na Bahia*: novos olhares, novos objetos, novos horizontes. Salvador: EDUFBA, 2009.

ZAHNISER, M. R.; WEIS, M. A Diplomatic Pearl Harbor? Richard Nixon's Goodwill Mission to Latin America in 1958. *Diplomatic History*, v.13, ed.2, p.163-190, 1989.

APÊNDICE

Tabela A.1 – Lista de governadores brasileiros eleitos em 1958 e 1962, com a classificação ideológica atribuída pela Embaixada norte-americana no Brasil

Estado/governador	Partido/coligação	Eleito	Categoria ideológica
Acre			
José Augusto de Araújo*	PTB	1962	-
Alagoas			
Luis de Souza Cavalcanti	UDN	1960	5
Amazonas			
Gilberto Mestrinho	PTB-PST-PSB	1958	3
Plínio Ramos Coelho	PTB-PST-PL-PDC	1962	5
Bahia			
Juraci Magalhães	UDN	1958	5
Antônio Lomanto Júnior	PST-UDN-PTB-PR	1962	4
Ceará			
José Parsifal Barroso	PSD-PTB-PRT	1958	5
Virgílio Fernandes Távora	UDN-PSD-PTN	1962	6
Espírito Santo			
Carlos Lindenberg	PSD-PSP	1958	6
Francisco Lacerda de Aguiar	PTB-PRP-PDC-PSP-UDN	1962	6
Goiás			
Mauro Borges	PSD	1960	3
Guanabara			
Carlos Lacerda	UDN	1960	4
Maranhão			
Newton de Barros Belo	PSD-UDN-PTB-PL	1960	5

Tabela A.1 – Lista de governadores brasileiros eleitos em 1958 e 1962, com a classificação ideológica da Embaixada norte-americana no Brasil (cont.)

Estado/governador	Partido/coligação	Eleito	Categoria ideológica
Mato Grosso			
Fernando Correia da Costa	UDN	1960	6
Minas Gerais			
José de Magalhães Pinto	UDN-PRT-PL	1960	5
Pará			
Aurélio Correia do Carmo	PSD-PDC-PTB	1960	5
Paraíba			
Pedro Moreno Gondim	PSD-UDN-PL-PTB	1960	5
Paraná			
Ney de Barros Braga	PDC-PL	1960	5
Pernambuco			
Cid Feijó Sampaio	UDN-PTB-PSP-PTN-PSB	1958	5
Miguel Arraes de Alencar	PSB	1962	2
Piauí			
Francisco das Chagas Rodrigues	UDN-PTB	1958	3
Petrônio Portela Nunes	PSD-UDN-PDC	1962	5
Rio de Janeiro			
Celso Peçanha**	PTB-PDC-UDN-PSB	1958	6
Badger da Silveira	PTB-PDC	1962	2
Rio Grande do Sul			
Leonel de Moura Brizola	PTB	1958	2
Ildo Meneghetti	PSD-PL-UDN-PRP-PDC	1962	4
Rio Grande do Norte			
Aluízio Alves	PSD	1960	5
São Paulo			
Carlos Alberto de Carvalho Pinto	PDC-UDN-PTN-PR-PSB	1958	5
Ademar de Barros	PSP-PSD	1962	6
Santa Catarina			
Celso Ramos	PSD-PDC	1960	5
Sergipe			
Luiz Garcia	UDN	1958	6
João de Seixas Dória	PSD	1962	3
Total	–	–	–

* O Acre tornou-se estado com a aprovação da lei n. 4.070, de 15 de junho de 1962. Com isso, em outubro de 1962, ocorreram as primeiras eleições no Estado.

** Tornou-se governador em 28 de fevereiro de 1961, após a morte do governador eleito Roberto Teixeira da Silveira.

Fontes: Para resultados eleitorais, ver: Secretaria do Tribunal Superior Eleitoral. Tabela extraída de: Brasil, IBGE, *Anuário estatístico do Brasil*, v.22; Id., *Anuário estatístico do Brasil*, v.24; para categorias ideológicas, ver: Report A-236, Rio de Janeiro to Secretary of State, 23 ago. 1962, folder Elections: Governors, box 2, CSEF, RG 84, Nara.

Tabela A.2 – Empréstimos do BID a estados brasileiros, janeiro 1961 a dezembro 1969

Empréstimo	Contratante	Tipo de empréstimo*	Localidade	Data de aprovação	Montante aprovado (milhões US$)
1	Lutcher S.A. Celulose e Papel	OC	PR	31/03/1961	4.700.000
2	Banco do Nordeste do Brasil	FSO	Regional	09/04/1961	10.000.000
3	Sifco do Brasil S.A.	OC	SP	28/06/1961	627.906
4	Indústria Brasileira de Equipamentos S.A.	OC	BA	19/10/1961	615.000
5	Superintendência de Águas e Esgotos do Recôncavo	SPTF	BA	30/11/1961	4.120.000
6	Papel e Celulose Catarinense Ltda.	OC	SC	14/12/1961	5.000.000
7	Centrais Elétricas Minas Gerais S.A.	OC	MG	14/12/1961	5.000.000
8	Fundição Tupy S.A.	OC	SC	15/02/1962	560.000
9	Comissão de Planejamento Econômico da Bahia	FSO	BA	21/02/1962	265.000
10	Banco do Estado da Guanabara	FSO	GB	13/03/1962	11.500.000
11	Banco do Estado da Guanabara	SPTF	GB	13/03/1962	12.500.000
12	Banco do Estado da Guanabara	SPTF	GB	13/03/1962	11.000.000
13	Banco do Nordeste do Brasil	SPTF	Regional	05/04/1962	12.990.000
14	Caixa Econômica do Estado de Minas Gerais	SPTF	MG	12/04/1962	6.400.000
15	Companhia Agrícola, Imobiliária e Colonizadora	OC	SP	28/06/1962	4.500.000
16	Companhia Pernambucana de Borracha Sintética	OC	PE	05/07/1962	3.615.000
17	Companhia Hidroelétrica do São Francisco (Chesf)	OC	Regional	09/08/1962	14.970.000
18	Banco do Nordeste do Brasil	SPTF	Regional	16/08/1962	3.850.000
19	Banco de Crédito Agrícola do Espírito Santo S.A.	SPTF	ES	24/01/1963	2.000.000
20	Centrais Elétricas Urubupungá S.A.	OC	SP	14/11/1963	13.250.000
21	Departamento de Águas e Esgotos	SPTF	PA	21/11/1963	2.500.000
22	Departamento Municipal de Água e Esgotos	FSO	RS	19/12/1963	3.150.000
23	Companhia de Eletricidade do Estado da Bahia	OC	BA	31/12/1963	3.200.000
24	Banco do Brasil S.A.	OC	Federal	08/04/1964	3.000.000

Tabela A.2 – Empréstimos do BID a estados brasileiros, janeiro 1961 a dezembro 1969 (cont.)

Empréstimo	Contratante	Tipo de empréstimo*	Localidade	Data de aprovação	Montante aprovado (milhões US$)
25	Lutcher S.A. Celulose e Papel	OC	PR	17/04/1964	4.000.000
26	Banco Nacional de Desenvolvimento Econômico (BNDE)	OC	Federal	30/07/1964	27.000.000
27	Magnesita S.A.	OC	MG	30/07/1964	4.000.000
28	Governo federal	SPTF	Federal	30/07/1964	4.000.000
29	Superintendência do Desenvolvimento do Nordeste (Sudene)	SPTF	Regional	30/07/1964	2.700.000
30	Companhia Vale do Rio Doce	OC	Federal	19/11/1964	28.800.000
31	Central Elétrica Capivari-Cachoeira S.A.	OC	PA	19/11/1964	5.450.000
32	Banco do Estado da Guanabara S.A.	OC	GB	24/12/1964	5.000.000
33	Banco do Estado da Guanabara S.A.	FSO	GB	24/12/1964	7.000.000
34	Centrais Elétricas de Santa Catarina S.A.	OC	SC	08/04/1965	3.500.000
35	Usina Siderúrgica da Bahia S.A.	FSO	BA	01/07/1965	200.000
36	Centrais Elétricas Brasileiras S.A.	OC	Federal	09/09/1965	16.400.000
37	Governo federal	FSO	Federal	27/09/1965	5.000.000
38	Governo federal	FSO	Federal	09/12/1965	20.500.000
39	Departamento Nacional de Estradas e Rodagem (DNER)	FSO	Federal	21/12/1965	20.000.000
40	Departamento Nacional de Portos e Vias Navegáveis	FSO	Federal	21/12/1965	5.640.000
41	Governo federal	FSO	Federal	21/12/1965	15.000.000
42	Companhia de Cimento Portland / Banco do Brasil S.A.	OC	RJ	30/12/1965	4.650.000
43	Banco Nacional de Habitação	FSO	Federal	04/08/1966	20.000.000
44	Companhia Hidroelétrica do São Francisco (Chesf)	OC	Federal	25/08/1966	20.400.000
45	Companhia Hidroelétrica do São Francisco (Chesf)	FSO	Regional	25/08/1966	9.100.000
46	Banco do Nordeste do Brasil	FSO	Regional	29/11/1966	14.450.000
47	Departamento Municipal de Água e Esgotos, Belo Horizonte	FSO	MG	22/12/1966	12.000.000
48	Banco do Nordeste do Brasil	OC	Regional	28/12/1966	6.000.000
49	Banco do Nordeste do Brasil	FSO	Regional	28/12/1966	6.000.000

Tabela A.2 – Empréstimos do BID a estados brasileiros, janeiro 1961 a dezembro 1969 (cont.)

Empréstimo	Contratante	Tipo de empréstimo*	Localidade	Data de aprovação	Montante aprovado (milhões US$)
50	Centrais Elétricas de São Paulo S.A.	OC	SP	12/05/1967	3.200.000
51	Governo federal	FSO	Federal	12/05/1967	3.000.000
52	Banco Nacional de Desenvolvimento Econômico (BNDE)	OC	Federal	20/07/1967	13.300.000
53	Banco Nacional de Desenvolvimento Econômico (BNDE)	FSO	Federal	20/07/1967	8.700.000
54	Banco do Brasil S.A. (88)	OC	Federal	03/08/1967	2.000.000
55	Governo federal	FSO	Federal	16/11/1967	25.000.000
56	Banco do Brasil S.A.	OC	Federal	28/12/1967	4.200.000
57	Banco do Brasil S.A.	FSO	Federal	28/12/1967	18.000.000
58	Estado de São Paulo	OC	SP	25/04/1968	11.500.000
59	Departamento Nacional de Estradas e Rodagem (DNER)	FSO	Federal	06/09/1968	35.000.000
60	Companhia Vale do Rio Doce	OC	Federal	05/12/1968	11.000.000
61	Centrais Elétricas Brasileiras S.A. (Eletrobras)	FSO	Federal	09/01/1969	25.270.000
62	Governo federal	FSO	Federal	06/03/1969	26.000.000
63	Centrais Elétricas Brasileiras S.A.	OC	Federal	28/08/1969	21.300.000
64	Departamento Nacional de Estradas e Rodagem (DNER)	FSO	Federal	12/11/1969	2.600.000
65	Telefones da Bahia S.A.	OC	BA	05/12/1969	26.000.000
66	Banco do Brasil S.A.	OC	Federal	11/12/1969	-
67	Usinas Elétricas do Paranapanema**	OC	SP	09/11/1961	1.038.000
68	Companhia Hidroelétrica do Rio Pardo**	OC	SP	09/11/1961	270.000
69	Ferro e Aço de Vitória S.A.***	OC	ES	19/11/1964	1.300.000
70	Banco do Brasil S.A.**	OC	Federal	08/12/1966	10.780.000

* OC = *ordinary capital* (capital regular); FSO = Fund for Special Operations (Fundo de Operações Especiais); SPTF = Social Progress Trust Fund (Fundo Fiduciário de Progresso Social). Para diferença entre tipos de empréstimo, ver texto.
** Empréstimos que deixaram de ser listados a partir do 4° Relatório Anual do BID (1963). Não sabemos se tiveram contratos assinados.
*** Empréstimo que não chegou a ser desembolsado pelo BID até dezembro de 1969, apesar de ter tido contrato assinado.

Fonte: BID, relatórios anuais, disponíveis em FHL, Washington, D.C.

A Aliança para o Progresso e o governo João Goulart (1961-1964)

Tabela A.3 – Ajuda econômica total norte-americana ao Brasil, recursos aprovados (1946-1966) (em milhões US$)

Programa	Período do pós-guerra 1946-1948	Período do Plano Marshall 1949-1952	Período do Mutual Security Act (MSA)				
			1953-1957	1958	1959	1960	1961
1. Usaid (e predecessoras)	–	2,6	17,3	5,8	8,9	11,9	7,0
1a. Empréstimos	–	–	–	–	0,5	–0,3	–
1b. Doações	–	2,6	17,3	5,8	8,4	12,2	7,0
2. Social Progress Trust Fund	–	–	–	–	–	–	–
3. Food for Peace (Alimentos para a Paz)	–	–	148,4	3,6	3,0	1,8	84,7
3a. Title I (Total Sales Agreements)	–	–	–167,0	–	–	–	–95,8
3b. Title I (Planned for US Uses)	–	–	–28,5	–	–	–	–14,3
3c. Title I (Net: Planned for Loans and Grants)	–	–	138,5	–	–	–	81,5
i. Grants for Common Defense	–	–	–	–	–	–	–
ii. Grants for Economic Development	–	–	35,6	–	–	–	26,9
iii. Loans to Private Industry	–	–	–	–	–	–	–
iv. Loans to Governments	–	–	102,9	–	–	–	54,6
3d. Title I (Assistance from other countries)	–	–	–	–	–	–	–
3e. Title II (Emergency Relief and Economic Dev.)	–	–	–	–	–	–	–
3f. Title III (Voluntary Relief Agencies)	–	–	9,9	3,6	3,0	1,8	3,2
3g. Title IV (Dollar Credit Sales)	–	–	–	–	–	–	–
4. Export-Import Bank (Empréstimos de longo prazo)	54,0	106,7	662,3	17,5	122,2	6,8	188,3
5. Outros programas econômicos norte-americanos*	19,9	2,8	22,5	–	0,05	0,05	–
Total	73,9	112,1	850,5	26,9	134,1	20,5	280,0
Empréstimos	70,3	106,7	787,7	17,5	122,7	6,5	242,9
Doações	3,6	5,4	62,8	9,4	11,4	14,0	37,1
6. Total Usaid para América Latina	–	–	–	–	–	–	–

Tabela A.3 – Ajuda econômica total norte-americana ao Brasil, recursos aprovados (1946-1966) (milhões US$) (cont.)

Programa	Período do Foreign Assistance Act (FAA)					Total (1946-66)	Amortizações e juros	Total líquido (1946-66)
	1962	1963	1964	1965	1966			
1. USAID (e predecessoras)	84,50	86,30	178,60	230,70	241,70	875,40	4,30	871,10
1a. Empréstimos	74,50	62,90	165,40	218,40	228,50	749,90	4,30	745,60
1b. Doações	10,00	23,40	13,20	12,40	13,20	125,50	–	125,50
2. Social Progress Trust Fund	47,00	5,80	2,50	6,70	–	62,10	3,00	59,10
3. Food for Peace (Alimentos para paz)	75,60	48,80	196,70	25,30	118,50	706,20	6,60	699,60
3a. Title I (Total Sales Agreements)	–55,00	–40,70	–187,50	–	–	–546,00	–	–546,00
3b. Title I (Planned for US Uses)	–11,00	–8,10	–37,50	–	–	–99,50	–	–99,50
3c. Title I (Net: Planned for Loans and Grants)	44,00	32,60	150,00	–	–	446,00	6,60	440,00
i. Grants for Common Defense	–	–	–	–	–	–	–	–
ii. Grants for Economic Development	11,50	8,50	37,50	–	–	119,90	–	119,90
iii. Loans to Private Industry	–	–	–	–	–	–	–	–
iv. Loans to Governments	32,60	24,10	112,50	–	–	326,70	6,60	320,10
3d. Title I (Assistance from other countries)	–	–	–	–	–	–	–	–
3e. Title II (Emergency Relief and Economic Dev.)	24,80	0,60	20,80	7,00	34,10	87,30	–	87,30
3f. Title III (Voluntary Relief Agencies)	6,80	15,60	25,90	18,30	16,40	104,30	–	104,30
3g. Title IV (Dollar Credit Sales)	–	–	–	–	68,00	68,00	–	68,00
4. Export-Import Bank (Empréstimos de longo prazo)	–	–	–	6,00	17,20	1180,90	788,30	392,60
5. Outros programas econômicos norte-americanos*	0,90	1,60	4,00	4,60	6,20	62,50	45,50	17,00
Total	208,00	142,50	381,80	273,30	383,60	2887,10	847,70	2039,40
Empréstimos	154,10	92,80	280,40	231,10	313,70	2426,40	847,70	1578,70
Doações	54,00	49,70	101,40	42,30	69,90	460,70	–	460,70
6. Total USAID para América Latina	478,00	542,00	603,00	523,00	637,00	2783,00	–	–

* Inclui US$ 22,5 milhões referentes a Surplus Property Credits e US$ 16,4 milhões concernentes a Defense Mobilization Development.

Fontes: Table, Brazil: US Overseas Loans and Grants, Net Obligations and Loan Authorizations, by Agency and Program, CY 1958-1966; Table, AID Net Obligations and Loan Authorizations, Latin America, FY 1962-1967, by Country, folder AID and Alliance for Progress, box 3, NSF, LBJL.

Tabela A.4 – Ajuda norte-americana para o mundo, ajuda econômica e militar, total e discriminada por regiões, milhões US$ constantes, 1946-1970

Ano	América Latina	Europa	Asia	África/Or.Médio	Mundo*	Total
1946	292	18.276	4.024	256	7.482	30.330
1947	246	46.602	11.192	223	1.359	59.622
1948	332	17.319	6.268	17	1.882	25.818
1949	206	53.100	10.370	2	1.569	65.247
1950	222	40.962	5.444	95	907	47.629
1951	132	47.673	8.602	223	988	57.617
1952	530	39.195	7.077	1.069	1.721	49.593
1953	933	22.887	8.236	1.268	2.274	35.597
1954	477	16.122	13.491	1.766	1.824	33.680
1955	827	9.585	14.372	1.859	2.076	28.719
1956	1.734	10.300	16.843	1.618	2.624	33.119
1957	2.138	7.429	17.080	2.457	2.981	32.084
1958	1.351	8.053	10.604	3.338	2.313	25.660
1959	1.431	8.916	13.879	3.340	4.374	31.941
1960	1.405	8.040	16.657	3.484	2.808	32.395
1961	3.206	7.627	13.653	5.350	3.727	33.562
1962	6.031	5.930	17.315	6.005	4.316	39.597
1963	5.753	6.127	15.648	5.599	5.103	38.231
1964	6.478	3.802	13.433	3.933	3.500	31.147
1965	5.322	3.615	14.001	4.007	4.570	31.515
1966	5.800	3.800	19.979	4.980	4.737	39.296
1967	4.207	2.689	17.332	4.489	6.293	35.010
1968	4.486	1.984	21.433	3.359	4.821	36.083
1969	2.478	2.108	21.039	3.312	4.958	33.896
1970	3.069	1.892	19.862	1.957	4.772	31.553

* Recursos concedidos majoritariamente a organizações internacionais.

Fontes: Usaid Greenbook, disponível em https://explorer.usaid.gov/reports-greenbook.html, acesso em 16 jan. 2020.

SOBRE O LIVRO

Formato: 16 x 23 cm
Mancha: 26 x 48,6 paicas
Tipologia: StempelSchneidler 10,5/12,6
Papel: Off-White 80 g/m² (miolo)
Cartão Supremo 250 g/m² (capa)
1ª edição Editora Unesp: 2020

EQUIPE DE REALIZAÇÃO

Edição de texto
Bibiana Leme (Copidesque)
Fábio Fujita (Revisão)

Editoração eletrônica
Eduardo Seiji Seki

Capa
Marcos Keith Takahashi (Quadratim)

Assistência editorial
Alberto Bononi

Impressão e Acabamento

PlenaPrint
Indústria Gráfica